無根拠への挑戦

フィヒテの自我哲学

Widerfundamentierung

Fichtes Wissenschaftslehre von 1794/95

瀬戸一夫

keiso shobo

無根拠への挑戦　目次

緒　論　「わたし」とは何かという問い

われわれが何かを知るとき、何を知るにしても当然「わたしがそれを知る」のであって、そこにはいつも「わたし」という、けっして他に代わりようのない意識が明確に、あるいは暗黙の背景となって存在している。ある意味でこれは当然すぎることである。しかし普段の生活ではあまり気にならないことでもある。この「あまり気にならないこと」が、実は本書の主要なテーマとなっている。

フィヒテの抱いた疑問

哲学というものは、しばしば常識からすると当然すぎて気にならない問題が検討されるが、一八世紀末のドイツで人々の注目を集めた哲学者フィヒテは、知識についての問題を探究するうちに、何かを「わたしが知りつつ存在している」という事実に驚嘆し、これは一種の奇跡ではないかと考えた。そしてかれは、この事実に秘められた重大な謎に、どこまでも迫ろうとしたのである。もちろん、通常の感覚からすれば、これほど当たり前の事実に驚くことのほうがよほど驚きである。「わたしが何かを知ること」に謎めいた点は見当たらず、到底それが奇跡的なことであるとは思えない。しかしながらフィヒテにとって、それは知識をめぐる問題すべての中心にあり、しかも一切の事実を在るがままに成り立たせている、人間意識の奇跡ともいうべき働きであった。そしてかれはこの奇跡的な働きの秘密に迫ろうとしたのである。

実際、フィヒテ初期の著作では人間のもつ知識について探究されているとはいえ、かれは一貫して「わたし」という意識の成り立ちに議論を集中している。この点に着目すると、かれは主観的な知識だけに探究を制限しているように見える。しかし、フィヒテが驚きとともに着目した「わたし」とは、各人が生涯を通じて獲得したすべての知識を担う意識の働きのことである。その働きはいずれ「わたし」が死んでしまえば消滅する。たしかに「わたし」は自分が生まれる前のことを知っている。また、自分自身が死んだ後に世の中がどうなるかについても、かなり予想がつく。そして「わたし」の有無にかかわらず、この世界は存在していると考えられる。しかし、生まれる前のことや死んだ後のことは、すでにもっている知識をもとに、現時点で「わたし」の意識がつくりだす像である。よく考えてみると、今ここで目の前に見え、触れることもできる身辺の事物ならばともかく、現時点で存在すると思われる広大な経験世界もまた、すでに獲得された知識をもとにして、意識の働きがつくりだす像にすぎない。身辺の事物さえ、時が経過すれば、いずれは記憶の闇の中へと消え去り、後には「わたし」の意識が働くかぎりで甦るだけの、しかも判然としない像となる。

ということは、意識の働きが消滅してしまえば、確実に存在すると思われるこの経験世界も、やはり無に帰するほかないだろう。さしあたりフィヒテが驚嘆したのは、この「わたし」という意識が現に働いているということ、そしていつその働きが消え、たちまちにして無に帰してもおかしくない経験世界のもとで、ほかならぬ「わたし」の意識がそのつど知を保有しつつ存在しているということであった、と理解しておいてよいだろう。

何を知るにしても「わたしがそれを知る」のは事実である。が、その一方で、わたしの知らないことは膨大にある。そしてほとんどの場合、自分にはあまり関係のないことであるため、わたしはそれらを知らないだけである。たしかに、いずれ自分に関係するかもしれない知識もあるだろう。とはいえ、それが現時点でわたしのものではないにしても、その知識に精通した誰かがいるにちがいない。そして必要なときにはその誰かが「わたし」の不備を補ってくれるだろう。現実問題として、重要ではあっても難解な知識については、専門家に委ねておくほかないのが実情である。膨大な知識の大半はこのように、その正しさや有効性の保証を含め、すべて「わたし」が担っているわけではない。そもそも一切の知識を担うことなど「わたし」には不可能であり、またその必要もないと思われる。自分自身が知っているか否かにかかわらず、すなわち「わたし」がその責任負担の重圧を引き受けるまでもなく、しかるべき責任の主体がその正しさや有効性の保証とともに、様々な知識を保管していれば、それでよいのではなかろうか。実際、このように片付けて納得することもできる。ところが、この納得は——すでに述べた——「わたし」が存在しているか否かにかかわらず、この世界は確実に存在するといった想定とまったく同型になっている。したがって「知識に精通した誰か」は、すでに獲得した知識をもとに「わたし」の意識の働きがつくりだしている像にすぎず、いつ無に帰してもおかしくないような、納得というよりは単なる幻想かもしれない。いずれにせよ、すべては「わたし」の意識が既知のことをもとに働いているかぎりで初めて問題になりうる点は、やはり否定しようのない事実ではなかろうか。およそ以上のように、フィヒテは他に託しようのない「わたし」という意識の働き――知る働きとしての自我――こそが、知識をめぐる哲学問題の究極的な要石ではないかと考えたのである。

フィヒテ哲学の解釈に向けて

ところで、フィヒテの哲学を研究した文献ではしばしば、かれは「自我」を人間精神の第一原理とし、これによって一切の知識を人間に備わった理性の根本から基礎づけようとしたと説明される。この説明はたしかに、要点を端的に表現している。そのかぎりでこれはフィヒテ哲学の正確な特徴づけだといってよい。しかし、自我を全知識の担い手とするといったこの説明を、われわれはどのように理解すればよいのだろうか。かれが遺した哲学の議論にその答えを求めようとしても簡単にはいかない。簡単であるどころか、フィヒテの著述を読み取ろうとするわれわれの努力は、当初から一挙に突き返されてしまう。上記のように、かれが常識からひどく掛け離れた問題を扱っていることからも予想されるように、かれの議論はきわめて難解である。しかし、そうした難解さを承知のうえで、以下ではフィヒテ哲学の解釈にあえて挑戦してみたい。この解釈に具体性を与えるのは、つまるところ想像力だけである。まずはこの点を確認しておくことにしよう。

しかしながら、解釈を試みるにあたっては、いくつかの座標軸をあらかじめ仮設しておく必要がある。では、フィヒテ解釈に向けて、どのような座標軸を仮に設けるのが適切で有効なのか。想像力に訴える解釈とはいっても、まず初めにこのことを確認しておかなければならない。というよりはむしろ、想像力を駆使する解釈を試みるのであれば、なおさらこうした準備作業によって、想像力が空転する危険性に対処しなければならないだろう。このため本論に入る前に、解釈の座標軸をどのように定めるか、この点を予備的に検討しておくことにしよう。

一般に「知識学」と呼ばれるフィヒテの哲学は、その名称が示すとおり知識についての探究であった。このことからすると、フィヒテは探究を始めるときに、その対象となる「知識」というものを、明確に定式化しておかなければならなかったのではないかと推測される。というのも、哲学的な探究を始めようとする以上は、何を問題にするにしても探究の対象を前以て厳密に性格づけておかなければならない、と考えられるからである。いずれにせよ、一概に「知識の探究」といっても、あまりに漠然としている。それゆえ「知識」というものを、あらかじめ探究可能なかたちをとった主題的な対象にまで、明確に限定しておかなければならないだろう。そうでないと、探究とはいってもその主題や目標が定まらず、そもそも厳密な探究は始められないと思われるからである。しかし、知識という研究対象をどのように定式化して探究するのかということが、フィヒテによって明言されているかというと、必ずしもそうなってはいない。知識学と知識一般との関係や、知識学の構想およびその概念については厳密に規定される一方で、かれの探究において知識というものが暫定的にではあれ、どのようなものとして定式化されるのかは、さほど明確にされていないのである。とはいっても、これはむしろ、かれの戦術であったとも思われる。察するに、フィヒテにとって知識とは——上記の問題関心からも予想されるように——ある意味では一切であり、そもそも探究に先立って厳密に定式化されるようなものではなかったのであろう。こうした事情は大問題を扱う哲学説の多くにおいて、しばしば認められる共通した特徴である。逆に考えれば、当初から検討対象の明確な定式化が可能であるほどの問題というものは、結局それほど大きな問題ではないともいえる。

第一の座標軸

しかしながら、問題意識を即座にはフィヒテと共有できない今日のわれわれにとって、このままでは解釈の手掛かりがないことも確かである。そこで、まずはこの問題意識をフィヒテの著作そのものからではなく、かれの生きた時代の思想情況のなかからすくいあげるよう努めることにしよう。詳しくは本論に譲るが、その情況を特徴づけていたのは、現実だと思われているこの世のすべてが実は夢であるのかもしれないという、デカルト的な懐疑を重要な側面とするものであった。この懐疑が「超越論的観念論」と呼ばれるカントの哲学を護ろうとするときに、桁外れな威力をもって再燃するということ、まさにこの問題意識の徹底した掘り下げこそが、フィヒテの知識学を解読するうえで不可欠な第一の座標軸となる。

フィヒテの問題関心からすると、当時の論争情況のもとで、かつてないほど威力を増して復活したデカルト的な懐疑は、それを真正面から引き受けるかぎり、高度に抽象的で一般的な、それゆえ生活実感から遠い学問的な知識を幻想か空虚な観念にすぎないと思わせるだけではなかった。その懐疑は、たとえば痛みや痒みなど、実感そのものとしか言いようのない理屈以前の具体的な感覚知すべてを含め、ありとあらゆる知識を単なる「表象 Vorstellung」の水準にまで差し戻しにするほど、その威力を示すことになったのである。ここで「表象」とは何かというと、現にこの目で見ている事物の姿形、想像力を働かせて思い描く具体物のイメージ、心に浮かぶ漠然とした印象、学問で扱われる抽象的な概念、思考のうちで操作される数学の方程式その他、ともかくも意識に現れるものを無差別に一括して「表象」と呼んでいる。われわれは何かが視野に入るという言い方で、視覚の働きが及ぶ範囲を「視野」と呼んでいるが、これに倣って意識が及ぶ全範囲を「意識野」と呼ぶならば、表象とは意識野に現れるものの総称である。現段階で大枠として性格づけるならば、知識学が探究しようとしたのは、以上のように最も広い意味で解される、意識の「前に立ち現れているもの Vor-stellung」とその成り立ち、そしてそれを成り立たせる意識の働きにほかならなかった。

第二の座標軸

ところで、学問的な知識というと、その客観的な妥当性の根拠がどこかにあると考えられる。そして、哲学はそうした根拠の探究を一つの課題としている、と受け取られる傾向がある。しかしながら、知識学は前記のようなデカルト的懐疑を真正面からまともに引き受けるため、心に浮かぶ一抹の印象や学問の扱う抽象的な知識はもとより、意識に現れるものすべてを表象の水準にまで差し戻しにせざるをえない。このため、素朴に実感されている感覚知でさえも、何らかの根拠から基礎づけられなければ、つまるところ単なる幻影として宙に浮くことになる。すなわち、日常の実感や健全な常識までが、懐疑の犠牲となって基盤喪失の危機に瀕するのである。ところが、このような危機に直面して、フィヒテの鋭利かつ徹底した探究は、われわれのもつ知識が幻影とならないための確かな根拠を求めるのかというと、そうではまったくない。その逆である。実際かれの探究は、設定可能なあらゆる知（表象）の根拠を、そしてまた知識の基礎を与えているように見える哲学の立場一切を突き崩す方向に向かっている。まずはこうした方向性が、哲学の議論としてフィヒテの探究を解釈しようとする場合、一種独特の奇妙さを醸しだす。大方の予想と期待に反して、かれの議論は知識が成り立つための根拠を提供してくれるのではなく、逆にそうした根拠として想定されるものをことごとく粉砕し、われわれから剥奪する議論になっているのである。

では、いったいそれでフィヒテは何を行っているのか。知識の基礎をめぐるかれの探究は、目指すべき知識の基礎にも根拠にも至り着けないのではないか。まずはこのような点が疑問となる。これは知識学の議論を前にしたときの自然な反応であろう。そこでこの疑問についても、本論に入る前にその回答を先取りしてしまうと、ある意味でこの疑問は見事に的を射ている。というのは、知識の根拠を確定するということに向けても、また知識をもともと定まった根拠から基礎づけるということに向けても、フィヒテはまったく貢献していないからである。そもそもかれは、その種のことを目指してはいなかった。フィヒテはもっぱら、この現実の支えを現実の外側に想定する思考様式の、他に例を見ないほど徹底した破壊を敢行していたのである。ようするに、かれはこの破壊によって、われわれがえてしてどこかに〝在る〟と想定しがちな〝知識の確かな根拠〟という幻想の根絶を目指していた。そして、かれは「この世のすべてが実は夢であるのかもしれない」という懐疑を最後まで引き受け、しかもまさにそのように徹することで、幻想にすぎない何かを根拠として追い求める姿勢もろとも、この懐疑そのものを氷解させている。本論では、まさしく以上のような探究の軌跡として、フィヒテ初期の主著を解読する予定である。したがって知識を基礎づける試みとしてではなく、逆にそうした基礎すべてを破壊する探究としてフィヒテの議論を読み取るという道筋が、解釈に向けた第二の座標軸となる。

第三の座標軸

さらには、フィヒテの哲学思想を単に骨董品として扱うのではなく、それが現代とどのように関わるのかという方向で考えてみたい。これは仮設する座標軸のなかで、もっとも「仮の設定」としての性格が濃厚になる。しかし、過去の哲学思想を現在において研究することの意義という点からすると、それはきわめて重要な座標軸となる。すべての根拠を剥奪された知識は果して何に由来し、またどこへ向かうのか、知識学の呈示した「自我」は後の時代にどのような意味をもつことになるのか、こうした問題に照準を合わせるために仮設されるのが、この第三の座標軸である。本論では最終的に、近代の宿痾ともいえる或る問題の病巣にフィヒテ的な思考様式が潜んでおり、現代の社会体制のうちに認められる或る際立った一面は、それが大規模かつ病的に発症した姿なのではないかという予想のもとに検討を進める。

およそ以上のような座標軸の設定で知識学の解釈に向けた検討に入るが、その手順をあらかじめ整理しておくと次のようになる。

第一章　知識学の背景と端緒

第二章　知の根拠という幻想

第三章　関係の完全性と歴史

結　語　古典としての知識学

第一章　知識学の背景と端緒

緒論で予告したように、本章ではまず、フィヒテの知識学という構想が登場した問題情況を概観し、かれがいかなる問題をどのように設定したのかを探る。というのも、フィヒテというと、その代名詞のようにあげられる「自我の自己定立」とか「非我の反立」といった特定の論点だけが着目され、あたかも創造主である神が自ら存在し、しかも世界をつくりだす話であるかのように、かれの哲学を即座に宗教的なことがらと結び付けて理解する危険性が予想されるからである。たしかに、フィヒテ当人に宗教色がないと言えば嘘になる。しかし、初めから色眼鏡をかけて受け取るのでは理解が屈折してしまうだけではなく、かれの本当の宗教性さえ見失うことになってしまう。そこでまずは、かれが登場した時代の哲学的な問題情況を一瞥することによって、当時の情況を危機的なものとしていた「哲学上の問題」に輪郭を与え、そもそも「知識学」という新たな構想が打ち出されなければならなかったのはなぜか、その理由を確認したうえでフィヒテの問題設定を明確化しておきたい（第一節）。そして次の段階で『全知識学の基礎[1]』の第一部で論じられている有名な三原則を扱うことにする。しかしながら、フィヒテの議論はきわめて抽象的で難解なため、あらかじめ具体的な場面をもとにしたイメージづくりを行って、とてつもなく抽象的なかれの議論に当初から置き去りにされないよう備えておくのが良策であると思われる。このため若干のモデル・ケースを扱うことにより、理解がとどかなくなりそうなときに頼れそうな、イメージ回復用の道しるべを提示しておくことにしたい（第二節）。その後に、フィヒテの著作そのものの解読へと改めて連結し直す予定である（第三節）。以上のように、この第一章では〈問題設定の明確化・三原則をめぐるイメージづくり・著作の検討〉からなる三段構えの解釈が試みられる。

第一節　夢と現実の狭間

フィヒテは『全知識学の基礎』と題された体系的な著述によって、哲学界に本格的にデビューした。しかし、かれと同じ時代情況のもとにあって、少なくとも現代のわれわれと比べれば、格段に問題意識を共有しやすかったと予想される当時の学識者たちにとっても、かれの議論は桁外れに難解なものであったようである。(2) 時代情況を異にする今日の観点からだけではなく、もともとフィヒテの哲学はその本質からして、容易には理解を寄せ付けないような、文字どおりの難物であったことが分かる。にもかかわらず、当初から難解さで定評のあったフィヒテの著述は現在まで遺されている。しかもそれは、ドイツ観念論の転回点ともなった重要な著作として評価されるのみならず、西洋哲学史の古典としても位置づけられているのである。(3)

カントの問題設定

しかしながら、どのような古典であれ、それが登場してくる時点においては、時代固有の思想的風土とその当時を支配した問題情況が背後にひかえているものである。フィヒテにとって、そうした歴史の現場とは、カントの哲学がドイツのなかでたどった運命に直結するものであった。そこで、本節ではまず、カントの打ち出した哲学の画期的な構想を一瞥し、それが当時の思想界にどのような情況をもたらすことになったのかを、できるだけ簡略に描き出しておくことにしよう。

カントは伝統的な形而上学が基本的な見落としをしているのではないかと考えた。形而上学は歴史上、霊魂の不滅性、自由の存在、神の存在を主題としている。当時において、この種の主題は広く人々の関心を集めており、それを扱う形而上学は学問のなかでも高尚な一部門として認められていた。そしてその研究には多大な労力が注がれていたのである。しかし、事物について何かを認識するのとは異なり、われわれには経験のなかで霊魂や神について何かを認識することができない。このことは、少なくとも、霊能者でも超能力者でもない一般の人々にとってはごく当然の事実である。そもそも経験世界に生きているわれわれに、経験を超えた対象について何かを認識することができるのであろうか。カントはこのように、現代の常識からしても十分に共感のできる問題提起を行っている。かれの時代まで、形而上学は神や霊魂など、経験を超えた諸対象について論じており、この点からすると伝統的な形而上学は、われわれ人間が通常の経験的な認識よりも高次の認識――思弁的な理性認識――を行使できると前提していたことになる。こうした暗黙の前提に着目するならば、形而上学そのものを樹立するのに先立って、われわれの認識がどのように成立するのか、またそれがどの程度の守備範囲をもつのかを調べておかなければならないと考えられる。カントは主著『純粋理性批判』において、このように問題を提起し、理性の営みの一つである認識の批判的な吟味、すなわち認識論を展開したのである。人間理性の批判的検討により、かれは形而上学の着実な発展という、哲学史の将来を決めるほど大きな課題に応えようとしていた。この理由から、かれの哲学は「批判哲学」とも呼ばれる。

では、形而上学を可能にする思弁的な認識が、われわれ人間の守備範囲で学問の名に価する確実性を獲得しているのか否か。このことは、いったいどのように調べれば分かるのであろうか。カントによると、この判定を下すためには、すでに他の学問で達成された確実な「成果」と比較することが有効である。たとえば、ガリレオが行った斜面での実験に顕著なように、自然科学の確実な成果は偶然の観察からではなく、理性が自らの原理にしたがって案出した法則の正しさを、自然に対して問いただすことによって獲得されている（BXIIf.）(4)。自然落下運動をどれほど多く観察し、またその測定を繰り返しても、物体が等加速度で落下するという認識は偶然の結果にすぎない可能性を常に伴っている。すなわち、観察や測定からは、物体が「必ず」そのように落下するという確実な認識を得ることはできないのである。これに対し、自然科学は自然から法則を教えてもらうのではなく、逆にわれわれが理性にしたがって法則を構成し、自然を相手にした具体的な実験によって、その法則が常に成り立つことを「一例として示す」方向をとっている。

自然科学に見られる以上のような実例をもとに、カントは人間の守備範囲で獲得される確実な認識がどのように成り立つのかを分析し、その成り立ち方を一般的なかたちに性格づけていく。「われわれはこれまで、われわれの認識がすべて対象にしたがって規定（bestimmen）されなければならないと考えていた」。しかし、それでは「対象について何かをア・プリオリに〔われわれの理性に備わっている原理の側から〕概念によって規定し、認識を拡張しようとする試み」はもともと不可能である（BXVI）。それゆえ、対象の側がわれわれの認識にしたがって規定されなければならないと想定する姿勢は、確実な道を歩んでいる諸学問にとって決定的なものであったことが分かる。カントはこのように指摘して、特に自然科学が採用した革命的な思考法を、裁判官の態度に譬えて次のように性格づけている。「理性は、〔……〕たしかに自然から教えられるために自然に迫るとはいえ、しかしその場合に生徒の資格においてではなく、正式に任命された裁判官の資格で、自分の提出する質問に対して証人〔である自然〕が答弁することを強要する」（BXⅢ）。そしてカントは、すでに確実な道を歩んでいる諸学問の実例に見られる「思考法の変革」を、これらの学問と形而上学との類比が許されるかぎりで、形而上学もまた倣ってみてはどうかと提案している（BⅩⅥ）[5]。つまり、かれの見るところ、形而上学が行使してきた思弁的な認識は自然科学の認識に匹敵する確実さを獲得できていないということである。

批判哲学の目的

ところで、カントの提案によると、形而上学の思弁的な理性認識は自然科学と同様の意味で「答弁を強要する裁判官の資格」を獲得しなければならないかのようである。しかし他方でかれは、経験を超える形而上学の認識が自然科学の認識とは異なることを認め、形而上学の思弁的な認識においては「理性が理性の生徒になる」ことを明言している（ibid.）。ここではしたがって、理性そのものが二重化され、理性が理性自身を観てそこから教えを受ける生徒になる、という設定になっていると考えられる。では、この設定で教える側の理性とは何であるのか、その一方で教えを受ける側の理性とは何か、さらにはまた、裁判官はどこに位置し、いかなる裁判を執り行うのかということも問題になるであろう。というのも、これらは上記のようなカントの提案だけを見るかぎり、けっして明確ではないからである。しかしながら、この問題を解く鍵は「批判哲学」という構想そのものにある。

もとよりカントの批判哲学が一貫した課題としているのは、人間の理性が本来の守備範囲から逸脱して、理性による認識の確かな対象であるかのように立てる「仮象 Schein」を、空虚な幻想として暴くことであった。これによって、とりわけ形而上学において登場する仮象を、その成立機構にいたるまで徹底的に批判することが、批判哲学の課題にほかならない。この課題を達成することにより、カントは当時において「戦場」と化していた形而上学の誤った歴史に終止符を打とうとしていたのである（BV, vgl. BXXXIV）。捕らぬ狸の皮算用という言葉があるが、もともと人間には獲得しえない対象の所有権をめぐって、自分たちが今まで無益な闘いを繰り返していたことに気づけば、これまで続いていた戦争はおのずと終結し、平和な情況下で誰もが分相応な権利闘争に努力を注ぐようになるだろう。カントの企てはこのような決着を目指していたと理解できる。

仮象は有限な人間理性が自らの対象である「現象」の領域を逸脱するといった、いわば「越権」を犯すときに生じてくる。そうした仮象の真相を全面的に暴き、理性の理論的な働きが正当に行使されてよい領分を厳密に限界づけ、しかも理性の正当な行使が実践的に知識を拡張する可能性へと開かれていることを示さなければならない。カントが目指したのは、この限界設定によって、形而上学の再建に必要な足場を有限な人間理性の理論的な領分から、人間に与えられた実践の領分へと移すことであった。「批判 Kritik」の原義は、判定する、限界を定める、裁判にかける、といったものである。そして従来、形而上学の歴史を彩っていたのは、敵対者双方が実践に向けて必要な労力を払うことなく、常にそれぞれの仮象を旗印にして反目するだけの無益な戦いにすぎなかった。カントは理論理性——理論的に働くかぎりでの理性——を徹底的に分析し、こうした仮象同士の戦いが思弁的な理性の越権に由来することを明らかにする。これによって、かれは形而上学の戦場を「理性の法廷」に変容させようとしていたのである。(6) そこで次に、カントの課題遂行を法廷モデルの舞台設定に当てはめつつ、かれの提起した問題を検討することにしよう。

法廷をモデルとした議論

まず、理性批判を法廷モデルで解釈する場合、理性はどのように性格づけられるだろうか。カントの呈示する「理性」は、この語の最も広い意味でのそれであり、感性や悟性——規則にしたがった判断・理解の能力——を包含するだけではなく、認識に関わる理論的な能力から行為に関わる実践的な能力までも包括している。それゆえ、理性を批判するもの、すなわち理性を法廷において審理するものは、理性自身をおいて他にはない。そこで問題になるのは、理性が自らを裁判にかけるというのは、矛盾とはいわないまでも実に奇妙な裁判の形式になっているということである。理性批判において、原告、被告、証人、そして裁判官は、それぞれ理性のどのような位置にあり、また何をしているのであろうか。教える側の理性と教えを受ける側の理性といった前記の問題は、さしあたり以上のように設定し直される。

さて、カントが主著『純粋理性批判』のなかで法廷モデルと呼びうる議論の形態を明確にとっているのは、従来の形而上学が無批判的につくりだしていた仮象を暴く――「弁証論 Dialektik」と呼ばれる――議論においてである。そのなかでも「純粋理性のアンチノミー」と題された一節では、互いに対立する二つの主張がそれぞれ自己の正当化を試みた後に、両者の争いに対して判決が下される設定になっている。一般にアンチノミー（Antinomie）とは、一つの前提から出発して合理的な推理を展開したにもかかわらず、相互に矛盾対立するように思われる二つの結論が導かれ、行き詰まったまま対抗し合う無法状態（anti-nomos）のことである。カントの議論では、世界の始まりや自由の問題などがこうしたアンチノミーを形成し、互いに対抗する二つの権利主張に裁決が申し渡される。その概要を簡略化して示すことにしよう。かなり瑣末な例になるが、次のような二つの命題をもとに、法廷モデルの基本を理解することができる。

正命題　　〈赤い白〉は赤い
反対命題　〈赤い白〉は赤くない

両方とも〈赤い白〉という同じ対象について主張しているわけだが、その同じ対象が存在することを前提としたこれら二つの命題（結論）は、見てのとおり完全に矛盾している。しかし、当然のことながら、そもそも〈赤い白〉なるものは少なくとも経験世界のなかには存在しえず、いずれの主張もその点でまったく無意味なものである。つまり、両者が互いに矛盾対立しているとはいっても、もともと〈赤い白〉なるものが存在すると前提していることが誤っているため、正命題も反対命題も、ともに無意味ということで誤りとするほかない。「世界の始まり」についての哲学的な論争などは、経験的に認識することが不可能な事柄を前提としている点で、これと同様に無意味なものとなる（B533）。

次に、仮象としての性格が見えにくい例をあげてみよう。

正命題　　犬は動物の一種である
反対命題　犬は動物の一種でない

正命題は常識的な意味で正当な主張であるように思える。他方、反対命題は単純な誤りか、あるいは意味不明の主張に見える。では、この両者とも正しいとすると、どのような受け取り方があるだろうか。反対命題で主張されている主語の「犬」はポチでもシロでもなく、それらを総称する「言葉」なのである。つまり、それは「言葉の一種」であって、正命題の主張する「動物の一種」ではない。これが反対命題の主張である。前提にされている「犬」はこのように、それぞれの命題において、実は別の対象を指していたことが分かる。自由が存在するか否かについての哲学的な論争などは、これと同じ理由で異なった対象を同じものであるかのように前提している。現象としての世界には自由がなく、必然性がすべてを支配している。しかし、現象の源泉として、現象の背後にある――有限な人間理性には認識不可能な――「物自体 Ding an sich」の世界には自由が存在する。したがって、矛盾して見えた二つの対立意見は、実は互いに異なった事柄についてのもので、ともに正しく、何ら矛盾ではなかったことになる（B599f.）。

排中律と調停困難な権利闘争

以上、アンチノミーをめぐるカントの議論を、かなり単純化してまとめた。しかし、もしも法廷モデルが『純粋理性批判』の本質的な設定であるならば、この「弁証論」と対をなす議論で、しばしば「演繹論」または「超越論的演繹 transzendentale Deduktion」と呼ばれる一種の論証においても、何らかのかたちで法廷モデルが想定されているのではないかと思われる。カントによると、悟性の働き方には万人共通の普遍的で必然的なパターンがある。そしてかれは、このパターンが悟性とはまったく異質な感性に適用され、両者が合致するかぎりで、経験世界において普遍性と必然性をもつ認識、すなわち客観的な経験認識が成立すると考えた。超越論的演繹とは、カントが試みたその論証のことである。そこで、この論証を理解するために、一つの模擬裁判を設定してみることにしよう。(7)

これから検討する例は、さきほどのアンチノミーとは異なって、単なる「言葉の一種」といった問題ではない。あらかじめこのことを確認しておきたい。

正命題Ａ　　　　　太陽は東から昇る
反対命題ｎｏｔ-Ａ　　太陽は東から昇るのでない

言葉の問題ではない以上、同じ太陽について主張する両命題は、明らかに矛盾しているように見える。しかし、ここでは慎重さが必要とされる。矛盾というからには、一方が肯定されれば他方は必ず否定され、逆に一方が否定されれば他方は必ず肯定される関係になっていなければならない。たとえば「この食べ物はうまい」と「この食べ物はまずい」では、一方が肯定されれば必ず他方は否定されるが、一方が否定されても必ずしも他方が肯定されるとはかぎらない。というのも「この食べ物はうまい」が否定されても、必ずしも「この食べ物はまずい」ということになるとはかぎらず、実際に「うまい」とはいえないながらも「ほどほどの味」であり、けっして「まずい」わけではないという場合が十分にありうるからである。この例では「うまい」と「まずい」の中間領域があるため、このようなことが起こっている。しかし、中間領域がもともとない場合であれば、厳密な矛盾対立の関係が成立する。この関係を確保するのが排中律であり、その形式は「Ａかｎｏｔ-Ａかのいずれかである」と表される。さて、太陽の例は排中律を満たしているだろうか。「太陽は東から昇るか、太陽は東から昇るのでないか、いずれかである」。太陽の例を整理するとこのようになる。そして、犬の例とは異なって「言葉の一種」ということがない以上、主語の「太陽」は正命題においても反対命題においても、同一の対象を指している。したがって、上記の命題は「太陽は東から

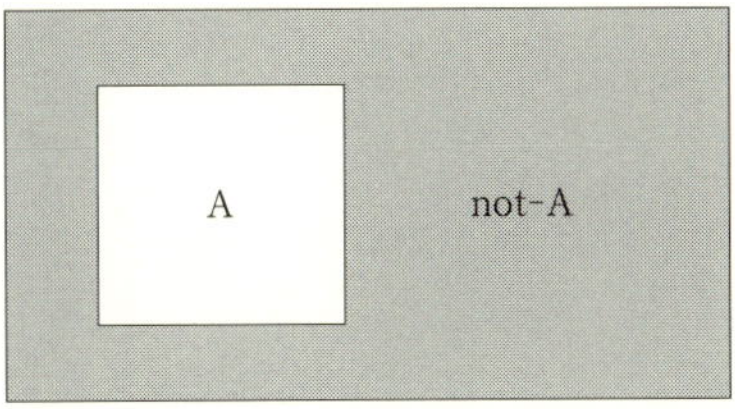

昇るか、昇るのでないか、いずれかである」と書き換えてもよいことになる。ここでは「東から昇る」の意味も同一として、重複を避けているとしよう。すると、ようするに「昇るか、昇るのでないか」という二者択一であるから、中間領域が存在する余地はまったくない。その「いずれか」しかないのである。

さて、この例での最終的な排中律の形式を素直に読んでみると、後半にある「……昇るのでない」という部分が、われわれにとっては無意味であるように感じられる。というのも、極地域で見られる「白夜」でもないかぎり、そのようなことはありえないと思われるからである。それゆえ、念のため、中緯度地域のことを問題にしていることにしよう。すると、ますます「……昇るのでない」は、無意味であるように思えてくる。しかしながら、たとえばかつてアステカの人々にとって、早朝に元気よく輝きながら昇ってきた太陽も夕刻には西の空へと傾き、見るからに赤く疲れた様子で地の底に向かって沈んでいく。かれらは文字どおりそう考えていた。元気をなくして消えていったあの太陽が、明日また元気をとりもどして東から昇ってくるのだろうか。その保証はどこにもない。アステカでは太陽に活力を与えるために生け贄の儀式が行われていたことが有名であるが、このことは「太陽は東から昇るのでない」という命題がアステカの人々にとって無意味どころではなかったことを雄弁に物語っている。明日「太陽は東から昇るか、昇るのでないか、いずれかである」。この命題は、むしろ、かれらの常識であったともいえそうである。

以上から、正命題と反対命題とが完璧な矛盾対立の関係にあること、そして反対命題が必ずしも無意味ではないことが分かった。ここで話をもとにもどすことにしよう。理屈はともかく、現に「事実問題 *quid facti*」(B116) として、われわれは毎日、空が曇っていないかぎり、太陽が東から昇るのを観察してきた。たとえ曇りの日でも、太陽が昇っていることを間接的には知っている。まさしくそのような経験を今までしてきており、今後も変わりはないことを確信している。そうでなければ、われわれの常識も、また日常生活そのものも破綻してしまうではないか。アステカの人々のような不安とは無縁に、われわれは何の問題もなく太陽の恵みにあずかっている。これは事実であって、それ以上の理屈は必要ない。今までの経験の延長線上で、われわれはこのように考える権利を主張するだろう。この場合、正命題は単なる「事実問題」を超えて、そのような経験世界を占有しつづける「占有権 Recht auf Besitz」を主張していることになる。これに対して「太陽は東から昇るのでない」という反対命題は、アステカ人の例でいうと、普段われわれが日の出を観察し、太陽の光や熱の恩恵にあずかれるのは、ひとえに〈太陽＝神〉によるというものであろう。われわれの占有している経験の事実は、もとをただせば〈太陽＝神〉の所有するものであって、正当な権利はすべて〈太陽＝神〉にある。この場合は、したがって、反対命題が単なる「事実問題」を超えているのはもちろんのこと、正確にいうとそれは経験の事実に対する「所有権 Besitzerrecht」の主張になっている。こうして「事実問題」は「権利問題 *quid juris*」にまで発展することになるのである。

コペルニクス的な判決

経験の事実から正命題の立場に立って「占有権」を主張するのは、帰納と呼ばれる推理の様式であり、理性が行う一つの営みである。しかしそれは、反対命題が成り立ってしまうような他の可能性をすべて視野に収めて、それらを否定し尽くしたうえでの主張ではない。そして、反対命題のほうは、この未知なる可能性に依拠した「所有権」を主張する訴えであって、こちらもまた合理的な推理にもとづいた理性の別の立場を表している。便宜上、前者を「被告」、後者を「原告」としておくが、両者とも理性の互いに異なったかたちでの現れである。しかも、矛盾対立の関係をとった理性の現れなのである。では、いかにしてこの裁判は理性的な判決に至るのであろうか。

判決はきわめて簡単かつ明瞭なものである。「太陽は東から昇る」という正命題の主張は、もともと「日常的な観察事実」であって、それ以上のものではない。他方、反対命題の「太陽は東から昇るのでない」は、コペルニクス説に代表される一つの「天文学的な事実」であって、太陽が静止していて地球のほうが自転しているという可能性に結実するものである。この点で、反対命題の主張する内容は「理論的な事実」にほかならない。ここで注目したいのは、この判決によって、被告の側も原告の側も本来の権利はまったく侵害されていないということである。太陽の静止と地球の自転が理論として認められても、観察事実として太陽が東から昇ることはまったく否定されない。むしろ被告は、自らの経験的な事実の占有に、一定の裏付けを得たことにさえなる。他方、日常的な観察事実が承認されても、コペルニクス的な地動説の世界観はどこにも傷をうけない。逆に、原告側が正しいことの確証につながる貴重な事例を獲得したことにさえなるのである。完璧なまでの矛盾対立に向けて下された「判決 Erkenntnis」は、したがって、権利問題にまで発展した原告と被告の双方から、訴訟を通じて表立った「越権 Anmaßung」を剥奪し、そうすることで両者が共存する方向性を切り開くものであった。越権とは、被告の場合、経験の占有を拡大解釈して結果的に原告がコペルニクス体系のような理論を創出する道をふさいでしまうことである。また、原告側の越権とは、まだ単なる可能性の段階でしかない——たとえばコペルニクス的な地動説にまで具体化される以前の——反対命題「太陽は東から昇るのでない」(vgl. B149) を楯にとって一方的に経験世界全般の所有権を主張し、有限な理性存在であるわれわれにとって最後の拠りどころとなる、経験的な事実をどこまでも貶めようとすることである。これらの越権行為こそが、自らに忠実であるべき人間理性の本来的な道行きを阻んでいた。そのことを白日の下に晒す「法廷」がカントの理性批判にほかならなかったのである。

法廷モデルの構図

もとより、カントが『純粋理性批判』のなかで行っているのは、感性と悟性という互いにまったく異質な認識の二源泉を相互に結びつける議論――「カテゴリーの超越論的演繹」とも呼ばれる議論――であり、また、形而上学の思弁的な推理がわれわれ人間の経験を超えたところにつくりだした仮象を暴露する「弁証論」である。しかしながら、超越論的演繹を実行するにあたって、結合されなければならない感性と悟性の間に絶対的ともいえる断絶があることを、カントは繰り返し強調しているのである（A51＝B75, A85＝B118, B135, 138, u. a.）[8]。この演繹とは、譬えていうと、時間と色彩を同じ一つのものになるよう結合させるような、非常識きわまりない論証であった。しかし、すでにコペルニクス説の例で確認したように、一見するとまったく両立不可能な二つの主張を完全に区別しつつ互いに協働させる見事な判例が、歴史のうちに記録されていたのである。日常の経験的な観察事実とコペルニクス的な地動説の世界観といった、相互にまったく異質な両見解は、互いに異質なまま実際に合致し、双方とも自律し、しかも協働している。模擬裁判の設定で検討したような、いわば「コペルニクス的な判決」の可能性をカントが確信していたのでなければ、正命題と反対命題との間に見られたのと同様に厳しい断絶を、感性と悟性の間においたのはなぜか、その意図はほとんど理解できない。カントは感性と悟性という、人間の理性にとって不可避な二元性の間で、コペルニクス的な判決に準ずる調停と協働の達成を目指し、演繹論においてそれを実行していたといってよいだろう。

ここで、模擬裁判の設定をより詳しく再構成してみると、理性がさまざまな役柄を演じていることに気づかされる。たとえば裁判の「原告」と「被告」については、すでに述べたように、一方が感性的な経験にもとづいて証言する理性であり、他方が悟性にしたがって証言する理性に対応し、どちらが原告か被告かという点はあまり問題でない。設定から分かるように、両告ともそれぞれの権利を主張して、互いに相手側が自らの権利を侵害していると訴えている。また、明確なかたちで裁判のうちに登場しているとはいえないながらも、両告双方の権利主張をそれぞれの視点に立って理解しようとする役柄が想定されている。「太陽は東から昇る」という証言を、あくまでも感性的な経験にもとづくかぎり矛盾のない正当な申し立てとして受け容れ、その証人となる理性の役柄がなければ、上記の裁判は進展しなかったはずである。われわれは読者の立場でこの役柄を追体験していたことになる。しかしこの証人は同様にまた、他方の「太陽は東から昇るのでない」という証言が、矛盾のない悟性の主張であることをも承認する役柄になっている。この役柄を担う理性は、したがって、全面的に対立する両告の権利主張を、それぞれの立場において整合的に理解しようとしていることになる。これが「われ思う Ich denke」(B132, vgl. B138)という、いかなる立場に身を置こうとも常に自己同一的な自己意識――カントのいう「純粋統覚 reine Apperzeption」(A116, 117, B113, u.a.)――にほかならない(9)。最後に「裁判官」であるが、それは自分自身を「われ思う」という思考の働きとして対象化し、証人が両告双方の立場を往還しながらコペルニクス説のような証言に至ったときに、いわば虚心坦懐に「生徒の資格」でこの証言から学び、両告がともに納得す

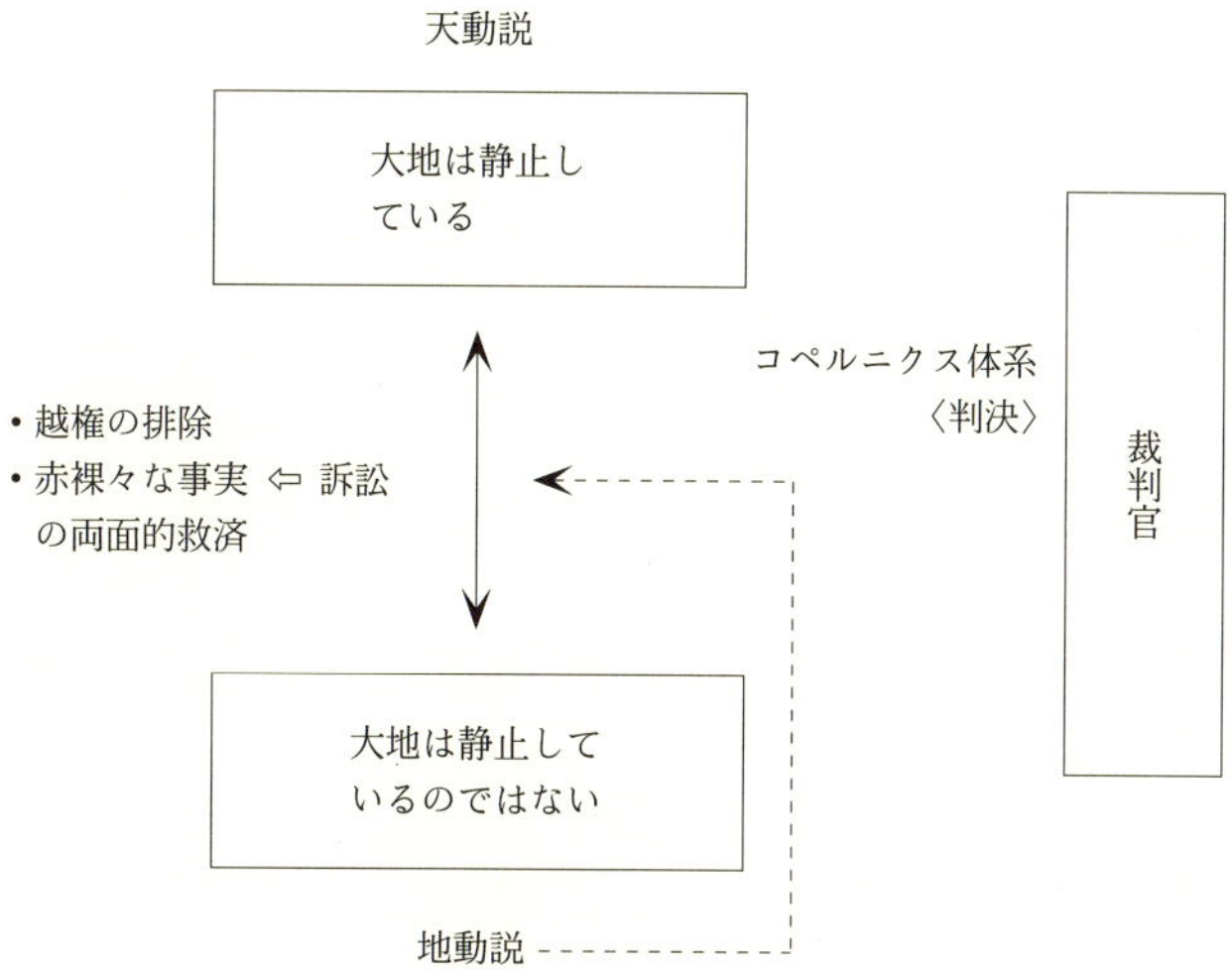
天動説
大地は静止している
コペルニクス体系
〈判決〉
裁判官
・越権の排除
・赤裸々な事実 ⇦ 訴訟
の両面的救済
大地は静止しているのではない
地動説

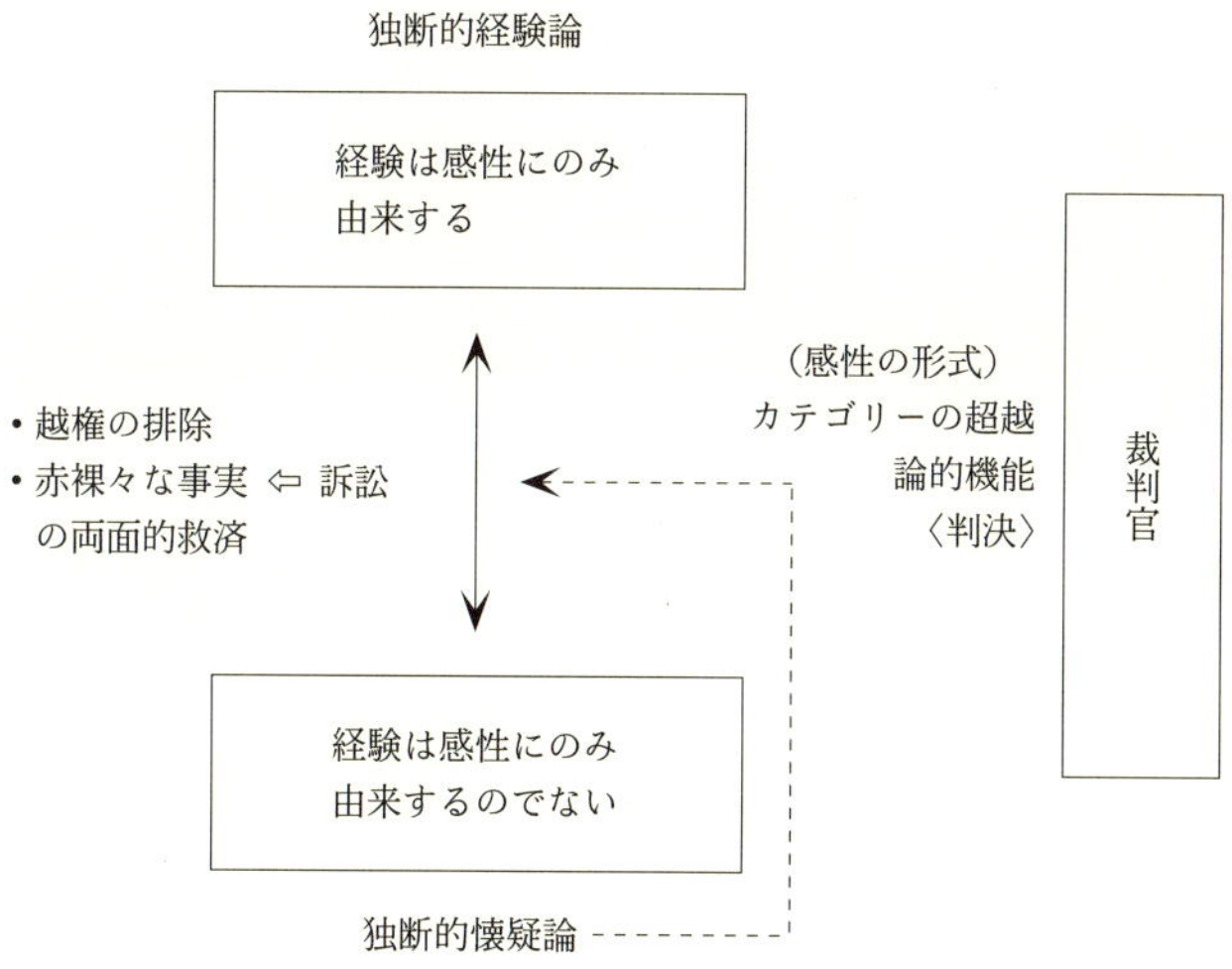
独断的経験論
経験は感性にのみ由来する
（感性の形式）
カテゴリーの超越論的機能
〈判決〉
裁判官
・越権の排除
・赤裸々な事実 ⇦ 訴訟
の両面的救済
経験は感性にのみ由来するのでない
独断的懐疑論

るほかないような判決を下す、まさにそのような理性の役柄に相当する。

理論闘争のルール

以上のような裁判の過程で、両告の立場を往還する証人が新たな証言に至るとき、カテゴリーという思考の基本的な規則が決定的な意味をもつことになる。カントはこの規則を伝統的な判断の分類から導いており（A70＝B95）、

量	単一性 数多性 全体性
関係	実体性　実体と属性 因果性　原因と結果 協働性　能動と受動の相互性（相互作用）
質	実在性 否定性 制限性
様相	可能性――不可能性 現実存在――非存在 必然性――偶然性

といった一覧表にまとめている（A80＝B106）。これら――および時間・空間という感性の直観形式――は、経験的な事実に関わる権利を裁判において闘わせる際の、いわばゲーム・ルールとなり、感性的な経験から事実の成り立ちを説明する場合も、また悟性の働きが構成した理論的説明を事実

と照合する場合も、常に遵守すべき権利闘争の規則である。いかなる立場から権利を主張しようとも、このルールを無視するか、恣意的な仕方ないし矛盾した仕方でこれを利用する場合、先程あげた「証人」からの証言は得られないことになる。証人は両告の立場の間を往還しつつ、首尾一貫してカテゴリーという思考の規則――および時間・空間の直観形式――に従うことで、初めて矛盾なく双方の申し立てを調停する見解の構想に至るのである。理性のこうした能力を指して、カントは「生産的構想力 produktive Einbildungskraft」と呼んでいる、と解釈することもできる（vgl. A123, B152）。ちなみに、ニュートン力学は地上で起こる運動現象と天界に観測される運動現象を、区別なく統一的に説明することに成功した理論と評価されるが、ここで提示したカテゴリーは感性的な経験と悟性の案出する見解をともに構成し、両者を調停する規則になっている点で、ニュートン力学における万有引力の法則と運動の三法則に相当するともいえる。

こうして理性の法廷が整備され、これによって暗中模索の状態から脱却した形而上学は、以後、白日のもとで「学」としての着実な道を歩むことになるはずであった。歴史上、カントの理性批判が登場するに至って、少なくともこうした展望が初めて開けたのである。

批判主義の危機

ところが、以上のような展望は当時の思想潮流のもとで、むしろ異物感と嫌悪の感情をもって迎えられている。伝統は自らを変革しようとするものをいつも生み出しながら、それが深遠なものであればあるほど、徹底した排斥の態勢で対峙するものであるのか。カントの展望とは裏腹に、理性批判が死闘から救出しようとしたほとんどすべての思想的な立場から、批判主義という、かれの哲学的な立場そのものが、四面楚歌といってよいほどの攻撃を受けることになる。なかでも、当時ドイツに流入して大きく発展を遂げていたイギリス経験論の陣営から、批判主義は深刻な打撃を被っている。そして、F・H・ヤコービ、エーネジデムス・シュルツェ（G. E. Schulze）を代表とする経験論の進撃と、批判主義の防衛に向けてこの進撃を迎え撃つJ・シュルツ、C・G・シュッツ、J・S・ベック、そしてK・L・ラインホルトらとの絶え間ない闘争がつづき、哲学諸派の「連合」を標榜して理論化されたS・マイモンの新たな調停案[10]も効を奏さぬまま、いつ果てるともしれない泥沼の局地戦が各所で展開される。フィヒテが現れたのは、こうした出口なき戦闘の一前戦基地であった。そしてかれが眼前に捉えた理論上の戦況は、デカルトの懐疑をカント的な超越論哲学の立場まで巻き込んで尖鋭化させた、いわば絶望そのものといってよいほどのものであったといえる。それは世の成り行きがいつもそうであるように、カント本人の意図が正確にはどのようなものであるのかということとは、ほとんど無縁に呼び寄せられた故なき長期戦の様相である。

絶望的な戦況をもたらしたのはヤコービである。かれはカントの批判哲学に対抗して『デイヴィド・ヒュームの信について』（一七八五年）[11]を著し、そのなかでカントの立てた「物自体」への痛烈な批判を突破口として超越論哲学の土台に揺さぶりをかける。ヤコービの攻撃は、すでに確認した法廷モデルの重層的で力動的な感性と悟性との調停という側面を看過したものであり、互いに異質な認識（表象）の二源泉を分断するカントの前提が、両者の結合による認識（表象）の成立という当人の結論と整合することはありえない、といった趣旨になっている。しかもヤコービは個人の意識に備わるものとしてのみ、感性や悟性など、理性の働きを位置づけた論難を批判主義に向けていた。かれによると、カントの認識論が前提している、感性と悟性の分断といった二元論の設定を維持するかぎり、感性は物自体に触発されることで初めて表象の内容を得る一方、物自体は因果性その他、主観に備わった悟性のカテゴリー関係にはいっさい入りえない。したがって、物自体はカント当人の前提から認識不可能なものとなる。

およそ以上のように、独断論のように物自体の存在を主張できない『純粋理性批判』は、首尾一貫性を保つために表象の原因としての物自体を空虚な想定として、あっさりと否定するほかないのである。しかしそうなると、何物の表象でもない表象——すなわち単なる幻影——が全表象界を形作っていることになり、現実世界は夢と区別することができなくなる。かくして、現実世界を単に哲学の観点から想定されるだけの抽象的な感性・悟性の形式という幻影から構成し、しかもそのように構成された全表象界を物自体という得たいの知れない哲学的仮構物に支えさせるというのは、あたかも塔の上に立った夢遊病者が大地は塔に支えられ塔は自分に支えられている、と思い込むような倒錯にほかならない。[12] ヤコービはこうした論難を通じて、カント当人がもともと事実として前提していた、われわれのこの経験世界を——ヤコービ自身が理解した——批判主義の設定にもとづいて単なる夢に転落させたのである。[13]

批判主義を採って、形而上学の戦場で展開される戦闘を終結させようとすれば、現実を夢、幻へと転落させることになり、批判主義を捨てて現実に身をおこうとすれば、その現実の中には、いつ果てるともしれぬ、戦闘うちつづく絶望的な戦況があるのみ。まさしくこれがフィヒテの直面せざるをえなかった当時の思想情況である。現実が夢かもしれないという想定に立てば、われわれの前に立ち現れるのはたかだか印象か観念にすぎない。そして印象や観念が夢ではない本当の世界とどのような関係になっているのかということが、解きえぬ難問となって押し寄せてくる。それらを外側の世界の〝確実な何か？〟と関係づけたように思えても、その何かが印象や観念を超えた実在だとは断言しきれないからである。それは実在だと思われた観念にすぎないのかもしれない。むしろこのような想定からすると、そもそも意識に立ち現れたものは、何であれ単なる印象か観念にすぎないことになる。身体の外側とその内側という区別さえ単なる観念的な区別なのかもしれない。さらには、われわれが現に見ているものも触れているものも、世の中で学問的な知識が正しいと考えられていることも、またこの経験世界のうちに自分と同じように他の人々がいるということも、ことによると単なる夢の中の出来事にすぎないのかもしれない。このように疑ってみることさえできるのである。

夢となった現実

この現実は、わたしが一生の間、目覚めることなく見つづけている、非常によくできた夢にほかならない、と一貫して考えることもできる。異様な想像ではあるが、誰しもこの種のことを一度は思い描いた経験があるのではないか。しかし、この想像どおりであるとすれば、たとえこの〈夢＝経験世界〉の外側に本当の〝現実？〟があったとしても、われわれ（わたし）はそれについてまったく何も知りえないことになる。超越論的な立場を巻き込んで復活したデカルト的な懐疑は、こうして個人的な意識の内面領域と外側の客観世界とを分ける素朴単純な二元論の枠組みを遥かに突破して、われわれが現に生活を営んでいる経験世界とその根底に横たわる真の実在世界――物自体の世界ないし叡智界――との断絶といった、より根本的な次元における、経験世界の夢幻化を余儀なくさせつつあった。少なくともフィヒテ当人は、この意味でデカルト＝ヤコービ的な懐疑を受け止め、この懐疑と直に向き合ったのである。したがって知識（表象）の根拠となる外側の何かとは、心理主義的な二元論における意識（心）の外側ではなく、心理現象も物理現象も共に含む、この経験世界の外側に求められなければならない。

こうした意味で外側にあるものを「未知なるもの」と呼ぶことにしよう。そのなかには「まだ知られていないもの」や、人間にはけっして「知りえないもの」も含まれている。以下ではこれらを「未知なるもの」という言葉で代表させておくことにしたい。そしてこの現実をあえて単なる観念の世界だと考え、わたしの知る働きが及ばないものを〝未知なるもの〟として位置づけることにする。常識を曲げて、身の回りにある具体的な事物から心に浮かぶ一抹の印象まで、すべては観念（的表象）の戯れであると一律化して考えるわけである。「実在」と呼ばれているものもそう呼ばれている観念であり、意識の外にあると想われている「存在」も、外に在るかのように思い描かれた観念でしかない。常識を遮断して、あえてこのように仮定することが出発点となる。というのも、フィヒテはこの想定から「わたしの観念世界」――意識に現前する第一次的な「経験世界」――の外側にあって知られていないもの、すなわち「未知なるもの」を問題にしているからである。

常人であっても、現実だと信じていたこの経験世界は、ことによると単なる夢にすぎないのかもしれない、といった疑念がときとして生じ、その夢からの目覚めを思い描くことがある。このように、有限なわれわれ（わたし）にとって、知る働きが及ばない真相世界の真実をこの世界の外側に想定したくなる傾向は、率直に認められてもよいような一つの宿命なのかもしれない。そして、有限な人間の知性が捉えた夢かもしれない現実は、知られざる〝本当の現実〟によって支えられていると考えたくなる。今日でもたとえば、まざまざと見えている景色のなかの出来事は、実のところ科学の知見が教えるように、視覚中枢を駆け巡る神経パルスといった物理化学的なプロセスがもたらす、あるいは単にそうしたプロセスに随伴する一種の幻影にすぎないかのように説明されることがある。そして原理的には、そのようなプロセスを人工的に操作して、仮想的な現実を体験させることさえ不可能ではない、と語られる場合もある。こうした説明を受け容れて、物理化学的なプロセスこそが真実であると考えることは、ある意味でわれわれ人間の素直な傾向であり、また科学的な知識を説明されるままに受け取ったときの正直な反応ではなかろうか。わたしの意識とは無縁に、わたしの知らない本当の現実が成り立っており、わたしの外側に、わたしの意識がまったく及ばない、未知なる真の世界が存在しているに違いない。このような理解を阻む何かを探してみても、決定的なものはどこにもないように思える。

フィヒテの新たな闘争

しかし、意識に現前する「わたしの観念世界」に対して、以上のように懐疑を貫いたところで、わたしの知る働きだけは、その気になればいつでも確認できる。というのも、まさにこの働きが認められるからこそ、わたしの外側に想定される〝現実〟は「わたしの知る働きがまったく及ばない」という意味で初めて「未知なるもの」たりうるからである。そもそも知る働きがまったく発動していないのであれば、描かれた拳銃の絵がどの程度の射程距離をもつのか考えても無意味であるように、その働きが及ぶか及ばないかということは初めから問題にならない。すべてが幻ではないかと疑う場合でも、その疑いのさなかで、知るという意識の働きはすでにして発動しているのである。

フィヒテは現実を夢とする想定から、未知なるものを一旦は承認する。言い換えれば、かれは経験世界がことによると単なる観念（的表象）の総体にすぎないのかもしれないとする懐疑を正面から受け止め、その支えとして〝何か〟が想定される傾向を認めたうえで、この傾向に対する批判的な検討を始めているのである。そしてかれは、そのように想定される支えが未知なる領域としても、未知なる対象としても、未知なる要素としても、またわれわれの経験するわれわれ自身の未知なる制限や限定としてさえも、まったく不必要な仮象にすぎないことを論証していく。そうすることでかれは、理論の上からすると人知一切の根拠とされる〝未知なるもの〟が、実は人間が実践活動に身をおくときの、自らの姿勢の現れであることを示そうとしているのである。

いかに信頼のおかれた知識であろうとも、それによって個々の事態に立ち向かうとき、われわれはその結果をあらゆる面にわたって支配することなどできはしない。よく言われるように、本当の意味で何かを獲得するということは、必ず他の何かを失うことでもある。そして何が獲得され何が失われるかについて、少なくとも全面的には知りえない場合にこそ、われわれはあえてそれに挑戦する行為を本来的な意味で「実践」と呼ぶのではないか。人はその背後で働く予測不可能な力を未知なる「運命」の名で呼ぶかもしれない。しかしながら、われわれ(わたし)にとって〝未知なるもの〟とは、実践を特徴づけるこうした意味での不可知性にほかならないのである。そして、およそ以上のような真相を示す徹底した挑戦の軌跡こそが、フィヒテの知識学であったと考えられる。それは未知なるものを根拠として理論のなかで立ち往生する立場を一つひとつ容赦なく切り崩していく道行きであった。知識学はこのように、たとえこの世が単なる夢、幻にすぎないとしても、ただ一つのほかならぬこの〈現実=夢〉を実践において生きる方向へと切り拓くといった、哲学史上まれに見る、熾烈なまでの闘争に埋め尽くされていたのである。

フィヒテの選んだ理論闘争の方向は〝未知なるもの〟によって知識を基礎づけようとする哲学の姿勢すべてを粉砕し、これによって理論の空転に安住しようとする哲学のあらゆる立場を実践の領域へと引き出すことであった。とはいえ、知識学に固有な戦闘的性格は、それほど見えやすくはない。それはフィヒテの議論をその全体構造として捉えたときに、初めて浮上する一種独特の性格である。このため、部分的な記述に着目して議論の全貌を推測しようとすると、しばしばフィヒテの意図とは無縁であるどころか、むしろかれの意図に背反する虚像が焦点を結んでしまう。それゆえ解釈に際しては、議論の全体構造と各所の論点とを往復しながら何度も理解を軌道修正するといった、ひどく骨の折れる作業に労力を費やさなければならない。この労苦に堪えた場合にだけ、また堪えた程度に応じて、知識学がいったい何と闘っているのかという実像が、ようやく朧げに見えてくる。こうした事情から以下では、フィヒテ知識学の真相が従来の諸解釈によって曇らされてきた可能性にも目を向けながら、その真相に迫ることにしたい。

第二節　知が現象する場

知識学の議論を単純に整理すると、たしかに人間のあらゆる知識の基礎として「自我」がおかれている。場合によってはこの一点をもってフィヒテの学説が個人の内面に潜む心の中枢に知識の基盤をおくものだと解される。そして、哲学用語で「主観的観念論」と性格づけられると、それでどこか分かったような気分にもなる。もちろん識者の大半はこれほど単純ではないことに気づいているともいえよう。実際、フィヒテは「自我」と「主観」とを用語として明確に区別したうえで、かれ独自の議論を展開している。この点に関しては後に論及することにして、現実だと思われているものが「わたし」の見ている夢にすぎないという想定、すなわちわれわれ（わたし）の知ることすべてが単なる観念（的表象）にすぎないという想定から出発する点を特徴づけて「主観的観念論」と呼ぶのであれば、知識学はたしかにそうした設定になっている。しかしフィヒテが挑み、そして求めたのは、この種の懐疑的な想定からの脱却であった。すでに確認ずみのこうした意図を常に念頭に置くことが、知識学の真相に迫るためには是非とも必要な基本前提となる。

働きとしての知

しかしながら、その名が明示しているように「知識学」は知識についての学説であり、その検討対象はいうまでもなく「知識」ないし、われわれのうちに認められる「知の働き」にほかならない。ここでは知られる側の表象だけではなく、それを知る側の働き、すなわち「表象作用」が重要な検討対象となっている点を改めて強調しておかなければならない。では、フィヒテはこの表象作用を、いったいどのようなものとして想定しているのだろうか。それが「知る働き」すべてを覆う最広義の、しかも最も基本的な意識の作用ないし働きを表していることまでは、どうにか了解可能である。しかし、知られる側の何かではなく、知る側の働きを検討対象とするということは、この一点をとっても奇妙な響きが伴う。そして、奇妙さだけではなく、吟味検討のために対象化された〝作用〟は、対象化された途端に――いわば「恐れ」という漢字で表記された言葉は恐れていないように――もはや意識の作用や心の働きそのものではなくなっているのではないかという疑問もまた浮上する。そこで、フィヒテがそもそも「知る働き」をどのように想定しているのかということについて予備的に確認しておくのがよいだろう。

まず、知識学において「知 Wissen」と呼ばれるものは、さしあたりは書物に記されている知識や学問的な知識ではなく、日頃われわれが「知っている」とか「分かる」と語り、あるいはそう考える場面で認められる意識の「働き」を指す。実際問題としてそのような働きはないと真面目に考える人はほとんどいないであろう。たしかに、そのような働きの想定は幻想にすぎない、と主張する人はいるかもしれない。しかしながら、そう主張する人でさえ、知る働きを一旦は働かせておいてその働きに疑いを向けているのである。そのかぎりで、この働きは認められざるをえない。というのも、疑いもまた知る働きの一面であることを認めないわけにはいかないからである。たとえこの現実が単なる印象や観念の戯れであったとしても、またそうした戯れが脳神経を走るパルスにすぎないと理解する場合でも、その種の理解に先立って知るという観念的な働きがあることまでは認めざるをえないだろう。そして「認められる」という以上、そのように認める知の働きがすでにして発動していることになる。

しかし、対象化された〝働き〟は、もはや働きではなくなっているともいえそうである。それはすでに働かなくなった単なる働きの像にすぎないのかもしれない。にもかかわらず、その像は働きを示している何かとして、現に認められているのではなかろうか。こうした疑問への応答も含めて、フィヒテの理論的な戦略については、まだその要点を予告として示す程度のことしかできない。ここでは差し当たり、かれが「たとえこの世が単なる夢であったとしても」という前提つきで、それでも可能な議論を展開している点を再確認しておくことにしよう。すなわち、かれが「実在」や「存在」ということを語る場合でも、それらは夢の中の一観念にすぎない可能性があり、その可能性はむしろ率直かつ自覚的に引き受けられている。このことを念頭においてフィヒテの議論に臨むことが肝要なのである。

鏡を覗く体験

さて、フィヒテは『全知識学の基礎』のなかで人知一切の根底に横たわる根本命題「第一原則」を探求するために、誰もが例外なく承認するであろう論理学の同一律A＝Aを糸口として採用する。象徴的な言い方をすると、かれはこの等式のうちに全能の神でもなくまた単なる事物でもない、有限な理性存在としての人間を発見することになる。その文脈は厳密で整然としたものであり、論理の上ではかれが述べているように、第一原則への「最短の道」であるかもしれない（256）。[14] しかしながら、ここではあえて遠回りをすることにして、いくつかの場面から第一原則に関する、そして第二、第三原則に関する具体的なイメージづくりをしておきたい。[15]

日常のごく当たり前の行為として、われわれは鏡の前に立ち、自分の姿を確認する。その動機は十人十色であろうし状況によっても違ってくるであろう。しかし、そこで行っていることはというと、鏡を覗きながら身なりを整え、自分自身の見え姿を確認しているのである。さしあたっての目的はこのように明白かもしれない。しかしながらここでは、常識とは少し違う角度から一つの問題を立ててみたい。この行為のさなかで一体どのようなことが起こっているのだろうか。当然すぎる場面を奇妙な角度から問題にしているので、そんなことを問題にすること自体が無意味に思えるかもしれない。が、それを承知のうえで、あえてこの問題にこだわってみることにしよう。

鏡を前にしてわれわれは自分自身を見ている。たしかにこの場面を対象化して思い描くと、ほかならぬ「わたし」が、鏡に映る「わたしの像」を見ている、ということになる。しかし鏡を覗き込むというこの行為の真っ只中にあるとき、必ずそのように思ってそうしているだろうか。これはわたしの像だ、これはわたしの像だ、……といったように、自分自身の単なる「像」を見ていると、われわれは常に絶え間なく意識しているだろうか。必ずしもそうではない。むしろほとんどの場合、何らの理屈もぬきに、ただ「わたし」を見ているのである。事後的・第三者的な理解としては「見るわたし」がまず存在して「単なるわたしの像」を見ていると整理して考えると納得しやすくなる。これは確かである。またそのように納得することが常識にもかなっている。とはいえ、鏡を見る体験の真っ只中では、ただ「わたし」が意識されているのであって、自分の前に立っているのが単なる像であると意識していることの方が圧倒的に少ない。わたしが見ているとか、自分の像とはまったく別に見る側のわたしが存在しているといったように、回りくどい意識の仕方はしないのが普通である。

あるときは寝ぼけ姿の自分を確認し、あるときは似合わない髪形の自分やネクタイの曲がった服装の自分を見る。がしかし、どのような場合でも「わたしである」という点はいつも一貫している。その「わたし」がどのような状態のわたしであっても、また「わたし」というものが一体何であるのかなどの難しい問題とは無縁に、誰もが理屈ぬきに「わたしであること」を意識し、そのことを直接「知る」のである。

ここでは発達心理学が問題にするようなことを度外視しておきたい。子供が鏡の像を自分の姿として認知するようになる意識の発達プロセスや、鏡を使ったチンパンジーと鳥での比較実験にもとづく知見などは、以上のこととはほとんど無関係である。この類いの専門的な知見も含めて、一般に知るということが成立する現場を、ここでは鏡の体験をモデルにしながら考えているのである。発達心理学の教える自己認知のプロセスがどうであれ、またそれぞれの人が自己認知に至ったプロセスがどのようなものであれ、ともかく「わたし」という意識について検討している。ある人がどのようなプロセスで大金を手に入れたかをどれだけ克明に跡づけしたところで、その大金がもつ購買力や資本としての威力を解明したことにはならないように、発達心理学の知見はここで問題にしている「わたし」についてはほとんど何も教えない。フィヒテが問題の核心とする「わたし」の成り立ち、すなわち『全知識学の基礎』において三つの原則に定式化される自我の本質（構造と機能）は、外見上きわめて抽象的である。これと比べると、たしかに前記のような鏡の体験は、あまりに素朴すぎるため、フィヒテの議論を理解するためのモデルとしてはふさわしくないように思えるかもしれない。[16]しかし、鏡の体験は、実のところ深遠な性格をもっている。そしてこれをモデルとしなければ、フィヒテが語る自我の本質は、少なくとも具体性を伴う理解からはいつまでも遠く隔たったままであろう。

さて、鏡を前にして「わたしであること」が現に直接知られている。では、われわれはその場で何をしているのだろうか。当然、そのようにして知られる自分を確認しているのである。では、何をもってこの確認をしたことになるのであろうか。極端な話に聞こえるかもしれないが、自分を見ながら常に意識されているのは「わたし」だけではない。むしろ自分ではない他者の視点がこの体験において重要な位置を占めている。不特定の他者から見て「わたし」がどのように見えるのか。他者はどのようなものとして「わたし」を知るのか。このことがもしもまったく気にならないのであれば、そもそも鏡を覗く行為にはほとんど意味がないだろう。この行為にとって本質的なのは、実は他者にとっての「わたし」である。鏡を見ながらどこか無意識のうちに他者の位置に立って、普段は見えない「わたし」を見ようとしている。つまり、他者の目に見える「わたし」の姿形や表情を知ろうとしているのである。そうでなければ鏡を覗き込むことなどないであろう。

わたし自身が知らない「わたし」

われわれは他者の視点へと移り行くことで、いつもは自分に見えない「わたし」を確認しようとしている。[17] そのとき他者として意識されているのはこれから会う予定の特定の人物であるかもしれない。しかし、ほとんどの場合、そこまで限定されていない。鏡を覗きながら、むしろ誰ともつかない不特定の人々が暗黙のうちに意識されているのではないか。不特定の誰かということであるから、ただ漠然とした他者の位置から自分を見ようとしているのである。たしかに不特定の他者の視点に移り行くことなどできはしない。それでも鏡を見ながらどこかそういうことがなされている。得たいの知れない他者の視点に身を置こうとしているのである。奇妙なことではあるが、そうすることでわれわれは、普段は見えない自分の姿や表情など、知られていない「わたし」を見ようとしている。以上のようなことは、たとえこの現実が単なる夢でしかないと想定しても認めざるをえないだろう。たしかにこの想定からすれば他者だと思われているものは実在ではなく、実在すると思い描かれているだけの他者の観念（das Andere）にすぎないことになるかもしれない。しかし、そのように思い描く以前に、われわれは他者（der Andere）の視線を暗黙のうちに意識しながら鏡を前にしている。どのように理解し納得するかに先立って、すでにそうなっているのである。したがって、この事態を事後的にどのように理解しようとも自由であるが、鏡を前にして現にそうなっていることは理解以前の体験的な事実だといわざるえない。

さて、鏡を前にして普段は見えない自分を知ろうとするとき、確認されるのは鏡を覗くあいだの一時的な自分の姿でしかない。われわれはたったひとときの姿の確認をもって、鏡を前にしていないときの自分の姿が確認できたことにしている。さまざまな事件が起こる日常生活のなかで自分がどのような表情をしているのか。見知らぬ人から見て自分の表情や立ち居振る舞いがどのように映るのか。特定のある知人にとってはどうか。個々の状況のもとではどうか。考えてみると、こうしたことをわれわれはほとんど知らない。鏡を見て確認しているのは束の間の自分である。それは自分自身の見方、自分だけの知り方で一方的に受け取られ、しかも鏡に視線を向けているほんの束の間だけ見えているだけの、すなわち極めて限定された自分の姿でしかない。

よく知られているように、他人が鏡を覗いている様子を見ると、しぐさや表情が普段のそれとは異質であることが多い。このことからも分かるように、他者は自分自身とはまったく別の見方で「わたし」を見るであろう。他者はまた、予想できない仕方で「わたしのこと」を理解するかもしれない。この〈現実＝夢〉のなかで、自分に向けられる眼差しがどのようなものであるのか、それがほとんど分からないまま「不特定の他者に見られる」ということだけは確かなのである。鏡を前にして、われわれは無数に可能な見方のうちの、たった一つでしかない角度から見える自分を確認している。このことに気づいたとき、自分では知ることのできない膨大な数の「わたし」の見え姿があることを予感するものである。わたし自身が知っているこの「わたし」は、こうして、他者の視線を意識すればするほど不確かでとりとめのないものとなる。そして、わたしの知る働きがまったく及ばない「わたし」の側面が、あまりにも膨大であることに圧倒される。

ここで、わたしの知る働きをフィヒテに倣って「自我」と呼ぶことにしよう。すると、その働きが及ばない「わたし」は、知る働きが及ばないのであるから、未知なるものである。が、そもそも知る働きが及ばないのであるから、厳密にいうとそれは名付けようがない。本当は「未知なるもの」と呼ぶのも適切でないことが分かる。しかし、わたしの知る働きでは*ない*何かであり、知る働きに対立するものであるとまではいえる。そこで、その何かを「非我」と呼ぶことにする。こうしておけば「我」という語が中に含まれているので、何らかの仕方で知る働きとしての「わたし（自我）」と関係していることだけはニュアンスとして残る。すでに鏡の体験で、わたしの知る働きがまったく及ばない「わたし」の側面がどこまでも拡大することを検討しておいた。このような事態を以上で定めた用語をもちいて言い換えると、自我はかぎりなく収縮し、これに対して非我がどこまでも膨張する、ということになるだろう。鏡の体験において、他者の視点に移り行くことには、こうした底無しの可能性が秘められていたのである。

見られつつ見ている「わたし」

しかしながら、自分が他者の視点へと移行することを、通常われわれは自覚しない。ある仕方でこうしたややこしいことを気にしないですむようにしているのである。その仕方とは次のようなものである。すなわち、わたしはある面で「わたし」であり、ある面では自分自身で明白に知られているような「わたし」であるわけではない。実際、深く詮索せずにこの種の説明を聞くと、かなり納得しやすいのではなかろうか。しかし、この種の説明によって、いったいわれわれ（わたし）は何をどのように理解し納得したのだろうか。

以上では主に自分の見え姿、すなわち見られる側の「わたし」に力点をおいて考えていた。それが、他者の見方を意識すればするほど、知られていないものに変わっていく。このことを問題にしたのである。では、見る側のわたしはどうなっているのだろうか。すでに述べたように、見る側のわたしは不特定の他者の視点へと移行する。ここで不特定ということを強くとると、得たいの知れない他者の視点に移り行くということである。いったん常識を遮断してこのことを文字どおりに解すると、見る働きとしてのわたしが、得たいの知れない他者の視点に乗り移るかのような奇妙なことである。しかしながら、わたしに起こっているはずのこの異様な移り行きは、簡単に素通りすることができる。鏡の中からこちらを「見ているわたし」に気づいた瞬間にその素通りは完了するのである。

眼差しを差し向ける「わたし」が鏡の向こうにいる。非我の占領に圧倒されながらも、見る働き、知る働きとしてのわたしを鏡の中に発見するのである。鏡の中からこちらを見ている「わたし」の眼差しは、無数に可能な見方、知り方の総体からすれば、知る働きのほんのささやかな一部分にすぎないかもしれない。しかし、それでもそこに存在し、働いている。このように、わたしの視点が移り行くその先に想定されていた他者は、たとえそれが誰であったとしても、知る働きの一部分でしかない点で事情は同じであろう。あらゆる見方、知り方のうちのほんの一部分だけをもとにして、誰もがそれぞれ知る働きとして存在する「わたし」なのである。この納得には理由がある。今や鏡の中からこちらを見詰めている「わたし」と、その眼差しがもつ威力が、すでに確認されている。この威力と、意識の中で非我の占領を招いた他者の眼差しがもつ威力とをいくら比較してみても、基本的なところでは何ら違いが認められない。これが納得の理由である。

実はここに相互主観性の成立する場がある。というのも、わたしがわたしであることを初めて可能にしているのは、このように視点の移り行きを背景にして、自己の眼差しと他者の眼差しそれぞれが呈する威力を同等視（同型視）する相互主観性だからである。この相互主観性は、視点の移り行きが完全には不可能であるがゆえにかえって要請され、逆にそれが要請されるからこそ——鏡の体験が典型的に示しているように——、どういうわけか視点の移り行きが起こる、といった性格のものである。それは成り立つというよりも、わたしが非我に転落せずに、あくまでも「わたし」であろうとすることによって、そのつど織り成される関係性にほかならない。かくして、わたしは知る働きの一部分として存在し、それが一部分でしかないために、この事情からしてどうしても残る、わたしの知られていない部分と向き合っているのである。これが先にあげた理解と納得の内実であり、しかもその内実は相互主観性の起点そのものである。

さて、わたしはある面では「わたし」であり、ある面では自分自身で明白に知られているような「わたし」ではない。先ほどの用語を当てはめると、鏡の体験で最後に行きついたのは、わたしはある部分「自我」であり、別のある部分は「非我」であるという理解と納得である。ひとたびこのように整理してしまえば、視点の移り行きという問題はすでに片付けられている。鏡を覗くわたしのように、自我と非我をともに包み込む「わたし」が両者をともに見ているからである。他者の視点はこの了解にとってどうでもよくなっており、そうである以上、もはや視点の移り行きについて云々するまでもない。普段われわれはこのようにして鏡を見ているのである。「わたし」を異質な二つの部分に分割するといった、多少でも詮索すると実に奇妙な理解によって、われわれは当たり前のことのように鏡を覗き込んでいる。こうした事態はしかし、むしろ異常なものとして理解される場面において、より典型的な仕方で生ずるものだといえるかもしれない。

たとえば、逼迫した情況のもとで正気を失ったかのように凶悪な犯罪を犯した者は、事件の後になってから自分の中に「正常なわたし」と、自分自身でも知らない「異常なわたし」の、いわば二つの状態（性格）があると思うことで底知れぬ後悔の念から救われようとするそうである。かれは他者にだけ知られている異常なわたし――我を失ったわたし――への移り行きに底知れぬ不安を抱く。そして二つに分けられた自分のうちの、正常な側のわたしに留まろうとすることで、すなわち自己をしっかりと意識している「まともなわたし」に留まろうとすることで、その不安から逃れようとするのである。かれはあくまでも世間というまともな関係のなかの一員に留まろうとし、そうした相互主観性のもとにあろうとしている。たとえこの相互主観性が織り成す世間というものが単なる幻であったとしてもである。いうまでもなくこれは、いわば極限状態でなされる異様な自己了解の例であろう。しかし鏡の体験は、かたちのうえからすると、この例と同型になっている。犯罪者が自分の犯した犯罪を想起することは、鏡を覗き込むことに相当する。以上のことからも分かるように、反省と呼ばれる意識作用の一つの普遍的な型がここにあるといってよいだろう(18)。

視点の移り行きと歴史の理解

さて、視点の移り行きは他にも、知るという現象が起こる場面のいたるところに認められる。たとえば、歴史を扱った書物からそれまで知らなかったことを知るとき、一体われわれ（わたし）にどのようなことが起こっているのだろうか。一定の時系列でさまざまな事件が起こったことなどをまずは理解するだろう。そして、各時代の多様な事件に底流する、歴史の大きな動きを学ぶかもしれない。しかし、学ぶことにあまり苦労を感じない段階のことを考えてみると、たしかに知識の量は増えていくが、結局のところ新しいものの見方を獲得したわけではないことに気づかされる。大半はすでに身につけている自分の先入観やものの見方が、かなり安易に投影できるものだけを新しい知識であるかのように受け取っているのではないか。この場合にはしかし、学ぶとはいっても新たなものの見方を獲得しているのではなく、既存のものの見方にしたがって個々の事柄を整理し直しているにすぎない。すなわち、あらかじめ身につけていた知り方の反映を書物の中から受け取り直しているだけである。それゆえこの学び方（知り方）は、極言すればただの自己確認にすぎないことになるが、実際これに近い場合ほど、すらすらと読書が進むのではなかろうか。これは、なんとはなしに鏡を見ているときのように、すでに身につけているものの見方に相応な、自らの像を見ている状態に相当する。

ところがある段階になると、歴史書が記述する歴史情勢の動きの中に視点が移り行くことがある。そうなると事態はかなり変わってくるのではないか。偶然でしかない一事件が世界の動きを決定づけ、当時は意識されていなかった権力や経済のメカニズムが実際には働いていた。この種の、それまでにはなかったものの見方を自らに引き受けてしまうと、よく知っていると思っていた現在のことまでが、あまりにも不確かなものとして、あるいは理解を絶したものとして立ち現れてくる。そして、自分というものが歴史のほんの一時点に置かれた、居ても居なくても問題にならないような小さな存在になっていく。このようにして、わたしも、わたしの知っていることも、またわたしの知り方も、無限小にまで収縮し、未知なるものが果てしなく膨張することになる。これは鏡を見ながら、自分自身の限られたものの見方に気づきつつ、他者から見られた、自分には見えない自分のことを考える状態に対応する。

しかし、それでもわたしはわたしである。なるほど、これまでとは異なる新たな観点に立ったわたしは、かつての自分には想像もできなかったほど膨大な、未知なる領域と向き合っている。あらゆるものの見方や知り方からすると、その一部分でしかない見地に立って、その見地に応じた未知なるものと対峙しているのである。歴史を俯瞰する視点といった得たいの知れない視点に身を置き移そうとして、知られざるものに圧倒されているのは、それでもやはり「わたし」でなければならない。歴史の末端に位置づけられることによって、未知なる制約を受けながらも、その末端からこちらに、すなわち歴史を学んでいるこのわたしに眼差しを向ける者は「わたし」なのである。たしかに現在という時代には、わたしには知られていない膨大な側面がある。とはいえ、知る働きの一部分だけを新たに担った「わたし」が、知る者として未知なるものに直面している。わたしは両者を見据える「わたし」であり、未知なるものの存在と未知なる自分を自覚した分だけ、知を深めたのだといえそうである。たとえ歴史と呼ばれるものも含め、この現世が束の間の夢でしかないとしても事情は変わらない。これは鏡の中に「見る働き」としての自分を発見することに対応する。そして改めて考えてみると、知識をめぐるこの類いのことは、われわれの経験のなかにしばしば認められるといってよい。実際、歴史理解とは相当に隔たったものだと思われる自然科学の知識が身につく場合にも、以上と同様のことが起こっているのである。

個々の移り行きと移り行き一般

たとえば力学で摩擦の概念やバネの弾力について学ぶとき、当初は誰しも重いものを動かすときのことやバネ秤に錘をつり下げるときのことなど、自分自身の経験からすでによく知っていることをもとにするものである。これらは自分の知っていることの像を受け取っている段階である。ところが、いつしか摩擦ゼロの滑らかな面であるとか、重さゼロのバネといった架空の道具立てで力学的な現象を扱うようになると、それまでよく知っていたはずの経験世界がこれらの道具立てによって初めて解明されるような課題へと変容する。さらには、われわれの身体運動や心理過程に至るまで、知る者であるはずの「わたし」が不在のまま成り立つ単なる物質的なプロセスとして扱われることになる。すなわち、それまでは「わたし」に固有で、しかも不可侵だと思われていた事柄までが、いずれは科学的な知識によって記述されるべきものへと変換されるのである。こうして、わたしがすでに知っていた経験世界も、さらにはわたし自身さえもその居場所を失っていき、未知なるものだけがかぎりなく膨張する。これは自然科学の視点へと移り行く段階であり、鏡の体験において非我が「わたし」を占領する状態に対応する。それでもわたしは「わたし」でなければならない。全わたしは新たに獲得した知り方に依拠しながらも、知る者として未知なる領域と対峙している。全人類の破滅をもたらしうる科学技術が存在し、少なくともそれにどこか間接的には関わっている「わたし」がこちらに眼差しを向けている。まさしくこのことに気づく、つまり自覚するのである。現代科学の記述するこの世界は素粒子の戯れであることになっているが、仮にそのような物質現象だけから成る世界こそが真相であって、日々実感していると思っていた現実そのものが、本当は幻にすぎないとしてもである。この自覚にいたる過程で「わたし」は、いわば全宇宙の物質的な秩序を俯瞰する視点に向けて移り行こうとしていたことになる。

鏡の体験における不特定の他者に代わって、以上二つの例では歴史の俯瞰者と物質宇宙の俯瞰者が視点の移り行く先として登場している。「非我」をすでに性格づけたように「未知なるもの」として理解するに際しては、ここで例示したような視点の移り行きとの関係で考えることが不可欠である。そして、こうした個々の移り行きのいずれにも当てはまる、いわば「移り行き一般」との関係で「非我」という用語を理解しなければならない。というのも、そうしないとフィヒテの議論は真の焦点を結ばないからである。

知の働きという現象

以上、知ることに関する例をいくつか検討した。では一般に知ることの深まりがなぜ可能であるのか。フィヒテにとっては、おそらく鏡の体験をモデルにして検討したような「自我」の働きがわれわれ人間に備わっているからだということになるだろう。自我の働きには常に、不特定の他者から見られているという実感ないし予感が伴いうるのであり、しかも他者の視点から自らを見ようとする暗黙の衝動が潜伏している。より正確に表現しなおすと、知るとはそもそも以上のような性格を呈する働きにほかならず、自我はそうした働きとしての知が現象する「場」なのである。かれは「絶対我 das absolute Ich」という表現を用いるが、これは他のすべてから単離して（*absolvere*）、外部――この〈現実＝夢〉の外側に想定される〝真の世界?〟――には何らの根拠も支えも想定せずに意識される「自我」（絶対的な自我）というほどの意味である。このことからすると、われわれ諸個人がまず存在すると考えて、その一人ひとりに自我という働きが備わっていると理解することも不適切である。どうしてもこのあたりで自然な理解が届きにくくなるのだが、身体をもった諸個人という知識さえ成り立つ以前の、原初的な働きの「場」を、かれは自我と呼んでいる。現代の物理学では「重力場」とか「電磁場」と呼んで、物理現象がそのもとで初めて起こる舞台を、それ以上の背景世界を問題とせずに扱うようだが、これらと重ね合わせてイメージしてもよい。しかし、自我という「場」で現象するのは物質ではなく、これまで見てきたように「知」である。

このあたりで一度まとめておくことにしよう。「自我」とはあらゆる知が現象する「場」である。

それは視点の移り行きを通じて「知る者」の収縮と「未知なるもの」の膨張を経験し、それでも自らのもとに両者を二つの部分として共に回収する「知」の働きの場だといえる。逆にこのような場のもとで移り行きや部分化などによって、相互主観性をそのつど織り成しつつ現象する一切が「知」である。そして「非我」とはもともとこうした場のもとにありながら、移り行きに際してはじめて浮上する「未知なるもの」を意味する。したがって、こうした整理からすると、一つの用語で表現される「自我」は、二つの意味に分けて理解されなければならないことになる。それはまず「知が現象する働きの場」としての自我である。第二にそれは、この場のもとにおかれた「知る者（＝知る働きの一部分）」、言い換えると「知が現象する働きの場の部分的な反映」としての自我である。

第三節　絶対我と三原則

さて、前節ではフィヒテの叙述から離れた議論をしてきたので、ここからはかれの著『全知識学の基礎』に見られる叙述そのものとの連絡を図りたい。とてつもなく抽象的な叙述であることを承知のうえで、まずはその最初の箇所を見ることにしよう。

夢の中でも確かなこと

フィヒテは、人間精神の働きすべての根底にあって、それよりも高次の何ものによっても基礎づけられず、それ自身の上にのみ基礎づけられるほかない働きとして「わたしは存在する Ich bin」あるいは「自我は在る Ich bin」をあげている（258）。かれによると、この働きは「自我の自己自身による定立 das Setzen des Ich durch sich selbst」という、純粋な「能動性 Thätigkeit」を表しており、また「自我は自己自身を定立し、自我は自己自身による定立というただこのことによって存在するのであり、しかもこの逆が成り立つ、すなわち自我は存在し、自我はそれが存在するというただそのことによって自らの存在を定立する」（259）。このように、フィヒテの議論（第一原則）はどの箇所に着目しても極めて抽象的である。

一見すると何を意図してフィヒテがこのように述べているのか、まったく意味不明というほかない。しかしながら、ともかくも基本的なことだけはここで確認しておきたい。問題はまず「定立する setzen」という語のニュアンスについてである。これは「～を在るものと定め立てる」あるいは単に「措く」といった意味の動詞で、仮定する、設定する、想定する、定め措くなどを含む広義の言葉である。[19] この点からすると、初めに引用した意味不明の文面は、自我（わたし）と呼ばれるものが自らを在るものと定め立てるかぎりで存在し、逆にまた、存在しているかぎり自らを在るものと定め立てる、とパラフレーズすることができる。とはいえ、このようにパラフレーズしても、見てのとおり、ほとんど理解が進んだとは思えない。しかし、このパラフレーズされた表現を解釈する手掛かりが皆無かというと、必ずしもそうとはかぎらない。まさしくここで、すべてが夢かもしれない、という当初からの想定を思い起こさなければならないのである。

定立とは知る働きの一つであり、それは観念的な働きにすぎないと解してもかまわないのであった。それでもこの働きが何かを「在る（実在する）もの」として定め立てる働きであることには相違ない。たとえすべてが夢にすぎないとしても、意識が何かを在るものとして定め立てつつ現に働いているということは、もはや疑いようのない事実だからである。たしかに、在るものとして立てられた当の「何か」が、よく調べてみると単なる幻にすぎなかったということはありうるだろう。薬物による幻覚で、在りもしない音響装置が目の前に見え、しかもそこから音楽が聞こえるということも、場合によってはあるかもしれない。しかしながら、その幻覚のなかでは、音響装置が目の前に「在る」と意識されており、まさにそこから音楽が流れてきているのである。それらが幻覚であったことは、あくまでも事後的な「納得」であって、そのときその場での「実感」や「体験」ではない。幻覚のなかでは正常時に経験している現実世界と区別がつかないほど、そのときその場における意識の働きによって、音響装置はまさしくそこに「在る」ものとして定め立てられているのである。特に現実味を伴う幻覚の場合がそうであるように、この点では意識に現れる世界のうちに異常時と正常時の区別はないともいえる。

正常時の経験においてもまた、たとえば手元にワープロのキーボードを見ているとき、ただ見る働きが働いているだけでなく、当のキーボードが「在る」と意識している。このように、フィヒテは現実が夢かもしれないという徹底した懐疑を引き受け、事物の在る無しから議論を立てるのをあえて断念しているのである。そしてかれは、たとえ幻覚や妄想においても認めざるをえないような、われわれ人間の意識の働き方から議論を立てようとしていたと考えられる。フィヒテが述べていることをそのように受け取るならば、定立とはここで示した例でも認められるような「意識の働き方」であり、その働き方を一般的かつ抽象的に定式化した特徴にほかならないといえる。しかし、これでもまだ実感に裏打ちされた理解に到達したとは思いにくいので、さきほど検討した鏡のモデルに対応させて考えてみることにしよう。

普段の生活のなかで、われわれ（わたし）は鏡を前にすることにより、自分自身の像を前に立て（vorstellen）、自分が現に存在することを在るがままに自覚する。こうして日頃われわれが鏡を使って自分の姿を見るときのように、自我（わたし）は存在するかぎり自らを在るものと定め立てる。自我とは意識のそうした働きのことである。ここで、誤解を予防するために一つのことを確認しておかなければならない。当然のこととして、われわれは身体を伴っており、この基本了解をもとに常識を形成している。この常識からすると、極めて理解しにくいことになるが、フィヒテは身体や物質的なものをすべて度外視している。そして「わたし」という意識の働き、すなわち人間精神の働きだけに着目し、働きの物質的な担い手を完全に捨象（度外視）した純粋な「働きそのもの」を主題化しているのである。これは〈現実＝夢〉の懐疑を徹底したうえで議論を立てる場合、どうしても余儀なくされる設定であるのだが、もともと西洋の哲学はキリスト教の伝統を背景にして発展したこともあって、肉体から離れた霊魂（人間精神）を問題にした歴史をもっている。われわれには理解しにくい設定とはいえ、以上のようなフィヒテの発想は伝統のなかで捉えると、それほど異様なものではない。われわれがこれに違和感を感じるのは文化の違いからだともいえる。それゆえ今の段階では、さしあたりそのように了解して、フィヒテの言い分を聞く態度をとったほうが話についていきやすいかと思う。

話をもとにもどそう。人間精神の働きを問題にするのであるから、鏡が身体を映す道具、すなわち事物の一種である以上、鏡の事例は解釈のモデルとして決定的な欠陥をもっているといわざるをえない。しかし、手掛かりがないのでは始まらない。そこで、こうした欠陥を承知のうえ、あくまでも比喩的なモデルとしてこれを利用することにする。われわれは鏡という、当然のことながら身体外部の道具を使って自分の姿を映し出す。ところが、人間精神の働きは鏡という道具に頼ることなく、自分自身を映し出した像を創り出して視野の前面に立てる（vorstellen）。たしかにこれは不自然な想定であるが、あえてこのように想像することにしよう。したがって、以下で鏡の像になぞらえた議論が進められるのは、単に理解を容易にするための便宜であることを確認しておきたい。

ここでさらに付言しておくと、今日のわれわれは初めから〈主観・客観〉という構図でフィヒテの議論を理解したくなるが、かれはこの構図を所与の確定した枠組みとしては想定しておらず、むしろ議論の終盤近くでこの構図そのものを厳密に捉え返すことになる。このため、しばらくは知る働きとしての自我を、一面では〈主観・客観〉の構図よりも遥かに素朴な設定ともいえる、前記のような鏡の比喩に即して理解を進めなければならない。

さて、鏡を前にしたとき、鏡の前のわたしと、鏡の中に立つわたしの像とは、同じ一人の「わたし」である。ここで、わたしの精神の働きが像として映し出されると仮定する。すると人間精神の働きはそれが働くだけで自らの像をつくりだすのであるから、定立の働きはそれが働くや否や、自らが「在る」ことを映し出す。そして、働きそのものと、そのような働きが「在る」ということを映し出している像――働きそのものの表象――とは、同一でなければならない。働きと、働き自身の産物としての像とが同一でなければ、鏡の中に「わたし」を見たことにはならないのである。われわれは鏡を見ているうちに、鏡の中からこちらを見ている自分の眼差しに気づき、自分が単に鏡のこちらに居て鏡に映る自分の像を見ているだけではなく、たとえばワープロのキーボードがただ単に見えるだけでなく、それが「在る」と見ているように、自分が見る働きとして「存在していること」を知る。このような例をモデルにしてフィヒテの主張を何とか実感につなぎとめて理解しなければならない。このモデルにおいて注目したいのは、ようするに、鏡に目を向けて「わたしが存在すること」を意識するときの状況である。

同一性の自覚

フィヒテは以上のような人間精神の特徴をもとにして「自我は在る」、すなわち「わたしは存在している」という命題が、自我の真相にほかならない「事行 Thathandlung」を、最も簡略に表現していると考える（ibid.）。かれによると、人間精神においては見る働き（Handlung）が在るという事（Tat）を初めて自覚させ、在るという事がすなわち、見る働きの遂行という仕方で成立している。人間精神は見る働きであり、そのような働きであることを自覚しているかぎりでのみ、現に他ならぬこの「わたし」を意識しつつ存在しているのである。事物とは事情が違い、わたしを意識する精神は、働きを停止した瞬間に存在しなくなる。ようするに、フィヒテはこうした事物との対比で人間の精神を特徴づけていると理解してよいだろう。実際に鏡の前で、単なる事物とは異なった精神の働きとして自分を意識する、そのような場面を想い起こすことができないだろうか。ここでは、難しく詮索しなければ当然のことが、フィヒテ一流の厳密さで定式化されているのである。

「自我は自我である Ich bin Ich」は、自我の働きが主語の位置における定立の働きそのもの――見えるものが、見えるだけでなく「在る」と定め立てている「わたし」――から、述語の位置に定立された自我――「在る」と定め立てられた「わたし」――の反省へと移行することを表している(vgl. 259Anm.)[20]。これはたったいま述べたように、鏡の中にただそれとなく「わたし」を見ている素朴な自己確認の段階から、そのように自分を見ているわたし自身を意識する段階へと移行するということに対応する。この移行は鏡を覗き込んでいるうちに鏡の中の自分がこちらを見ているように思えた瞬間に起こっていることだと理解してもよいだろう。見るわたしと見られるわたし……、自問自答しながら考えていくと、わけが分からなくなるかもしれない。しかしこの疑問はむしろ重要なものであり、フィヒテの長い議論の最後に至って、ようやくその真相が解明されるほど困難なものである。そうした事情もあるため、ここで浮上する疑問はひとまず記憶の片すみに保管しておいて、現段階では適当なところで問い掛けを打ち切っておいたほうがよい。

ところで、仮にわたしの何たるかを——単に姿形というだけではなく、わたしのすべてを——それこそ一点の曇りもなく映し出す鏡があったとすれば、わたしはいかなる他者の視点から見られた自分も、くまなくそこに見ることになるだろう。そのとき、わたしの中に未知なるもの、すなわち非我はなくなっている。その場合、鏡の体験では不可能とされた不特定な他者いっさいの視点へと移り行くことが実際にできるようになっている。したがって見る自我（定立する働き）と見られる自我（働きの産物）は完全に一致するであろう。仮にそうなれば、移り行きはもはや不要となり、わたしの自己認識は完全なものとなる。すなわち、そのとき「自我は在るが故に端的に在り、しかも端的に自我がそうあるところのものである、両者とも自我に対して」[21]（260）そうなっている、ということが成り立つことになる。

しかしながら以上のように極限的な状況でなくとも、日頃われわれが鏡を覗いて体験しているように、わたしは在るが故に端的に在る。また、鏡を見て自分でも知らなかった側面が自分にあることに気づいても、わたしが「わたし」でなくなるわけではない。わたしは「わたしがそうあるところのもの」である。にわかに何を知るのであれ、やはりそれは「わたしが」そうあるところのものである点は少しも変わらない。しかもこれらのことは、いつでも例外なく——当然のことながら——この「わたしに対して」自覚的に成立する。このように、知が現象する「場」としての自我は、いかなる知がそこで現象するか、ということとは無縁に、いつでも同一である。

実はこれまで、フィヒテが形式上も内容上も端的かつ無条件に成り立つ「第一原則」と呼んだ、議論全体の端緒に立つ根本命題の諸形式を扱っていた。(22) かれによれば、論理学の同一律A＝Aはこの第一原則から内容にあたる自我を捨象して、その形式――定立されていることから存在へと推理する形式――だけを抽出したものであり（264）、論理学の根本原理までが知識学の呈示する自我の働きによって担保されている。なにもかもが夢かもしれないという想定に立てば、論理学の命題といえども、さしあたってはその確実性が剥奪される。以上のようにして、知る働きが自覚されるということ、すなわち夢の中にあっても認めざるをえないことからその形式だけが抽象されて、同一律があらためて導かれたのである。わたしはわたしである、という自我の自覚が仮に成立しなければ、同一律といえども崩れるということである。また、同じこの第一原則によって表された自我の働き方（Handlungsart）に注目した場合は「実在性 Realität」のカテゴリーが得られる。

かつてカントが論理学の判断表から導いたカテゴリーの一つを、フィヒテはこのように自我の働き方から導いている。実在性の概念がこのようにして得られるところからも分かるように、かれの考える実在性は自我によって自我のうちに定立されたものに帰される。したがって、人間精神の外に在る事物を実在とする考え方から、大きく逸脱していることは間違いない。しかしながら、かれのいう自我がすでに述べたような「場」であり、内（現実＝夢）と外（知られざる本当の現実？）といった区別についての知識さえ、その場のもとで現象するということを忘れてはならない。

わたしの収縮と無の膨張

つぎに「自我に対して端的に非我が反立される」(266) と表現される「第二原則」について考えてみよう。まず「反立」についてであるが、これは「反対定立」と訳されることもあり、すでに定立されているものとは両立しえない反対のもの(異質な何か)が「在る」と定め立てる意識の働きである。ところで、鏡のモデルでは他者の視点を問題にした。それとの関係でいうと、この命題の中にある「自我」は、とりあえずのところ第一原則の自我と同じである。とはいえ、視点の移り行きに身を挺している自我(わたし)であるという点では違う。同じところと違うところとは第三原則に至って初めて明確にされるので、現段階では同じ用語で呼ばれている以上、同じものだと思い込んでいるほうがむしろ事柄にそくしている。

第一原則は内容上も形式上も無条件に成り立つとされている点に着目すると、この原則が呈示する自我の中からは、知のあらゆる内容と形式が発見されると考えてよい[23]。そして、発見される形式のうちの際立ったものが、この第二原則によって表現されている。しかもそれは、すでに見たように、あらゆる他者の視点への移り行きという不可能な事態に関連する。仮にそのようなことが有限な理性存在でしかないわれわれ(わたし)によってなされたとすれば、知る者としての「自我」、つまりわたし自身はかぎりなく収縮し、逆に知られざる「非我」が果てしなく膨張することであろう。その場合、自我はもはや自分自身が自我であることを止めて、単なる非我となるような極限状態へと突き進むほかない。この第二原則は自我がそうした可能性を含みもっていながら、あくまでも「自我に対して」という点を明示することで、形式上は無条件に成り立つこの原則から、それが不可能であることを表現している。まさしくそうであるが故に、この原則から内容となる自我と非我を捨象して得られる命題が、論理学の矛盾律 -A nicht＝A（非AはAでない）とされるのである(267)。なぜならば「自我に対して端的に非我が反立される」という命題の形を見ただけでは、なぜこれから矛盾律のこの形式が導かれてくるのかは不明だが、視点の移り行きによって「非我」が拡大しても、非我が自我と同じになってしまうことは「ない」という背景から考えれば、この箇所に nicht＝がくるのはごく自然だからである。なお、第一原則が教えるように、内容上も端的に定立されているのは自我だけであるから、反立するものは結局のところ内容的には無である。フィヒテによるとこのように、反立するものから非存在へと推理を働かせて、その形式だけに着目すると「否定性 Negation」のカテゴリーが得られる（ibid.）。

さて、ここで第二原則の内実を単独に検討してみよう。視点の移り行きその他のことはいったん度外視するということである。フィヒテの議論はとてつもなく抽象的だが、具体例を追加して理解を補強することにして、ともかくも議論そのものをたどってみたい。

非我とは自我ではないものであり、また自我とは非我でないものであった。ここからすると、一方が定立されているかぎり、他方はまったく定立されない。というのも、一方は他方を完全に廃棄するからである。しかしながら、一方が定立されていなければ他方は定立されようがない。自我が定立されているからこそ、その反対の非我というものがありうる。そしてまた、非我が定立されているからこそ自我は自我でありうる。そうでなければ両者の区別は消失し、第一原則の自我さえ失われることになる。これはどのような指摘であるのか。実感につなげるためには、自我と非我との対立という抽象度の高い設定から離れて、自我の代わりに「表」という概念を措き、非我の代わりに「裏」という概念を措いたとしよう。

何であれ「表」である以上けっして「裏」ではありえず、逆に「裏」であることが成り立つかぎり同時に「表」が成り立つことはありえない。ようするに自我と非我との対立はこれと同様の関係になっているということである。しかしながら、第一原則の形式A＝Aと第二原則の形式－A nicht＝Aにこの例を当てはめると、それぞれ「表は表である」という命題と「裏は表でない」という命題になる。これらをもとに考えると、フィヒテはそれほど奇妙な主張をしていたわけではないことも分かる。「表」という概念は「裏」という概念がまったく想定されないまま単独で意味をもつだろうか。逆にまた「裏」ということが「表」の概念なしに意味をなすだろうか。いずれも不可能というほかない。「裏は表でない」ということが成り立って、初めて「表は表である」ということもまた有意味に成り立つ。「非我が定立されているからこそ自我は自我でありえ、そうでなければ両者の区別は消失するほかない」という上記の指摘も、ここで用いた「表と裏」の例をもとにすれば、どうにか理解できるのではないか。

以上から、何であれ表か裏か一方でしかありえないように、自我と非我のうちいずれか一方だけが定立され、他方は定立されえないことになる。しかしながら、表と裏が共に想定されなければ表と裏の区別が消失していずれも没概念となるように、自我が定立されるだけでなく、その反対の非我というものも定立されるのでなければ、両者はいずれも無意味なものとなる。ところが、一方だけが定立されなければならないということと、両者がともに定立されなければならないということとは、当然ながら全面的に対立する。「裏は表でない」および「表は裏でない」という判断において、意識は「表」か「裏」の一方だけであることを主張しているにもかかわらず、同時にまた、両者の違いを示すためとはいえ「表」と「裏」をともに立てている。したがってこの判断は、互いに対立する二つのことを同時に要求していることになる。「非我とは自我ではないものであり、また自我とは非我でないものである」と定式化される第二原則も、これとまったく事情が同じになっている。よって、互いに相容れない二つのことをともに要求する第二原則は、おのずから廃棄されなければならない。しかし「裏は表でない」と同様に、そもそも非我が自我でないことを初めて教えるのは第二原則にほかならなかった。というのも、いま前提してよいのはこれに先行する第一原則だけであるが、第一原則は自我が非我ではないということについて、何も語っていないからである。これは「表は表である」という命題が、単独では表と裏の関係をまったく教えてくれないことに対応している、といってよい。そしてこれらの論点から奇妙なことが帰結する。第二原則が妥当するかぎりにおいて当の第二原則が廃棄されなければならないということである。(24) 前節で扱った鏡のモデルに当てはめると、他者の視点に移り行く傾向は、移り行きそのものによって廃棄される。奇妙な響きをもつ命題ではあるが、まさにこのことが以上で示されていると解釈できる。

有効範囲の設定と越権の除去

第二原則を維持するためには、そしてさらに第一原則を維持するためには、ここで認められた困難が解消されなければならない。これが目下の課題となる。知が現象する場としての自我は、このような困難を顕在化させないような働き方をしているに違いない。すでに検討したように、厳密に分析すると対立する二つの要求が浮上した先程の「裏は表でない」は、常識的にはまったく奇妙さを感じさせないが、それはもともと自我にそのような対立を解消する働きが備わっているからであると予想される。それゆえこの予想から、自我のうちに想定されるそうした働きを見極める課題が、あらためてここで確認される。

一般に、二つのことがともには成り立ち得ない場合、両者はどのような関係になっているのであろうか。話を分かりやすくするために単純すぎるほどの例で考えてみよう。

(a) バラは美しい

(b) バラは美しくない

この二つは同時には成り立たない。一方が正しければ必然的に他方は誤りになる。しかし、今までに見たことのあるバラのことを思い出してみて、このどちらか一方に文句なしの支持を与える人も少ないのではないか。おそらく大半の人は大部分のバラは美しいことを知っているし、まだ見たことのないバラもあるのだから、美しくないバラや醜いバラまであるかもしれない、と考えるであろう。実はこれが上述の問題を解決する道なのである。すなわち、

（c）ある範囲のバラは美しく、また別のある範囲のバラは美しくない

と、このように判断すればよい。（a）も（b）も一切のバラを無差別的に考えているのに対し、この（c）はバラと呼ばれるものの全範囲を二つの部分に分けて考えている。そして（a）と（b）がそれぞれに相応な正しさをもっていることを裏づけてもいるのである。一見（c）は安易な立場をとっているようにも思えるが、かえってあたかも神のように、すべてのバラについて知っているかのような（a）や（b）のほうが現実を軽視した独断だともいえる。しかも（c）は、ここで想定した「範囲」がどのように定められるのかという問題を、経験の中で解明していく方向へと開かれているのである。実はフィヒテが採用するのはこうした方向性にほかならない。

この（c）による問題解決には注目しておくべき論点が複数ある。たとえば（a）も（b）も、あらゆるバラを視野に収める視点に立てるかのような、すなわち人間の有限な理性にとっては不可能なことを暗黙裏に前提している。こうした越権を（c）は指摘し、除去する主張になっていると解することもできる。また、経験世界において現実の個別具体的なバラということになると、開花する前の状態から枯れてしまった状態まで様々な姿を呈するにもかかわらず、（a）は千差万別な

条件や状況の違いを超えた、いわば理念的なバラを立てて判断を下しているともいえる。（b）についても、これとは逆の意味で理念化されたバラを立てて（a）とは反対の判断を下しているとも受け取れる。このように理解するならば、両者とも判断の根拠として暗黙裏に想定しているのは、経験世界を超えた不可知のものになっていることが判明する。これらに対して（c）は、暗黙のうちに立てられている不可知の根拠を、越権による想定として除去しているといってよいだろう。あらかじめ述べておくと、フィヒテはこの例と同様に、有限な理性の持ち分を超えた視点への飛躍や、根拠として設定される不可知のものを、徹底して除去する戦術で論じているのである。現段階では、とりあえずこの点を予告しておこう。

さて、第二原則に潜在していた困難を解消する働きがもともと自我に備わっていなければならなかった。フィヒテはその働きを「制限作用 Einschränken」と呼ぶ（270）。それは反立する二者を互いに限界づける働きである。さきほどの二つの要求、すなわち「一方だけの定立」と「両方の定立」はいずれも一部分だけ妥当する。定立されるのが自我であろうと非我であろうと、すべては自我――第一原則の絶対我＝知が現象する場――の中に定立されるのであるから、その一部分に自我が定立され、他の一部分には非我が定立される。「自我も非我も可分的に定立される」のである（ibid.）。可分的に定立された自我と非我をそれぞれ「可分的自我」と「可分的非我」と呼ぶことにすると、両者は互いに対立し、一方が定立されている分に限って他方は定立されない。このように制限作用が働いていれば第二原則の「自我に対して非我が反立される」ということは、可分的自我と可分的非我に関するものとして破綻なく理解することができる。また、自我が定立されていれば非我はまったく定立されないというのは、絶対我と非我との関係である。

すでに扱った表と裏の関係でいうと、すべてが表ということも、すべてが裏ということも、いずれも不条理でしかない。視野の前面にあって見える側を事物の表とし、視野から隠れている側を裏とするのであれば、表も裏も常に可分的に表であり、可分的に裏なのである。どのような角度から事物を眺めようと、必ず表が見えるのと同時に、見えない裏が常に想定されている。可分的自我と可分的非我との関係はこれと同様になっていると理解してよいだろう。そして仮に、あらゆる角度から――微細な内部構造に至るまで――瞬時に事物を見るような万能の働きがあるとすれば、その働きにとっては一切が表であり、裏ということは消失しているのかもしれない。絶対我はそのような働きに対応するといえよう。そして、そのような万能の働きになりきることも、また見えないがゆえに裏であるにもかかわらず、それを〝見えないまま見る？〟といった明白な矛盾も、有限な理性からは越権として除去されなければならない。フィヒテは「制限作用」を自我の働きのうちに発見するとともに、こうした越権を除去しているのである。

ところで、そもそも非我は自我の反対であった。それゆえ絶対我の反対となる非我は「非絶対我」と呼ぶのが適切である。ところがこれは、あらゆる知が現象する場の反対ということであるから、まったくの不条理である。このように、絶対我に対しては非我はたんなる無であるため、第一原則もまた何ら傷を受けないことになる。知が現象する場のもとに、知る者として制限された「自我」

と、この制限された自我には知られていない「非我」が措かれた様子をイメージすればよい。なお、知る者としての「自我」は、知が現象する場の部分的な反映でもある。フィヒテはここで見たような制限作用から、初めて量と呼ばれるものが一般に可能となること（Quantitätsfähigkeit）を指摘している（270）。これに加えて、カントが論理学の判断表に準拠しつつ実在性、否定性とともに「質 Qualität」のカテゴリーとした「制限性 Limitation」を、フィヒテは自我と非我を相互に限界づける上記の制限作用から導いている（282）。

分析と総合

かくして、内容に関しては無条件に成り立つ第三原則は「自我は自我のうちに、可分的な自我に対して可分的な非我を定立する」と定式化される（272）。内容に関して無条件というのは、先行する二原則によって内容はすでに与えられているということであり、両立しない内容を経験的・具体的にどのような形式で調停するかは、あくまでも課題として残されているということである。この課題は「可分性 Theilbarkeit」によって限界を設けることで、論理的・一般的には解決された（270）。そして、この解決は非常に豊かな可能性を蔵している。たとえば「バラは存在しない」という判断は、その判断が正しければ結局は存在しないはずのものが主語に立てられている点で、考え方によっては矛盾に満ちたものともいえる。しかしこの原則からすると、可分的な自我に対して在るものが、絶対我にとっては無であることの一具体例となる。すなわち、知が現象する働きの場

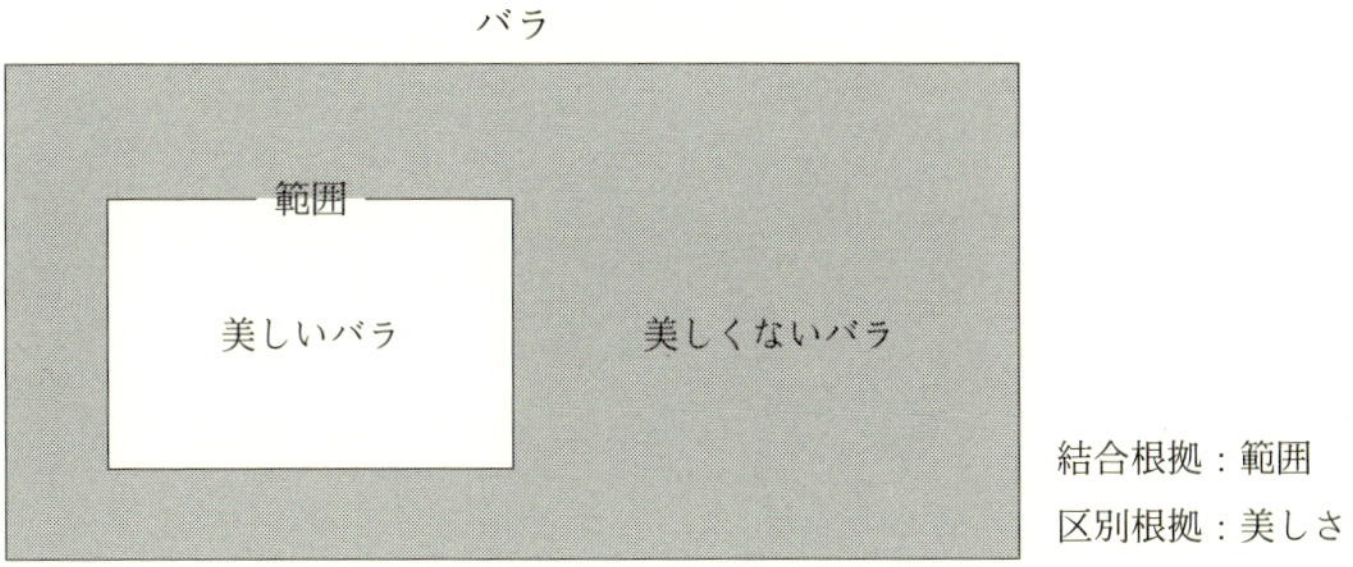

として、一切のバラについての知識をも完備した絶対我にとっては、その外側に立てられるバラ、すなわち未知なるバラは内容的に無でしかないということである。かくして、前節で考察したような、視点の移り行きから「わたし」の分割にいたる過程はここで完了したことになる。

フィヒテの議論をたどると、すでに確認したように、自我が自らを保持するうえで量の概念が必然的に要求されることが分かる。量というものは副次的に採用されるのではなく、知が現象する場にとって不可欠に要請されるのである（ちなみに、量は数学で扱われる「数の概念」と同一視される傾向にあるが、両者はしっかりと区別しておかなければならない。数とは高度に抽象的な関係態であり、それは現時点で検討している原初的な問題場面からは非常に遠い概念である）。なお、他の原則と同様に、第三原則から内容となる自我と非我を捨象すると論理学の「根拠律 Satz des Grundes」が得られる。一般に二つのものが互いに反立する場合、一方は他方に対して部分的には等しく、部分的にだけ反立する。等しい方のメルクマールが「結合根拠」と呼ばれ、反立する方のメルクマールが「区別根拠」と呼ばれる。バラの例（c）でいえば、バラすべての領域を区画する「範囲」が結合根拠であり、いずれの範囲に入るかを分ける「美しさ（の有無）」が区別根拠に相当する。ちなみに、前者のメルクマールを求めることが「総合」で、後者のメルクマールを求めることが「分析」である。このバラの例と同じように、自我と非我との反立は「可分性」の概念によって総合され、この概念に基づいて両者は初めて反立している。こうした（c）のような範囲の確定によって（a）と（b）との調停ができるのは、もとより自我が第三原則に従ってこれを可能にするよう働いているからだということになる。フィヒテによると、かつてカントが――認識を確実な仕方で拡張する理性の働きとして――提示した「ア・プリオリな総合判断」の原型は、知が現象する場に備わった働きを表す、こうした第三原則にほかならないのである（275）。

以上で『全知識学の基礎』第一部で扱われている三原則をすべて視野に収めたことになる。前節との関連では、このうちの第三原則が相互主観性の起点となることも分かっている。しかし、そのなかに含まれた豊富な内容については、現時点ではまだほとんど姿を現していない。この豊富な内容を一つひとつ摘出していく課題がまだ残されている。この後の目標は、さしあたりこうした課題に応えていくことである。

第二章　知の根拠という幻想

前節では、第三原則に至った自我が、経験の領域へと一歩前進することが示唆された。また第一章第二節の後半で、自我（わたし）を区分することが相互主観性の起点になることを見ておいた。第三原則はこのように、具体性への接近という性格をもっている。しかし、話はそれほど簡単にはすまない。経験の領域にふみだし、相互主観性のもとに自我（わたし）がおかれるとはいえ、現段階ではただその可能性までが確保されたにすぎないからである。相互主観性とはいっても、それは単に自分の視点と他者の視点とを、ともかく同等視してしまうことである。また、経験に対して開かれたとはいっても、それは、どのような内容であっても取り込む第三原則が発見されたという、ただそれだけのことにすぎない。本章ではこの後者の問題に特に注目して、第三原則が成り立つための根拠を探ることになる。まずはこの原則に伏在している自我の働き方を追究し（第一節）、そこから得られたいくつかの働き方が、自我の働きのうちの一体何を根拠としているのかを明らかにする（第二節）。ここでは、この「自我の働きのうちの」という制限が重要な意味をもつ。というのも、知識学では〈現実＝夢〉の外側に、それ自体で存在する何かを、すべて解体することが目指されるからである。この点を念頭において最後に、知を基礎づける様々な立場がどのように成り立ち、またそれぞれがいかなる越権を犯しているかについて体系的に吟味する（第三節）。

第一節　第三原則からの復帰の途
第二節　実在論と観念論の立脚地
第三節　知の根拠と基礎づける知

第一節　第三原則からの復帰の途

前章第三節で、内容上も形式上も無条件に成り立つ第一原則、形式上は無条件に成り立つ第二原則、内容上は無条件に成り立つ第三原則をそれぞれ考察した。何らかの意味で無条件に成り立つ命題は、内容と形式の組み合わせからしてすべて尽くされたことになる。そして、ここまでの議論を通して、視点の移り行きという問題を軸に、知が現象する場において三つの原則が互いにどのような位置関係に立つかをイメージ化した。ここから第三原則の性格をうかがい知ることができる。バラの例がそうであったように、第三原則によってひとたび（c）のような解決策が与えられてしまうと、経験世界に開かれる一方、どこかで誰かが具体的な範囲決定をしてくれるだろうから自分はどうでもいい、といった雰囲気がどこか漂っている。この原則が内容上は無条件に成り立つということをすでに述べておいたが、これはどのような知識を内容として選んでも無条件に成り立ってしまうということでもある。そもそもそれは、ある部分はそうだが別の部分はそうでないだろうということであるから、つまりオールマイティーだということである。このため、抽象的で一般的な解決策のままに止まるのであれば、魔法の呪文のようにいつでも成り立ってしまう。この点に注目して見直すと、すべてのバラについて態度を決定しようとしている（a）や（b）のほうが、いずれも互いに他方のものの見方へと視点を移しつつ、自らの立場を全面廃棄する危険を、あえて引き受けていることが分かる。（c）の立場には、ある意味でその種の厳しさが欠落しているのである。

　第三原則そのものについて考えると、それは視点の移り行きを不問に付しつつ、可分性の概念を採用することで自我と非我との対立を自我のうちへと回収する段階である。相互主観性が成立する起点になっているとはいえ、この原則によって結論として与えられるのは、いかなる問題でも構わないし誰にとっても結局のところ結論は一緒である、というかたちで成り立ってしまうような相互主観性でもある。第二原則の背後に潜んでいた「わたしの視点の動揺」は、この第三原則に至って終息しているのである。こうしたこともあって、三つの原則すべての背景で働く場全体の構造は、第一章第二節でイメージ化したような動的性格を失っている。つまり第三原則は、スポーツの試合展開そのものではなく、いわば試合終了後の平板なスコアボードのように成り立っているのである。フィヒテは三つの原則を標準としながら、こうした性格の第三原則にさらなる分析を加え、自我の構造をどこまでも解明していくことになる。それは平板なものが相手であるがゆえに極めて抽象的で繁雑な論理操作となるが、まさしくその過程で、可分的（経験的）自我は知が現象する動的な場へと復帰していくのである。こうした事情から、しばらくは捉えどころのない抽象的な分析作業に、われわれも耐えなければならない。

自我の能動性と受動性

「理論知の基礎」と題された『全知識学の基礎』第二部は、最終的に定式化された第三原則の分析に始まる。「自我は自我のうちに可分的な自我に対して可分的な非我を定立する」。これが現在の到達点であり、自我の自己定立と非我の反立とが可分性の概念によって調停されたものである。可分性というのは、しかし、もともと制限作用による調停がもたらす性格であった。この点に注目して、主語の位置に立っている自我の側から上記の命題に含意されていることをぬきだすと、

［1］　自我は非我を、自我によって制限されるものとして定立する

［2］　自我は自らを、非我によって制限される〔働き〕として定立する

といった、第三原則の特性を表す二様の命題が得られる（285）。ところで、われわれは未知なるものに直面してそれを知ろうとする。知が及ばない、あるいは分からないということが、もしもまったくないのであれば、そもそも知ろうとする動機は生まれてこないだろう。われわれが何かを知ろうとするのは、未知なるものに阻まれているといった、まさにそのような場合においてである。このように、知性は未知なる非我から制限を受けることで初めて発動する。かくして理論知の性格は命題［2］に示されていることが分かり、まずはこの命題［2］が採り上げられる。さらにはまた、制限するとは「〜である限りのものと定める bestimmen」ことであるから、この点からすると、

［3］　自我は自らを、非我によって限定される〈働き〉として定立する

という命題が成り立たなければならない（287）。フィヒテはこれを新たな出発点にして、この命題のなかに含まれる、対立した論点を抉り出していく。

さて、この命題［3］には二つの側面がある。まず、同命題の「非我」に着目して「非我によって限定される」という箇所について考えると、これは見てのとおり受動形の表現になっており、命題［3］全体の主語に立つ「自我」が限定を被るとされている。このように、自我は受動的な働きとされていることが分かる。能動・受動ということに関しては、能動的であるのは「非我」の側になっているのである。以上から、非我は能動的であり、そのかぎりで受動を余儀なくされている自

我が定立される（vgl. ibid.）、という側面が命題［3］のうちに認められる。この側面を定式化すると、

［4］ 非我は自我を限定する（非我は能動的で、そのかぎりで自我は受動的）

という命題が得られる。次に命題［3］の「自我」に着目して「自我は自らを……限定される〔働き〕として定立する」という箇所を考えると、少なくとも主語に立つ「自我」に関しては「定立する」側の主体として、あくまでも能動的である。ただし、自我が無制限な定立の主体〔働き〕とされているわけではない。自我はあくまでも「限定される〔働き〕として」自らを定立する。すなわち、自我はある特定の仕方で自らを定立する、ということである。ここで「ある特定の仕方で定立する」というのは、ようするに「限定する」ということであるから、命題［3］には

［5］ 自我は自らを限定する（絶対的能動性によって）

という側面があるといってよい（ibid.）。このように、一つの命題［3］に共に含まれている［4］と［5］がいずれも成り立つというのは、一見したところ矛盾している。というのも、文法上の主語が自我なのか非我なのかという問題はともかくとしても、意味の上で、限定する側に立っている

のは自我であり、かつまた同時に自我ではないもの、すなわち非我であるということになってしまい、これは矛盾というほかないからである。少なくとも、外見上はそうなっている。そしてこの外見上の矛盾が解消されなければ、前章第三節で第二原則を検討した場合と同様に、第一原則までが遡って廃棄されざるをえなくなる。このため、現段階で導出ずみの道具立てをもとにして、ここで新たに浮上した問題が自我の働きのうちで解消されているのでなければならない。というのも、仮にこの問題が解消されないのであれば、われわれの自我は崩壊していなければならないからである。しかしながらそのような問題解消が如何にして可能であるのだろうか。

量による問題解決と交互的な限定

すでに見たように第三原則は制限の概念とともに量一般を与えていた。また、自我は働きそのものにほかならず、第一原則によって働きの総体であることが要求されている。そしてフィヒテによると、働きとはすなわち実在性のことであるから、自我のうちには実在性の「絶対的定量 ein absolutes Quantum」が定立されるのでなければならない（288）。さらに、非我は自我と反立している（質が反対になる）のであるから、非我のうちには必然的に、自我のうちにあるものの反対物である「否定性の絶対的総体」が定立されていなければならない（ibid.）。ここで定量とは「ある定まった量」のことで、喜びの大きさや財宝の貴重さなど、あらゆるものに対して一律に当てはまり、つねに同一性を保つ。これらの道具立てとともに第三原則に依拠することで、次のように困難が打開さ

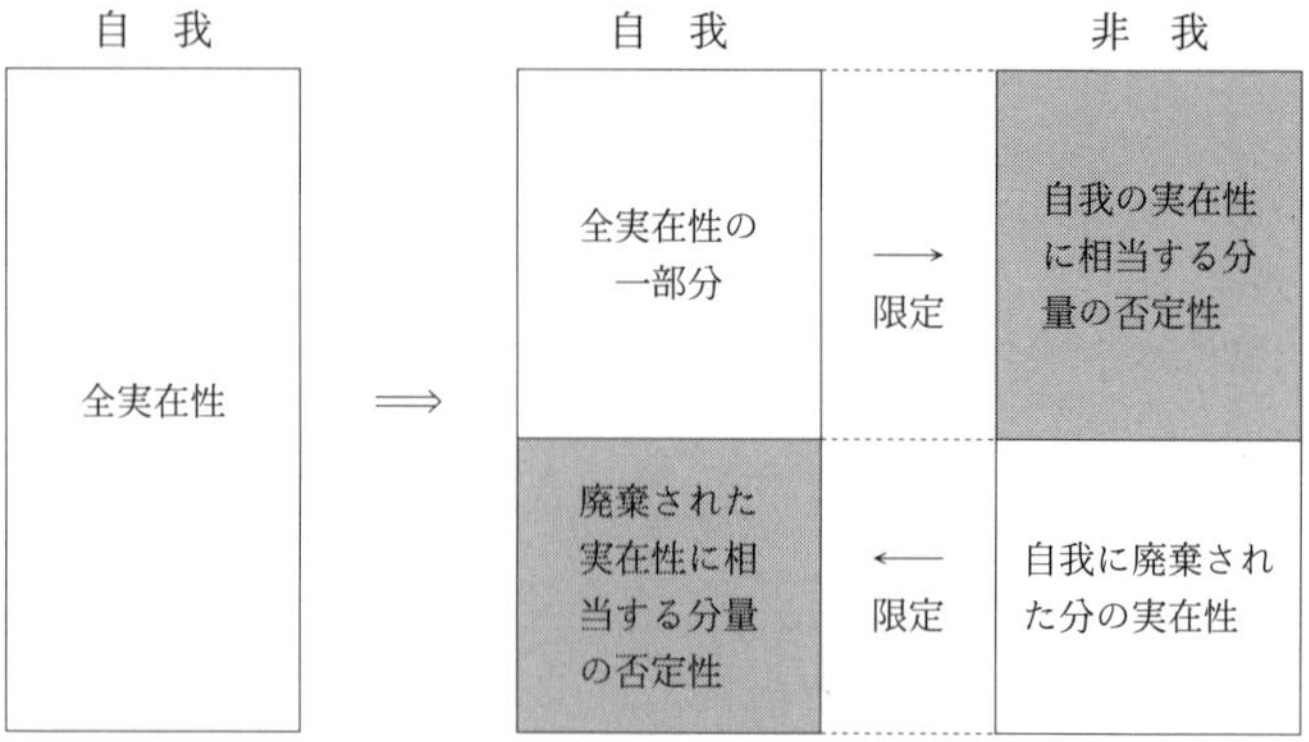

第一原則の自我　　第三原則の自我と非我

れる。「自我が実在性の絶対的総体の一部分のみを自らのうちに定立するならば、自我はそれによってこの総体の残余を自らのうちで廃棄していることになる。そして自我は、このとき廃棄された実在性と等しい分の実在性を〔……〕非我のうちに定立する」(289)。

この場合、自我のうちには全実在性がそっくりすべて定立されるのではなく、その一部分だけが定立され、定立されなかった分の実在性は自我から廃棄される。と同時に、自我のうちには、廃棄されて不在となった実在性に相当する分量の否定性が、在りうべき実在性の欠落ないし不在として定立される。他方、非我のうちには自我に廃棄された分の実在性が定立される。自我がすでに自らのうちに定立してしまった分の実在性は、非我のうちには回されない。しかしながら非我のうちには、自我が廃棄した分の実在性とともに、自我から回されなかった実在性に相当する分量の否定性が定立される。実在性の絶対的総体は、いかなる場合も全体として量的に保存され、否定性の絶対的総体もまた同様に保存されるということである。そのようにして実在性と否定性を併せ持つ自我と非我とが互いに向き合っている。これは、実在性の総体を保有していてしかるべき自我が、未知なる非我に遭遇して、実在性（能動性）の減少を余儀なくされた姿だと考えてもよい（前頁の図を参照）。逆に非我の側は自我に対して実在性（能動性）を呈する〝何か〟として威力を示している。ここでは以上のような描像で理解しておくのがよいだろう。

実在性が定立されるとは、すなわち働くということ（能動性）であり、否定性が定立されるとは働きを受ける（受動性）ということである。自我は一定量の能動性をもって働き、量的に「限定する」と同時に、一定量の受動性をもって働きを受け、量的に「限定される」のである。これで自我は非我を介して再帰的に働いて結果的に自らを限定している（前頁の図を参照）ことになる。まさにこのような意味で理解すれば、命題［5］は維持される。他方、非我は自我と対照的な分量の実在性と否定性をもつので、その実在性に応じて働き、自我がちょうど限定される分だけ「自我を限定する」ことになる。このようにして、非我が能動的であることと――そのかぎりで――自我が受動的であることを表した命題［4］も、命題［5］と表裏一体の仕方で維持されている。

さて、互いに反立する二つの命題は以上のように総合されたのだが、この解決策によって、可分性の延長線上にあった「限定」とは異なる、自我の新たな働きが発見されている。というのもこの新たな働きには、すでに知られていた限定作用にはなかった一つの「働き方」が備わっているからである。すなわち、限定は量の定立ということしか含まないのに対し、ここで得られた解決策には

「一方のものの量はそれに反立されたものの量によって定立され、その逆も成り立つ」といったように、定立がなされる仕方まで含む限定が認められるからである（290）。フィヒテはこれを「交互限定 Wechselbestimmung」と呼ぶ。かれはこれが、カントの提示した「相互作用 Wechselwirkung」に当たると考えている（ibid.）。交互限定は限定の一種であるが、単にそれだけではない。交互限定は量による限定であることに加えて、それが交互になされるという「仕方」が定まっている。それは知が現象する場に備わった交互的な限定の働きなのである。こうして、かつてカントのあげていた「関係 Relation」のカテゴリーの一つが、自我の働き方として導かれたことになる。

負の量と作用性の交互限定

しかし、これでもまだ解決すべき課題は尽くされていない。そしてフィヒテは残された課題を徹底して追究する。自我の実在性と否定性が、それぞれ非我の否定性と実在性を限定することは分かった。しかしながら［4］の「非我が自我を限定する」ということは、どのようにして起こるのだろうか。これは非我が自我の実在性を廃棄することにほかならず、交互限定の法則によれば、非我が自我の実在性を廃棄する分だけの実在性をもちあわせているかぎりでのみ可能なことである。しかし、実在性（能動性）は——第一原則より——本来すべて自我に属さなければならない。したがって、非我のうちにはもともと何らの実在性もないはずである。この点からすると、自我が働きそのものである以上、自我に反立する非我は働きではないはずである。とすると、働きでないものがいかにして自我から実在性の一部を廃棄する、すなわち奪い取ることができるのだろうか。ここではまさに、この点が問題になる。いうまでもなく「奪い取る」というのは能動的な働き（実在性）でなければならない。ところが非我のうちには、もともと実在性は定立されていないはずである。したがってこの点からすると、非我は自我を限定することなどできない、といわざるをえなくなる。しかし、それでも非我は自我を限定することができなければならない。というのも、これができなければ第三原則は崩壊するからである。こうした困難な事情を定式化すると、

［6］　非我は自らのうちに実在性をもつ

［7］　非我は自らのうちにまったく何らの実在性ももたない

といった二つのことが、ともに成り立たたなければならない（vgl. 291）。もしもこれが解消不可能な矛盾であれば、第三原則はもとより、またしても溯って第一原則までが廃棄され、自我は崩壊していなければならないことになる。

ここに示したような困難が認められるにもかかわらず、自我が矛盾なく働いており、また働いていなければならないとすると、現段階まで漠然と使用してきた否定性の概念は吟味し直されなければならない。というのも、仮に否定性というものが実在性の欠如、すなわち働きの不在ということを意味しているのであれば、すでに確認したように、働きでないものが「奪い取る」という仕方で

能動的に働いているといった不条理な事態になるからである。それゆえ、こうした不条理に陥らないためには、自我や非我のうちに定立される否定性にも、何らかの実在性が要求されなければならない。これはカントの「実在的否定性 reale Negation」に相当する考え方である。[25] しかし、それはどのような否定性なのだろうか。

先ほど自我が自らのうちに定立する実在性の総体を、絶対的定量として特性づけたが、否定性の総体もまた「否定性の絶対的総体」として特性づける必要がある。たとえば損害や負債などが単なる欠如や不在としての否定（無）ではなく、あくまでも償われるべき実在的なものであるように、それらの量一般に採用される「負の量」という概念がここで成立していなければならないのである。

［8］ 自我の働きを表す実在性は実効的（positiv）な実在性である。他方、受動性に相当するのは実効的な否定性である。非我はもともと何らの実在性ももたないが、自我が受動するかぎりで非我はそれと等しい量の実在性をもつ。

およそ以上のようにして上記の問題は解消される。「非我は〔……〕それ自体においては何らの実在性ももたない」（294）。これはたとえば、貨幣というものにまったく有効性がなければ、金銭上の負債というものも意味をもたないのと同じである。「しかし、自我が受動するかぎりにおいて、非我は実在性をもつ。これは交互限定の法則による」（ibid.）。借金（受動）をしたかぎりで債務

（実効的な否定性）が生じ、それと等しい量の債権が貸手に初めて帰属（実在）することになる。これが非我のもつ実在性に対応し、命題［6］は維持される。他方、借金とは無縁に貸手側の債権（能動性）なるものが当初からどこかにあって働いているわけではない。これと同様に、もともと非我（貸手側）は、そのうちに何らの実在性（債権）も有していない。債務の発生以前には、債権は無である。「負の量」という概念によって、命題［7］もまた維持されていることが分かる。およそこのような仕方で矛盾は回避されているのである。

矛盾して見えた二つの命題［6］［7］は以上のように総合された。ところが、ここで導出された総合概念は、交互限定の一種ではあっても、交互限定一般よりもさらに豊富な内実をもっている。交互限定は互いに反立する二者のうちのいずれが他によって限定されようと、常に成り立つ法則であった。これに対して、ここで導出された総合概念においては、あくまでも自我が実在性の総体をもつべきものとされ、自我が受動するかぎりで非我へと実在性が転移する。これは負債の例で理解すればよいだろう。フィヒテはこの総合概念を「作用性 Wirksamkeit」と名付け、カントが提示していた「因果性 Kausalität」に対応づける（294）。相互作用につづいて関係のカテゴリーの二つ目が自我の働き方として導出されたことになる。この関係においては、能動性が帰属し、そのかぎりで受動性が帰属しないものが「原因 Ursache」（根源的な実在性）であり、受動性が帰属し、そのかぎりで能動性が帰属しないものが「作用を受けるもの das Bewirkte」である。フィヒテによると、後者は他の実在性に依存するために前者とは区別され、一定の実在性（能動性）が帰属しても根源的な実在性をもつものではない（ibid.）。

絶対量の保存と実体性の交互限定

次に命題［5］の「自我は自らを限定する」をさらに分析する必要がある。この命題には、

［9］ 自我は限定するものとして能動的である
［10］ 自我は限定されるものとして受動的である

といった二つの側面がある（vgl. 295）。今までと同様に、また同様の理由から、外見上矛盾したこの両者もまた調停されなければならない。一般に量的な限定、すなわち「計量 Meßen」が行われるためには、まず「尺度 Maasstab」というものが確定されていなければならない。というのも、尺度なしの量というものは、結局のところ無意味に帰するほかないからである。ところが、この現実さえ夢かもしれないという懐疑を引き受ける以上、夢の一端かもしれない何かを信頼のおける尺

度とすることはできない。そこでフィヒテは、夢や幻覚の中においてさえ認められる自我（わたし）の働きに、最後の拠り所をもとめざるをえなかったと推測される。このため、自我の働きが極限的に発揮されるときの能動性を、かれは究極の尺度として設けようとしているのである。第一原則が示すように、自我は実在性（能動性）の絶対的な総体であり、実在性の極大値である。そしてこの極大値は、たとえそれが量的に分割されようとも、総量としては常に保存されなければならない。というよりはむしろ、総量の増減は最早それを量る尺度が他にないため、増減ということが問題にならないという意味で保存されざるをえないのである。これはメートル原器の長さを測定することが無意味であるのと同様に理解することができる。しかし、メートル原器のような事物的尺度とは異なって、ここで問題にしている実在性の極大値は、知性が余すところなく発揮されるときの「わたし」の働きを表す尺度にほかならない。

わたしの生きる経験世界は、わたしの死を究極最終の節目として、少なくともこの経験世界を生きる「わたし」にとっては無となるだろう。それゆえ、いかなる場合も、常に自我（わたし）の働きが及びうる経験世界の全範囲が「わたし」の知るすべてであり、逆にその全範囲に及ぶ働き（能動性＝実在性）の総体が「わたし」である。このように「わたし」の働きの極大値は常に同一の値であるほかない。というのも、たとえこの経験世界に自分よりも格段に影響力（能動性）を発揮する他者が存在するにしても、そのことを知る「わたし」の働きは、あくまでも「わたし」の領分に留まっており――ようするに他者になることはできないのであり――、この点で自我（わたし）

の働き総体が能動性（実在性）の極大値となるほかないからである。したがって、フィヒテの立場設定からすると、実在性の絶対的な総体は、あらゆる定量の尺度となりうる唯一の候補である。そしてこの尺度にもとづけば、受動性は自我が本来もつべき全実在性からの欠損として量的に量られ、そのように量られたもの以外は量的な意味をもちえない。より厳密にいうと、受動性は制限された能動性を上記の極大値に関係づけたときに、この極大値から量って、欠損した量の能動性として知られるのである。これは既出の交互限定に由来する量の性格にほかならない（vgl. 296）。ここでいったん、自我と非我のことは度外視して量の概念についてだけ考えると、以上のことから、

［11］　一つの定量の能動性を限定することと、一つの定量の受動性を限定することとは、まさしく同一の働きである。一つの定量の能動性は、能動性の総体と関係づけられるとき、特定の限定された、すなわち減少した能動性となり、総体との比較では受動性でありながら、そのものとしてはやはり能動性である（vgl. 297）。

このようにして、さきほどの［9］と［10］は［11］で認められる総合的な働きによって両立することが発見される。ただし、この総合的な働きが何であるのかはまだ判明していない。とはいえ、それは「能動性（実在性）であると同時に、受動性（否定性）でもある働き」として特徴づけることまではできる。そこで暫定的に、これを働きXと呼ぶことにする。さて、ここで改めて自我と非

我との関係で考えなおすと、Xは――その本性からして受動的な――非我に関係づけられるかぎりにおいては能動性でありながら、働きの総体であるべき――すなわち第一原則が要求する――自我に関係づけられるかぎりでは受動性である（297f.）。このような表現を見ると、Xは能動性でありながら受動性でもあるという点で謎めいているが、たとえば人間は蟻との関係でいえば大きいにしても、象との関係でいえば小さい。さしあたりはXをこの例における人間の位置にあるものと考えておけばよいだろう。

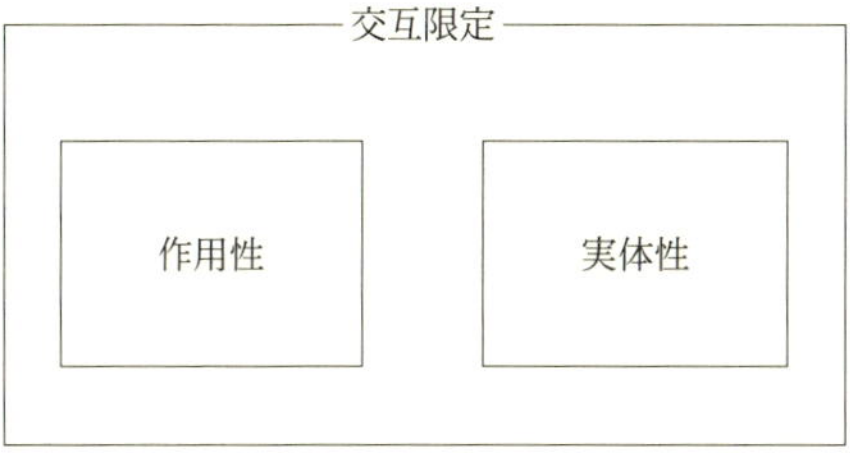

ところで、こうして発見された自我の働きは、交互限定の概念では尽くされない内実をもっている。Xは、まずそれ自体は能動性を呈し、次にそれが能動性の総体と結びつけられると、そのかぎりで受動性を示す働きである。つまりXは、そもそもそれが能動的であることによって、あくまでも二次的に受動性が帰属する働きであることが分かる。このように、交互限定の働きにとっては一般に、能動性が受動性を限定するのか、逆に受動性の方が能動性を限定するのかという順序はどうでもよかったのに対し、いま発見された働きXには、何かがまず能動性を帯びることによって初めてその受動性が限定されるといったように、順序が一律に定まっている。このように順序が定まっている点は、作用性（因果性）と事情が同じである。ただし、作用性においては、債務から債権が定まるのと同様に受動性

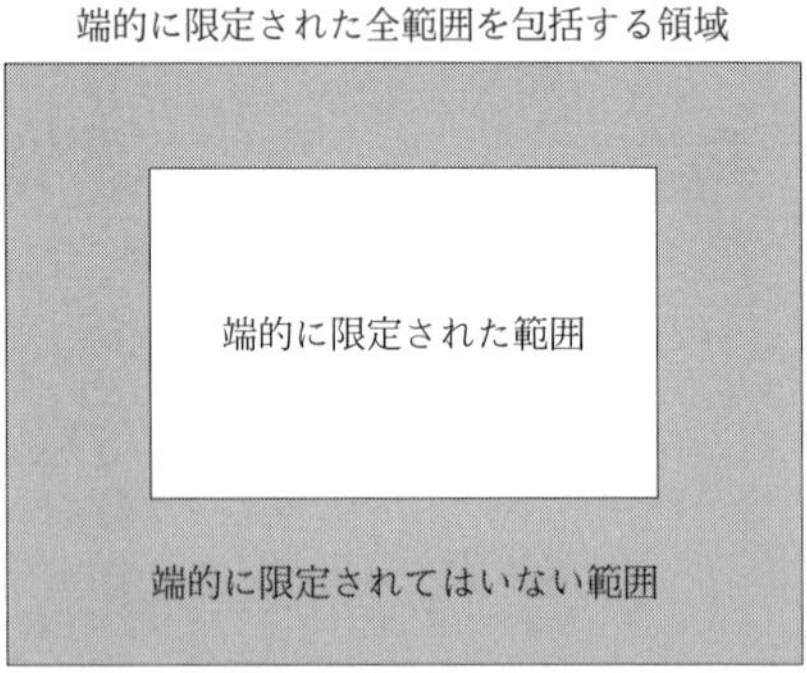

から能動性へと移行するの対し、働きXでは逆に能動性から受動性が定まる。つまり、働きXは、作用性とはまったく逆の順序をとるのである。フィヒテはこの働きXから「実体性 Substantialität」の概念を導出している（vgl. 302）。かれの議論はこの後、かなり難解なものとなる。しかし、ともかくもそれを要約すると、自我が実在性（能動性）の端的に限定された全範囲を包括するものとして考察されると、それは「実体 Substanz」である一方、自我がこの範囲内に定立されるとはいっても、端的に限定されてはいない範囲に定立されるかぎり、それは「属性 Accidens」である（299）。詳しくは第三章第一節まで先送りにしたい。

前節のバラの例で確認したように、対立を調停する働きは経験世界へと開かれたものとなる。したがって自我の働きXは限定や交互限定の働きに比べて、そうした方向へ数段進んでいると予想される。こうした予想とともに、後に重要な論点となることをここで予め示しておくと、実体とはXの総体をなす交互的な関係の総体であり、属性とはこの総体のうちの一つの限定された範囲である（300）。現時点でこれを詳論すると、話がさらに錯綜するだけなので、このことは予告だけに止め、とりあえずはフィヒテが、働きの及ぶ「範囲」をめぐる構図で実体と属性の関係を考えている点だけに着目しておこう。

困難の表面化と独立的能動性

以上で交互限定をめぐる探究は、作用性と実体性を探り出すところまで進展した。第一原則の自我が廃棄されないための必要条件として、これら二つの働きが自我のうちに発見されたのである。ところが、作用性と実体性の両者を視野に収めた現段階で、新たな矛盾と思われるものが再び表出する。それはどのようなものであろうか。

作用性によれば、自我の受動性をもとにして非我に能動性が帰せられた。しかし、自我のこの受動性は何に由来するのかということが、ここでにわかに問題となる。実体性にもとづくと、この受動性は自我の能動性が減少した際の定量に他ならない。ところが、第一原則からも窺えるように、自我は本来それ自身のうちに能動性を減少させる能力をもたない。自我は徹頭徹尾、能動性を保持しなければならないのである。したがって、自我が受動的であるためには、非我の能動性が先行していなければならないことになる。「自我は非我のうちに能動性を定立することなしには、自らのうちに受動性を定立することができず、その一方で自我は受動性を自らのうちに定立することなしには、非我のうちに能動性を定立することができない」(304)。しかしながら自我は、いずれの事態も端的には定立しえないのである。このように、もともと非我のうちに能動性が定立される理由も、自我のうちに受動性が定立される理由もない以上、こうした定立は一般になされないはずである。すると、作用性も実体性も共に不可能となり、交互限定そのものが無効となる。すなわち、

［12］　自我は、それが非我のうちに能動性を定立するかぎりにおいて〔さえ〕、自らのうちに受動性を定立すること〔理由〕はなく、また自我は、それが自らのうちに受動性を定立するかぎりにおいて〔さえ〕、能動性を非我のうちに定立すること〔理由〕はない

といった帰結になる（304）。そしてこれは次のような要求と矛盾するように見える。すなわち、

［13］　自我は受動性を自らのうちに定立するべきであり、しかもそのかぎりで能動性を非我のうちに定立するべきである。そして、逆も成り立たなければならない

ということである（ibid.）。しかも、今までと同様、この命題［13］が廃棄されるのであれば、交互限定はもとより第一原則までが溯って廃棄され、自我は崩壊していることになる。それゆえ［12］と［13］の両命題は再び第三原則にもとづく限定によって調停されなければならない。

前章第三節でバラの例が調停されたのと同様に、交互限定は一部分だけ成り立ち、他の部分では成り立たないと考えればよい。自我は、それが非我のうちに能動性を定立するかぎり、自らのうちにこれに対応するだけの受動性を一部分だけ定立する。この場合、自我のうちに定立される受動性よりも多い量の能動性が非我のうちに定立されるため、非我のうちには——自我との交互限定で差

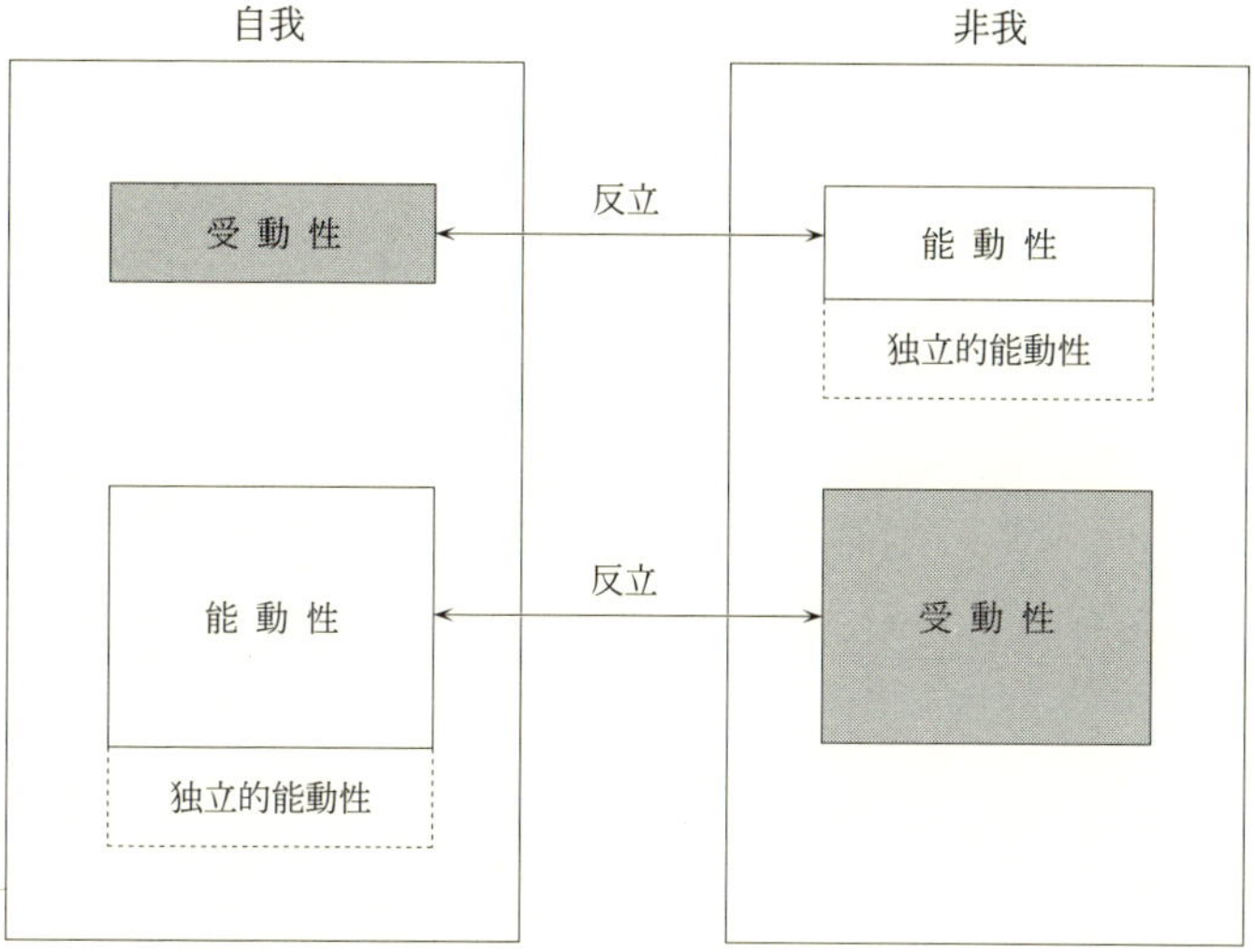

し引きゼロになる能動性に加えて――過剰な量の能動性が定立されていることになる。しかもこの場合、非我のうちに定立されるこの過剰分の能動性は、交互限定に左右されることなく独立に定立されている。さらに、この過剰な分の能動性については、それに相応する分だけの受動性が自我のうちに定立されていないため、過剰分の能動性は自我の受動性と反立しようとしても、相手がもともと不在で反立しようがない。このように、自我は自らのうちの受動性に反立しないような能動性を、非我のうちに定立するのである。他方ではまた、以上と逆に、自我は自らのうちに能動性を定立するかぎり、非我のうちにこれに対応するだけの受動性を一部分だけ定立する。このため自我自身のうちには、非我のうちに定立される受動性と比べて、より多い量の能動性が定立されることになる。すなわち、自我のうちには――非我との交互限定

で差し引きゼロになる能動性に加えて――過剰な量の能動性が定立されるのである。フィヒテはこうした能動性を「独立的能動性 unabhängige Thätigkeit」と呼ぶ（306）。これは交互限定からは独立の能動性ということで、このように命名されている、と理解してよいだろう。つまり、交互限定の働きに対して独立に、しかもそれから影響されることなく、あくまでも自発的に働く能動性が想定されているのである。これで命題［12］と命題［13］は再び第三原則にもとづく「可分性」の限定によって調停されたことになる。

独立的能動性の有効範囲

しかし、さらに矛盾が表面化する。独立的能動性がこれまで自我と非我の間で成り立っていた交互限定と反立することは明白だからである。交互限定によれば、自我と非我の双方の間で、一方で定立された能動性と同じ量の受動性が他方に定立されなければならず、また、一方で定立された受動性と同じ量の能動性が他方に定立されなければならなかった。これに対して独立的能動性は、能動性の一種である以上、こうした関係に立つ同じ能動性でなければならないにもかかわらず、自我と非我の間のこうした交互限定そのものから独立でなければならないことになる。外見からすると明白なこの矛盾が、またしても単に見かけのものとなるよう調停されなければならない。そのためにはしかし、今までの調停策と同様に交互限定が成り立つ範囲を確定するだけでは足りず、独立的能動性がある面で交互限定から独立でありながら、他の面では独立でないことをも示さなければな

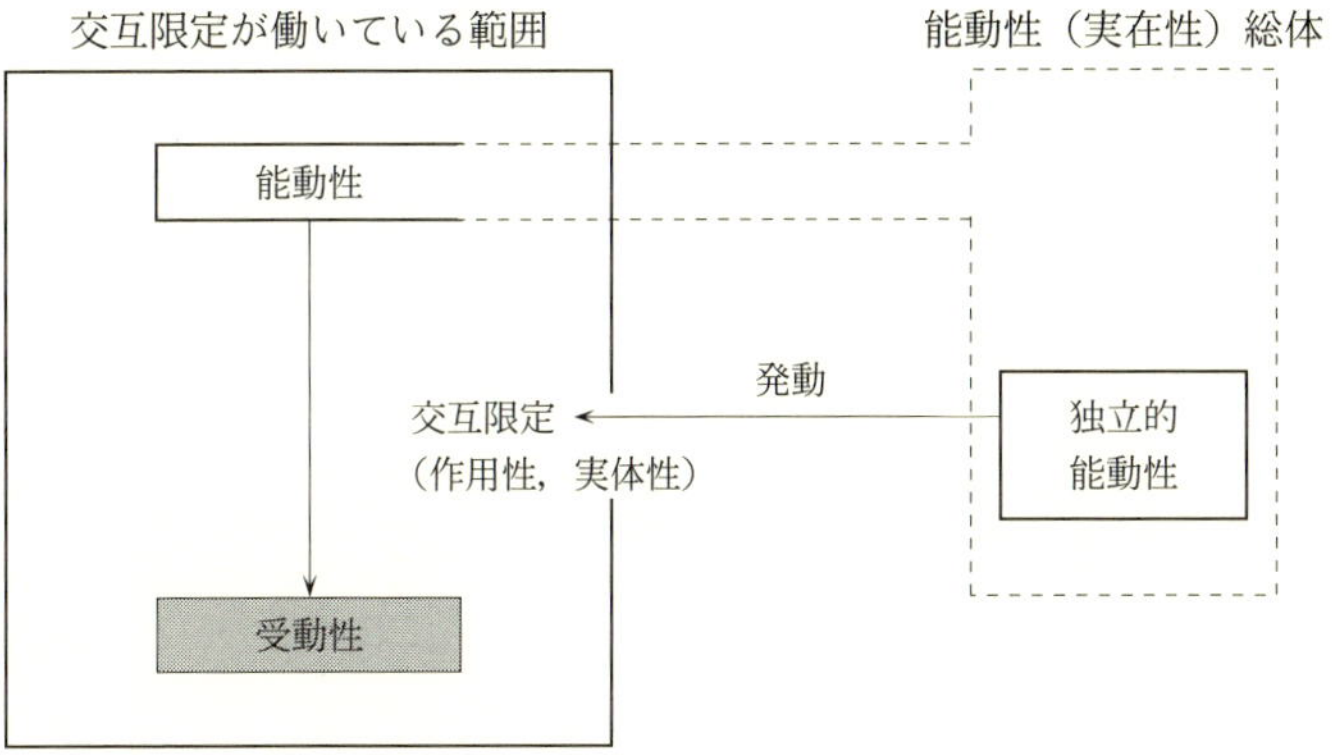

らない。そして命題〔12〕と命題〔13〕が両立するよう総合されなければならないのである。ところが、そのような総合を行うのは、それ自身また交互限定である。そこで混乱がないよう、従来どおりの交互限定にそのまましたがう能動性と受動性を「交互能受 Wechsel-Thun, und Leiden」と名付けることにする（ibid.）。

これからの課題は、したがって、独立的能動性が交互限定そのものを限定する側面（範囲）と、逆に交互限定が今までどおりの能動性と同様に、独立的能動性をも限定する側面（範囲）との、二つの側面が示される――両範囲が明確に境界づけられる――ことである。そして、二つの側面を合わせもつ総合の働きが発見されれば、これまでと同様に問題が解消することになる。この課題は次節以降で詳しく追究するが、交互限定が成り立つ範囲についてだけはその答えを先取りして述べてしまおう。独立的能動性、および交互限定に従来どおり従う能動性と受動性――交互能受――が自我のうちにあるのか、非我のうちにあるのか、といったことを度外視して、独立的能動性と交互限定の関係だけを考えると、独立的能動性は特定の交互限定が起こるか否かという点では交互限定から独立であり、これを初めて発動させる身分にある。しかし、ひとたび交互限定が起これば、独立的能動性は能動性一般と同様に当の交互限定の働き方に従い、交互能受のうちの一能動性になる。つまり確定されるべき範囲というのは、交互限定がすでに働いている範囲ということである。この範囲内では、交互限定は今までどおりすべての能動性と受動性の間で成り立ち、交互限定が起こるか否かという、この範囲の外側では、あくまでも独立的能動性は交互限定から独立で、これに対して交互限定は成り立たない。すなわち、独立的能動性は交互限定が現に働いている範囲の外側でのみ問題になるのである。

ところで、独立的能動性は後に「構想力 Einbildungskraft」という概念で捉え返されることになる(vgl. 314)[26]。しかしこの論点も予告に止めておきたい。そして現段階では次のことだけを確認しておこう。これまで、第三原則に含まれる一つの命題をもとに、知る者としての「自我」と未知なる「非我」との反立が次々と調停された。単独で見ると、平板な第三原則の背景には絶対我(知が現象する場)の働きがあり、その働きによって初めて第三原則も廃棄されずにすんでいることが分かった。さらには、ここまでのプロセスで、かつてカントが経験(認識)を可能にする悟性のア・プリオリな形式としてあげていた質、量、関係のカテゴリーが、いわば調停案——意識が統一性を保持するための条件となる働き方の形式——として導出しなおされたのである。フィヒテはこの後、交互限定と独立的能動性との間の限定関係を確定する立場として、実在論と観念論の諸形態を一つひとつ特徴づけていく。それら哲学の諸形態は、いずれも単なる知識ではなく、知識の成立根拠および知の成り立ちを説明するものであり、この点で単なる対象知（表象）ではなく、知識についての知識（知の知）、すなわちメタ知識である。目下のところ、特にこの点に留意しておきたい。

第二節　実在論と観念論の立脚地

われわれはフィヒテの議論をたどって、交互限定と独立的能動性とをともに見渡す位置に立った。いずれも相応な妥当範囲をもっており、もはやそれぞれの守備範囲のうちでは、単独に発見されるような矛盾点は表面化していない。両者相互をどのように位置づけるかについては基本的に自由なのである。そして、この位置づけの仕方に応じて知識――あるいは表象一般――の成り立ちを説明する様々な哲学的立場が登場し、またそれぞれの立場に伴う問題点や限界が浮上してくる。言い換えると、自由を行使して、交互限定と独立的能動性とを相互に位置づけたとたんに、矛盾点と思われるものが表面化してくるということである。しかし、そうした自由な位置づけを通じて、すでに述べたように知識の成り立ちを説明しようとする立場、すなわちメタ知識（批判的知識）の立場が様々なかたちをとって登場する。われわれはしたがって、認識論一般を包括するメタ知識に対し、これから批判的な吟味を施すことになる（次頁の図を参照）。つまり、以下では認識論が行う批判の「メタ批判」を試みるといってもよい(27)。しかし、登場するいずれの立場からも、交互限定――何か

を知るときに意識のなかで能動性と受動性とが交互に限定し合っているということ——は事実として認められなければならない。それは、われわれが少なくとも一面では受動的であって、何かをどこからか受け取りつつ、他面では能動的に意識を働かせてそれを知る、という基本的な事実を認めるということである。換言するとそれは、われわれが何かを表象しているという、いわば明々白々な実情を認めることにほかならない。なぜならば、少なくとも出発点においてこの実情を率直に認めるのでなければ、もともと知（表象）を説明する立場など初めから成り立ちえないからである。

およそ以上のような設定で、この後フィヒテの議論をたどることになるが、かれの議論は高度の抽象性に貫かれているため、まずは具体的なイメージづくりをして、その難解さに備えることにしよう。

交互能受とその成立条件

暗闇で手を前に伸ばしたときのことを例に採ると、押す手（能動性）が逆に押し返されてくる（受動性）場合、まさにこの押し返しによって、われわれはたとえば壁が前にあることを知る。この場合、平らであることや冷たく堅いこと、また重々しく立ちはだかることなどの既知の性質が投げ返されてきている。このことによって、われわれは壁が前に立っていることを表象する（vorstellen）のである。未知なるものが既知の性質を投げ返してくる（非我の能動性）かぎりで、知る者は未知なるものが投げ返してくる働きを、既知の何かとして受け取る（自我の受動性）のである。また、このように壁が前に立っていることを受け取りながら、これと表裏して、自分が押していることを確認するのと同様、知る者は自らが知を働かせていることを自覚する。非常に素朴な例を用いたが、壁のような具体物を対象としない抽象的な事柄についての知にいたるまで、これと同様のモデルで考えることができる。たとえば初めて見た微分方程式に対して、われわれは既知の解法や新たに工夫したテクニックで対応し、まだ知らない解を得ようとする。そして、ときには空振りに終わり、ときにはきれいな変形につながるといったように、方程式がわれわれの問い掛けに応じた答えを投げ返してくる。われわれは知の働き方に相応な応答を受け取りつつ、その働き方がどれほど有効であるのかを、応答のうちにそのつど自己確認しているのである。たとえばこの種の場面を想い起こしてみるとよいだろう。以上の具体的な場面は交互限定が成り立つ範囲内で設定されている。交互限定が成り立つ範囲内では、押す手が押し返されてくる場合の感触がそうであるように、能動性と受動性は交互的に限定された質料（成分）として、まさに交互能受という性格を呈しているといえるだろう。

その一方で、質料として交互能受が成立するための条件は、もともと独立的能動性が定立されていて、それが交互限定を発動させることである。独立的能動性がなければ、自我のうちに受動性は定立されないため、そもそも交互限定が起こる理由はどこにもなく、交互能受という質料の特性は一向に生じえないからである。微分方程式を解こうとする、あるいは解かねばならない何らかの理由（独立的能動性による発動）があらかじめなければ、それは解くべき問題としてではなく、単なる記号の配列か、あるいは混沌とした印象の戯れに終始するだけかもしれない。それゆえ前段のような問い掛けと応答（交互限定）も起こりようがないことになる。このように、独立的能動性がなければ交互限定は成立しえない。しかし事実として交互限定は成立している。したがって、あらかじめ独立的能動性がどこかに定立されていて、実際にそれが交互限定を発動させているのでなければならない。では、このことはいかにして可能であるのか。前節で見たように、フィヒテは交互限定の二様式として作用性と実体性をあげているが、かれはカントと同様に、これらが経験のなかで成り立っている事実をいったん認めておいて、そのことがいかにして可能であるのかを、すなわちそれが可能であるための条件を吟味する。まず、上記の設定から、交互限定という事実を可能にする根拠は独立的能動性にほかならない。カントの問題設定に対応させて性格づけると、ここでは事実の成立をめぐる「権利問題」がフィヒテ流に立てられていることになる。ただしこれを追究するにあたっては、すでに成り立っている交互限定の事実からその質料面（交互能受）を可能にする根拠（非我の独立的能動性）へと溯る方向と、逆に交互限定の形式面を可能にする根拠（自我の独立的能動性）から事実へと下降する方向とが、両面的にとられることになる。

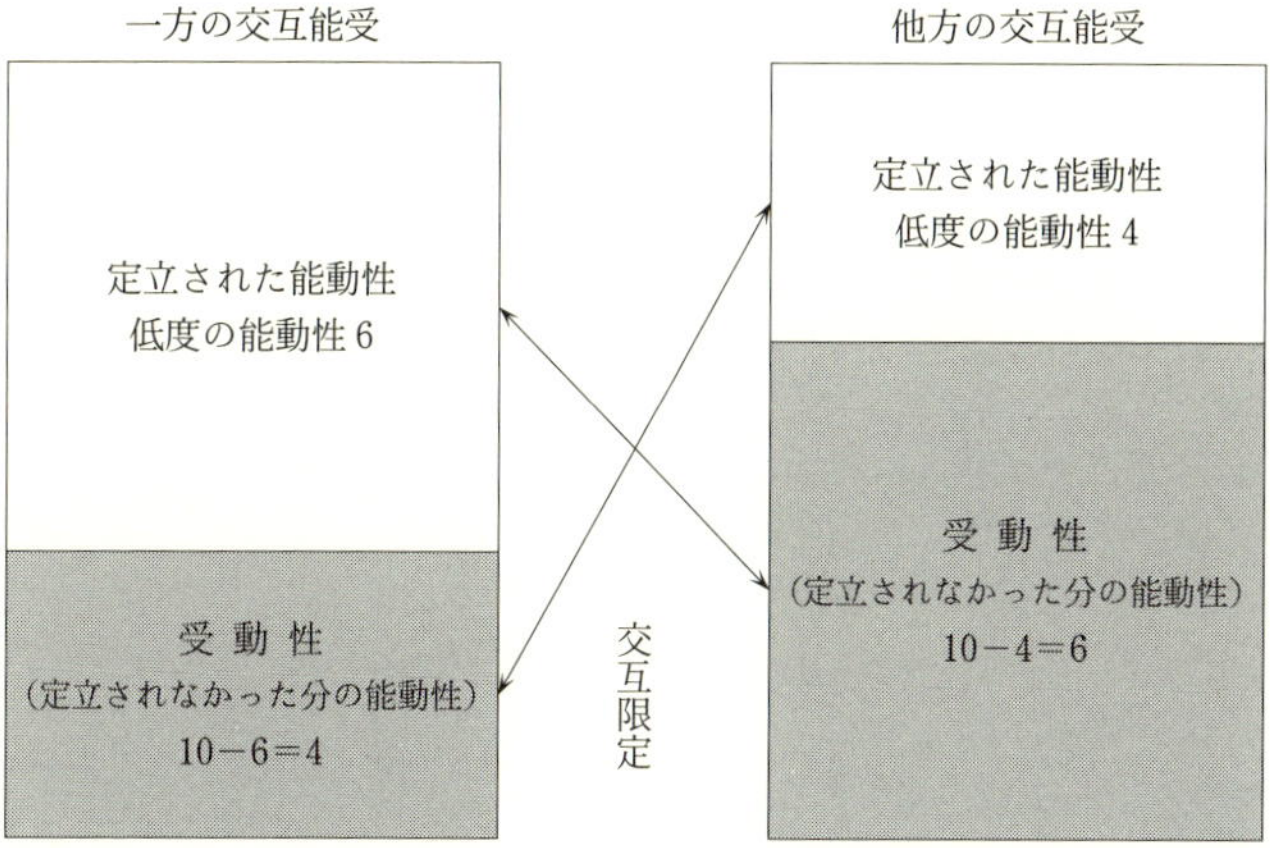

絶対的総体を仮に 10 としてある

第三者＝Xによる調停

まず、交互限定が成り立っていると前提する。そして、その質料となる能動性（実在性）と受動性（否定性）が交互的であることは、いかにして可能であるのか、という方向で考えてみよう。二つの質料（能動性と受動性）のうち、一方だけではなく両方が直接かつ交互的に定立されるのでなければ、そもそも交互限定一般は成り立ちえない。しかし、能動性と受動性という互いに反立する二者をともに定立するということが可能であるのは、どのような条件によってであるのか、このことがまず問題になる。これが可能であるためには、第一章第三節で扱ったバラの例と同様、質的に反立し合う能動性と受動性とが、第三原則の限定の法則にしたがって調停されなければならない。そして両者の結合根拠となる「第三者＝X」を求めなければならないのである（307）。現段階ではまだ不明なためXとされているが、ともかくもこれが交互限定から独立であって交互限定一般を発動させ、交互能受という「質料の交互性」を初めて可能にしていると考えなければならない。

質料の面で想定される根拠Xは、フィヒテによると能動性（実在性）の絶対的総体である。なぜならば、絶対的総体はいかなる場合も保存されるため、一方で定立されなかった分の能動性は他方に必ず定立されるほかなく、いずれにおいても同様に、定立された分の能動性に加えて、定立されなかった分の能動性に相当する受動性が必ず定立されることになるからである（前頁の図を参照）。この絶対的総体が質的に反立する能動性と受動性の結合根拠となるのは、一方に定立されている能動性と他方に定立されている能動性とが、絶対的総体を基準にすると、いずれも総体より「低度の能動性」として一律に量られるだけではなく、それぞれの受動性もまた、この総体から定立されている能動性の量を差し引くことで一律に量られるからだと解釈できる。では、このことを交互限定の一つ、作用性に適用してみよう。

独断的実在論と実在根拠

作用性とは、フィヒテによると、自我の受動性によって非我の能動性を定立する働きであった。自我のうちにもしも受動性が定立されていれば、交互限定の法則にしたがって、非我のうちに能動性が定立される。しかしこのような定立をもたらす自我のうちの受動性はいかにして定立されるのか。自我の能動性の一定量が廃棄されるのは何故か。その根拠は自我のうちにはない。というのも、

作用性による根拠づけ

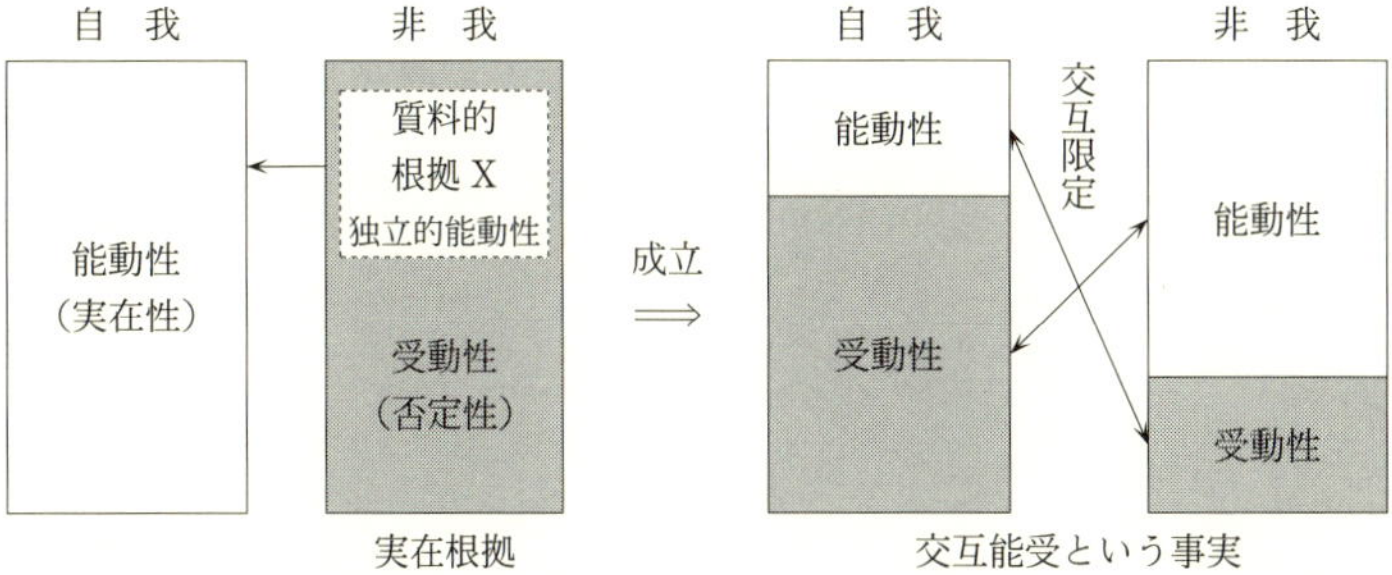

第一原則が性格づけているように、自我は能動性の総体を自らのうちに定立すべきことになっているからである。ここで行き詰まりかというと、作用性に身をおく自我は、作用性以外にもまだ別の働きを自らのうちにもっていることをすでに自覚している。その一つは第二原則に表されていた働きである。第二原則によると自我のうちにないものは非我の領域になければならない。このことから非我の領域に独立的能動性を定立する考え方が成立する。この考え方からすると、非我内の独立的能動性がまず交互限定を発動させ、その結果として交互能受という事実が成り立つことになる。第二原則によって、それ以上の根拠なしに、こう断定されるのである。それゆえ、ここに認められるのは、作用性に身をおく自我が自らの自由を行使して、独立的能動性は非我の領域にあると断定する立場にほかならない。そしてこの断定は、交互能受という意識の事実をもとに自我自身が知を働かせて、その根拠を自ら事後的に想定していながら、あらゆる事実が成り立つための権利根拠、すなわち独立的能動性を未知なる非我にすべて引き渡している。フィヒテによると、これがスピノザ主義に代表される

「独断的実在論 dogmatischer Realismus」の立場である（310）。この立場では知（表象）の根拠は非我のうちにあり、全実在性を担う非我は実体である。他方、一切の知（表象）は非我の属性にすぎず、自我の働きもまた、非我の発動によって開始されるのであるから、つまるところ非我の単なる属性となる。こうして、自我の自由は一種の幻想となり、スピノザ的な決定論がその帰結としてもたらされる。

独断的実在論は交互能受という事実をもとに独立的能動性を限定し、そのかぎりで限定された独立的能動性を、事実が成り立つための根拠として自ら定立しているにもかかわらず、逆に交互能受という意識の事実——表象の成り立ち——をその根拠から基礎づける立場であった。自我のうちにないものは非我の領域にある。独断的実在論はこのように、知（表象）の成立メカニズムを説明する上で、自我と非我、能動性と受動性といった質的な反立に依拠して打ち出されたメタ知識の立場になっている。すなわちこれは、自我のうちにもともと定立されるべきでない受動性が、事実上は自我のうちにあることの実在的な根拠を、非我の領域の独立的能動性に求め、自我が一面において受動的である事実を説明する立場だといえる。フィヒテはこのように質的な反立に着目して立てられる根拠のことを「実在根拠 Real-Grund」と呼ぶ（309）。この場合、非我の領域に想定される独立的能動性は、カント的な認識論の枠組みでいうと、感性を触発する質料的な原因ないし源泉（認識の質料）としての「物自体」に相当すると考えられる。独断的実在論ではこうして、交互限定の質料的な根拠Xが非我のうちに定立されたわけであるが、この立場に立つ自我は、非我のうちに独立的能動性を定立——それが在るものと想定——しているにもかかわらず、自らがそのように知を働かせていること——反省の働き——を自覚していない。フィヒテは以上のように独断的実在論を特徴づけている。

独断的観念論と観念根拠

他方、実体性をもとにした考え方によると、自我が受動性を呈するという否定しようのない事実は、第一次的に自我のうちで能動性が量的に減少するということから説明される。実体性においては、初めに何かが能動的であることによって、それが能動性の絶対的総体という尺度から量られて第二次的に受動性を呈するのであった。この順序からすれば、自我のうちにまず能動性が定立されなければならない。そして、交互限定から独立に定立されるこの能動性が、交互限定を初めて発動させると考えられる(次頁の図を参照)。したがってこの考え方においては、自我の呈する受動性は自我の領域に定立される根拠(独立的能動性)から説明されるのである。これに伴い、事実として自我が受動性を呈する根拠としての非我——非我の領域に想定される独立的能動性——は脱落し、仮に根拠として非我が想定されたとしても、それは単に観念的でしかないものとなる。この場合、非我の独立的能動性はたかだか付随的に、しかも自我の単なる属性として定立されることから、それは「観念根拠 Ideal-Grund」とされる(310)。フィヒテによると、以上のように考えて知(表象)の成立メカニズムを説明するメタ知識の立場が「独断的観念論 dogmatischer Idealismus」である

実体性による根拠づけ

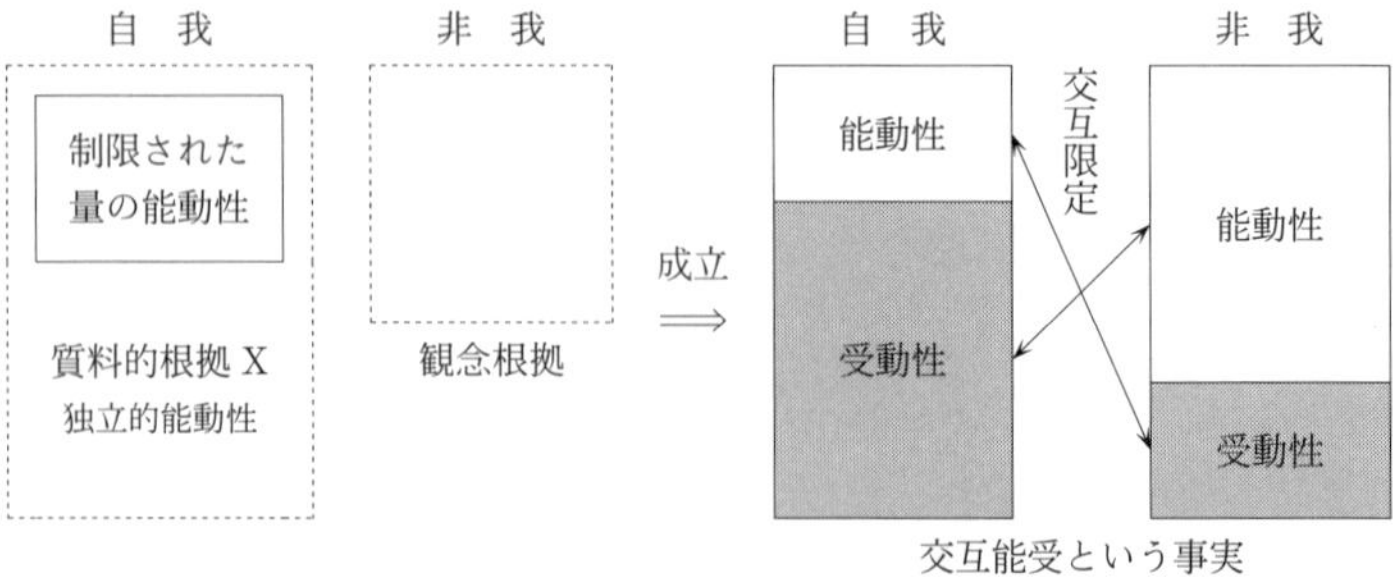

(ibid.)。ところが、実体性にはもともとやっかいな問題が孕まれているため、この立場設定は維持することが困難である。それはどのような問題であろうか。

　実体性においても、事実上は自我の制限された量の能動性が定立されなければならない。というのも、これを当初から否定することは、自我が現に受動的な面をもつという事実の端的な否定を意味するからである。そして、まさにここで問題が生ずる。しかもそれは第一原則に抵触する問題である。本来すべての能動性は自我に属するのでなければならなかった。このため、制限された量の能動性が定立される以上、能動性総体を基準にすると、それは受動性の一つとなり、制限された量の能動性は制限されているということの一点をもって、自我に属するべき能動性の総体と反立することになる。ここで第二原則の反立の法則にしたがうと、制限された量の能動性は能動性の総体ではないため、あくまでも自我に反立する非我の領域に属さなければならなくなってしまう。それでも、制限された量の能動性は、無条件に自我の領域に属さなければならない。このことを前提にして初めて、制限された残りの量の能動性が非我のうちに定立され、実体性の交互限定が成り立ちうることになる。

実体性ではこの前提そのものを成立させる根拠Xが無条件かつ絶対的に自我に属さなければならない。フィヒテによると、独断的観念論はこのように断定することで成立している。すなわち、この観念論においては、交互限定を可能にする質料的な根拠Xが自我の側にあるとされているのである。そしてこの根拠Xが自我に帰属することを可能にするのは「定立すること」と「定立されて在ること」を同一の働きとする、第一原則の端的な自己定立にほかならない。つまり独断的観念論は、実体性の交互限定を発動させる独立的能動性が、実体性の交互限定にしたがう能動性一般（交互能受の一質料）でもあるようなXの条件を、第一原則が保証していると断言する立場に立っている。このように、独断的観念論では第一原則の表す同一の働きを根拠として、Xは非我ではなく自我自身のうちに想定される。独断的実在論は第二原則にしたがっていた。これに対し、独断的観念論は第一原則にしたがっている。しかも、後に論及する批判的観念論が能動性の総体を自我に「属すべきもの」と考えるのとは異なって、独断的観念論は無条件にそれが自我に「属している」と断定する。この点から、独断的観念論においては、交互限定を可能にする質料的な根拠Xとして想定されているものが、第一原則の端的な自己定立に含まれている能動性（実在性）の絶対的総体であったことも判明する。また、この総体量が絶対に廃棄されない——常に保存される——ということから、一方で定立されなかった分の能動性がそのまま他方に定立されざるをえず、交互限定が質料に関して量的に保証されるのである。

しかしながら、ここで改めて、自我の「制限された能動性」が第一原則の表す「絶対的な能動性」でもある理由が示されなければならない。というのも、制限されたものと無制限なものとがある以上、双方が同じであることは到底このままでは成り立ちえないため、両者の同一性は改めて説明されなければならないからである。フィヒテによると、実体性を可能にする独立的能動性は、実体性の交互限定に入ることも入らないこともできる端的な自発性にほかならない。したがって、そのものとしては制限されていない点で絶対性をもつ。とはいえ、独立的能動性というものは、ひとたび特定の交互限定に入ると制限された量の能動性になる（vgl. 313）。イメージしにくい事態かと思うが、たとえばある首絞め行為（能動性）の続行が必ず殺人をもたらすという鉄の定めがあり、またそのような行為に罪が帰せられる（交互限定）としても、そうした行為そのものが発動され、また続行される（絶対的能動性）か否かは、この定めからはまったく帰結しない。むしろ、行為の発動こそが、そのつどこの定めを成り立たせているのである。そして、実際にこの鉄の定めにしたがった殺人行為がなされた場合に、現場で可能なあらゆる行為の発動（能動性の総体）を物差しにして、すなわちどのような行為がそのつど可能であったのかを全体的に考慮したうえで、そこから罪の重さ（制限された能動性）が量られるのである。このように、行為の発動そのものには、鉄の定めからも独立な絶対性が認められる。その一方で、実際になされた首絞め行為は、現場で可能なあらゆる行為の能動性（能動性の総体）からすると、同じ行為の発動ではあっても特定のもの（制限された能動性）となっている。このように、制限された能動性と絶対的な能動性とが、特定の行為を構成しているのである。そうでなければ、すなわち両者を同じ行為としつつ互いに区別できなければ、量刑ということが無意味になる。こうした例をもとにイメージできるように、交互限定は現にそれが発動している範囲ではすべての能動性に対して成り立ち、それが発動するか否かについては独立的能動性に依存する。前節の最後に述べておいたことがここでより明確になったといえるだろう。

交互性の形式とその成立条件

ここまでは交互限定が成立していることを前提に、その根拠として独立的能動性を求める場合を考えてきた。これとは逆に、独立的能動性の側から交互限定を求めるとどうなるだろうか。すでに述べたように、両者のうち、いずれの側から知（表象）の成立根拠を求めても、それは反省の自由であった。そこで、事実として認められる交互能受が、いかなる仕方で成り立っているのかという点に着目することにしよう。質料的な根拠として独立的能動性を限定しようとした以上の議論では、交互能受という事実が成り立つ仕方、すなわち交互性の形式については考察されず、もっぱら能動性と受動性という質料の由来を問題にしていた。ここからは、しかし、質料とその由来については度外視して交互能受が成り立つ形式を問題にすることになる。

まずは具体例をもとに、交互能受が成り立つ形式について考えることにしよう。次頁の図はどのように見えるだろうか。数の渦という見方が普通であると思われるが、よく見ると0・3・6・9・12……のように数が渦をかたちづくり、XやYのような欠落がある。実数0・3・6・9などは一

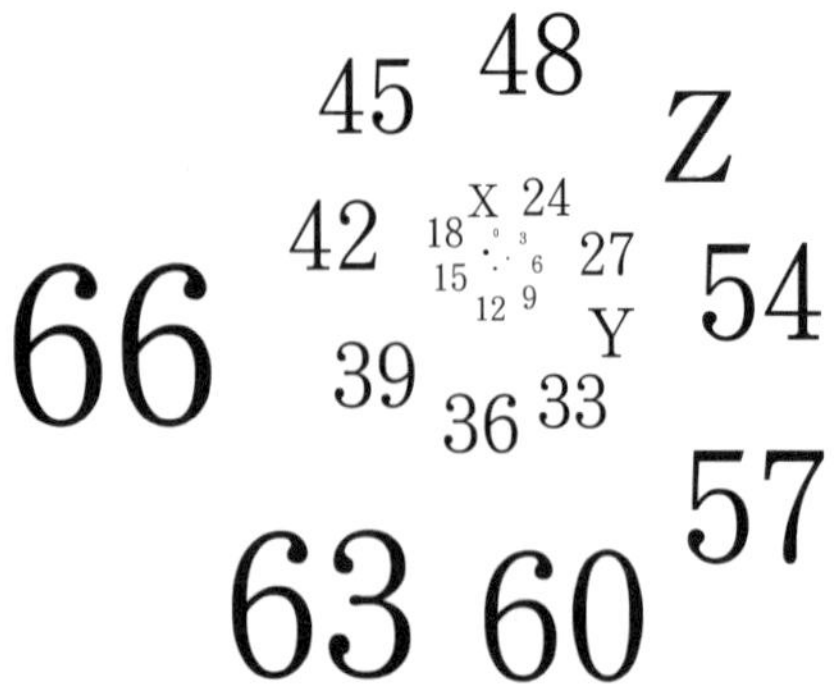

種の実在性ないし能動性を呈している一方、XやYは補われるべき欠落として否定性ないし受動性を呈している。これらが一定の規則で並んでいると考えると、Xは21でYは30、そしてZは51という数を予想させる。たとえばこのように見る場合、まずは0・3・6・9などの実数が実在的なものとして受け取られている。そしてX、Y、Zは、0・3・6・9……といった配列によって、特定の数を補うべき欠落として捉えられ、この点では受動的な何かであるように見える。しかし、X、Y、Zが何であるのかは、あくまでも不明であることから、ことによると0・3・6・9……は3の倍数が順に並んでいるのではないのかもしれない。実際、仮にXが21ではなく20であれば、0・3・6・9……は混沌とした数の渦となるであろう。さらに、Xに大きな活字で、Zに小さな活字で数字が入れば、渦は崩壊する。この点では、0・3・6・9……の整然として見えた配列のほうが、X、Y、Zによって、本当に整然とした配列であるのか否か決定される身分にある。このため、前者の配列のほうが、むしろ受動性を呈することになる。そしてX、Y、Zは、

逆に0・3・6・9……に対して能動性を示すといってもよいだろう。まさしくこれが交互能受の一例であり、能動性と受動性とはこのように、交互的な限定の関係になっている。能動性を呈する項と受動性を呈する項とがこの例のような関係になっていることを、フィヒテは「交互的な項の相互関係 gegenseitiges Verhältniß der Wechselglieder」と呼んでいる（320）。両項はこの関係で相互に干渉し合っているのである。

では、能動性と受動性とが「相互干渉 gegenseitiges Eingreifen」(ibid.) を起こす条件は何であろうか。このような相互干渉が可能であるための条件を求めると、上掲の例がそうであったように、当初は能動性を呈していた数配列0・3・6・9……から、もともと受動性を呈していたX、Y、Zへと注意が「移行 Uebergehen」(319) することである。0・3・6・9……が能動的にX、Y、Zを限定しているように見えるとき、われわれの見る（知る）働きは0・3・6・9……を受動的に受け容れており、その一方でX、Y、Zを能動的に補いつつ図全体を捉えている。ところが、知の働きがX、Y、Zに移行すると、今度はX、Y、Zの側が0・3・6・9……の成り立ちを左右する点で、能動的なものへと変貌する。すなわち、知の働きに補完されるX、Y、Zが、能動的に0・3・6・9……を限定するようになるのである。以上からも分かるように、交互限定を可能にする独立的能動性が働いているとすれば、その働き方は「移行」という形式になっていなければならない。しかし、交互限定には作用性と実体性の二様式があり、移行の形式はそれぞれにおいて特殊なものとなる。このため、各様式が独立的能動性のいかなる働き方で成り立ちうるのかを、あらためて検討する必要がある。

質料的な根拠と形式的な根拠

先程は作用性が成立していることを前提に、質料の面に着目しつつ、作用性が成り立つための根拠として独立的能動性を限定した。ここでは逆に、独立的能動性の働き方から作用性を限定することになる。作用性では自我のうちで能動性が定立されないことによって、非我のうちにそれが定立される。再び数の渦が描かれた図を例にとると、自我は図全体を渦として捉える働きや、数字の大小を比較する働き、あるいは隔たった位置にある数を関連させる働きなどを停止して、X、Y、Zに数を補完することに、知る働きを集中させる。自我の働きは一挙かつ全面的に定立（行使）されているのではなく、その大部分が定立されない、という仕方で、数を補完する働きとして定立されるのである。このように、独立的能動性は作用性において「不定立による定立」という形式で働いている。そしてフィヒテはこの形式を「委譲 Uebertragen」と名付ける（315）。渦の図でいえば、自我の独立的能動性は数字の大小を比較する働きその他を定立しないで、その分の能動性を――X、Y、Zを含むことから――未知なる図へと委ね、これに譲り渡しているのである。

すでに確認したように、作用性では自我の受動性の根拠が質的な対立関係をもとに、未知なる非我のうちに定立される。このため作用性を発動させる「質料」的な根拠Xは非我の側にあった。すなわち、実在性の質料的な総体が、第二原則にしたがって非我に帰属させられていたのである。し

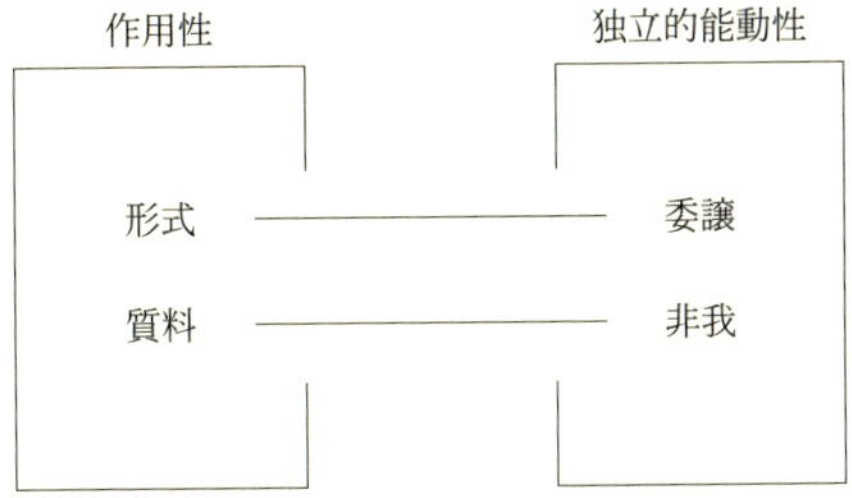

＊質料となるのは能動性（実在性）と受動性（否定性）

かしながら、非我のうちに質料的な根拠を立てるこの場合でさえ、そもそも不定立による定立を成し遂げている自我は、これによって能動性を非我へ委譲する点では能動的であり、そのかぎりにおいて非我は受動的である（vgl. 316）。渦の図を見たときに、X、Y、Zを決める規則（根拠）が未知なる図の側にあると想定される場合も、そのようにX、Y、Zを定める能動性が図に委譲されるのは、ほかならぬ自我の自発的な能動性の働き方によるといえるだろう。このように、作用性の――「委譲」という――「形式」で自発的に働く自我側の独立的能動性もまた、非我の側に定立される「質料」的な根拠に加えて考えなければならない。このことがここで新たに判明した。独断的実在論のもとに立つ自我はこれを自覚していなかったのである。

同様に、独立的能動性の働き方から実体性を調べるとどうなるだろうか。制限された「低度の能動性」が自我のうちに定立されることで実体性の形式が成立する。このことから、独立的能動性の「定立を介しての不定立」という働き方が、実体性の形式を可能にしていることが分かる。フィヒテはこれを「放棄 Entäußern」と呼ぶ（317）。これは作用性における委譲、すなわち「不定立による定立」と比較すると、

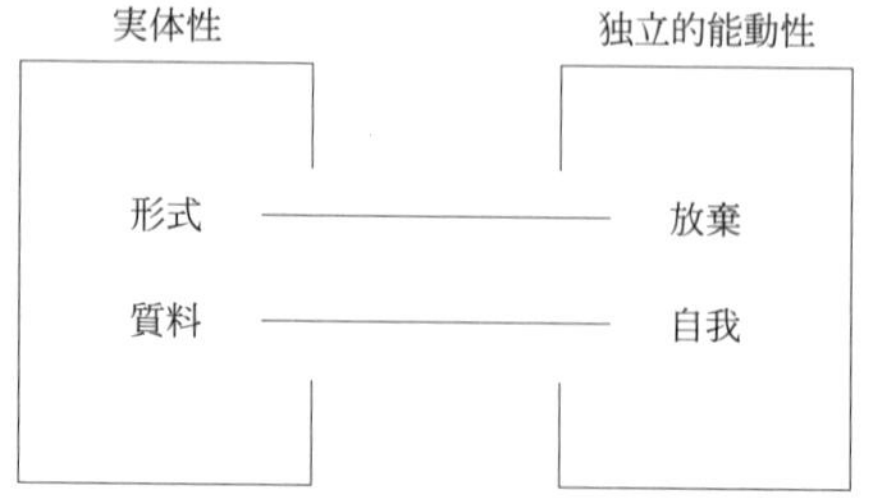

＊質料となるのは能動性（実在性）と受動性（否定性）

その意味からしても、同じ事柄のもう一つの側面であるように思える。数の渦が描かれた図で考えると、全体を渦として捉える働きその他を「定立しない」で、欠落箇所に数を補完する働きを「定立する」ということは、ようするに欠落箇所に数を補完する働きを「定立する」にあたって、その他の働きを「定立しない」ことと実際に相表裏している。しかし、実体性の形式を可能にする「定立を介しての不定立」は、作用性における「不定立による定立」とは異なって、排除されたものが反立する側に定立されるということを含まず、単に排除されるということだけを含意している（318）。

念のために確認しておくと、フィヒテは形式を問題にするときに質料や内容をいっさい度外視して考えるので、それらにあたる能動性や受動性、さらに自我や非我までを念頭から外す。したがって、ここでも定立されるのが能動性なのか受動性なのか、定立する側が自我なのか、反立する側が非我にかぎるのかということを一律に考えてしまってはいけない。フィヒテは単なる形式である以上、そのいずれにも適用できるという考え方に立っているのである。ともかくもこれを認めたうえで、形式と質料を兼ね備えた交互限定の一つ、実体性に議論をもどすことにしよう。ここで初めて、実体性の形式にとってはその内容にあたる自我、およびその質料にあたる能動性などが関係してくる。実体性では受動性——自我の制限された能動性——が生ずる根拠は自我自身にあるとされるので、この交互限定が可能であるための「質料」的な根拠は自我である。しかも独立的能動性は、実体性の「形式」で交互限定がなされるよう、放棄という仕方で働いている。実体性ではこのように、実体性の形式を可能にする独立的能動性もまた自我に帰属する。独断的観念論の立場に立つ自我はこのような質料と形式の区別に無自覚であった。

第三節　知の根拠と基礎づける知

さて、作用性と実体性という交互限定が、いずれも四つの契機からなることが分かったので、これらが互いにどのような関係にあるのかを検討する余地が生じた。(28) 作用性は本来、形式も質料も兼ね備えており、実体性についても同様である。両契機は反省的に分けられただけである。そこでまず、独立的能動性を形成する二契機が互いにどのような関係に立っているのかを検討する。作用性においても実体性においても、いずれの契機が他方の契機の根拠だと考えてもかまわない。それは反省の仕方の自由である。

新たな観念論と限定作用

今までの順序どおり、まずは作用性の方から検討することにしよう。作用性に着目して非我が事実として能動的であること、そして同時にまた自我が事実として受動的であることの根拠を求めると、自我が委譲によって非我の独立的能動性を限定するという考え方が成り立つ。これは自我の不定立——自我の働きが定立されないこと——による非我の定立が根拠となって、初めて非我は能動性を呈するようになるという理解である。この理解は、自我が作用性の形式で自発的に働くことで、本来は自我のうちに定立されてしかるべき能動性の一部分が非我に委譲され、これによって非我の質料的な能動性（実在性）が〈事実の上で自我が受動的であること〉の根拠として限定（想定）される、といった考え方である。したがって、これは独断的観念論を基礎づける考え方になっていることが分かる。すでにあげた独断的観念論の自我は、実のところ自らの立場がどのように基礎づけられるのかを十分には知らなかった。この立場をとる自我は自らが受動的である事実を説明するために、もっぱら第一原則にしたがい、そうした事実の根拠となる独立的能動性を、形式・質料の区別なく自我のうちに定立していたのである。自我のとるこの独断的な立場と対比すると、ここで新たに登場した観念論は、形式の自発性という自らの働き方を自覚することによって、無差別に未知なる根拠を立てる独断から解放されたメタ知識の立場だともいえる。(29)

独断的観念論においては独立的能動性が自我の根底、すなわち全面的には知られていない絶対我（知が現象する場）のうちに定立されることから、自我が受動的に受け取っている知（表象）の根拠

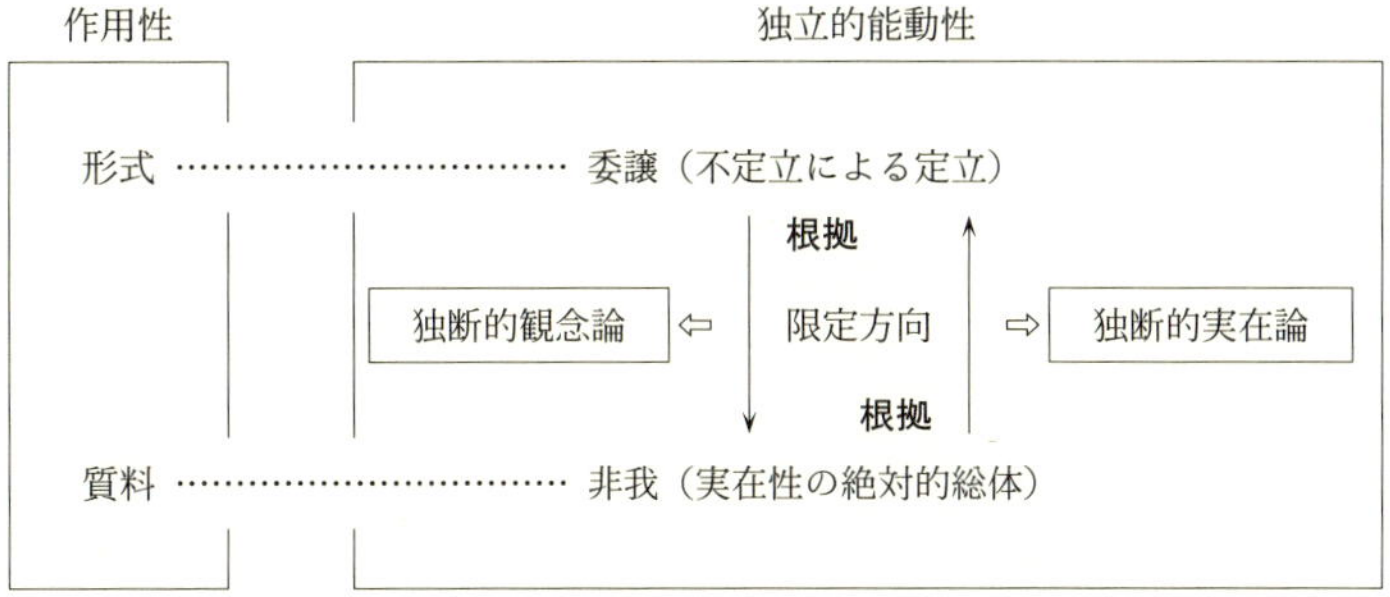

⇦の基礎づけを行うのが新たな観念論（質的観念論）
⇨の基礎づけを行うのが新たな実在論（質的実在論）

はただ漠然と、未知なる働きの領域ないし未知なる働きの世界にある、と想定されている。それは夢かもしれないこの現実の支えが未知なる〝働きの世界?〟にある、と考える立場であったとも推察される。ところが、ここで登場した観念論の自我は、作用性の形式で働く独立的能動性を発揮して、非我の側を自発的に限定する働きであり、あくまでも能動的に働く「限定者」ないし「限定作用」である。したがってこの立場からすると、自我は未知なる絶対我の働きの一様式、すなわち作用性にしたがって働くことから、自発的に働く能動的な「或る者」ないし「或る作用」と解される。そして、知（表象）の根拠をすべて未知なる〝働きの世界?〟に帰することなく、その一面を作用性の形式で働く自らの限定作用のうちに認め、また等閑に付されてはいるが、他の一面を非我の質料的な能動性（実在性）のうちに想定している。このように、夢かもしれない現実（表象世界）の未知なる根拠が、なお未知なるものとされつつも、意味として微妙に変化してきている。

新たな実在論と質料的な限定者

以上とは逆に非我の側の独立的能動性に根拠をおいて、非我が質料に関して自我の不定立を余儀なくさせるために、その制約のもとでのみ自我の定立が可能になる、と考えることができる。この考え方では、質料的な実在性の総体は非我の側にあると理解されているため、そこからの働きかけによって初めて「自我の不定立による非我の定立」、すなわち委譲が惹き起こされることになる。言い換えると、自我が事実として受動性を呈する根拠として、自我の働きから独立な限定者が立てられているのである——ここでは「限定者」という表現を用いたが、普通の用法で「前者・後者」という場合、かならずしも「者」は人とはかぎらないように、単に「限定を行う側」という意味である。この点では、第二原則にしたがって形式・質料の区別なく表象の根拠すべてを未知なる非我に帰する独断が回避されており、物自体を前提する独断的実在論を基礎づける、より高次の実在論的なメタ知識の立場がここに登場している。独断的実在論では、経験の事実としてわれわれのもつ表象の根拠が、未知なる非我の領域あるいは「未知なる非我の世界」に潜んでいると断定されており、夢かもしれない現実の支えがそのような〝本当の外的世界?〟にあるものと想定されていた。ところがここで登場した実在論では、その根拠が未知なる「世界」ではなく、一面では自我の働きから独立な質料的限定者、すなわち能動性（実在性）を呈して限定する「或るもの etwas」とされる。また等閑に付されているとはいえ、他面では表象の根拠が、作用性の形式で働く自我の限定作用のうちに想定されている。次に、先程の新たな観念論と、この実在論を比較してみよう。

すでに言及した壁を表象する例に当てはめると、既知の性質である重々しさや堅さ等々以外を定立しなかったがゆえに、ほかならぬ壁の表象が成立したと理解するのが、先程の新たな観念論の自我である。渦の図においては、知のさまざまな働きが無差別に発動されるのではなく、数列の規則に限って知の働きが行使されることで、初めて未知数を含む全体的な数の配置が知覚されていた。新たな観念論はこのような意味で「自我の不定立による非我の定立」を考える。他方、ここで新たに登場した実在論の自我は、あくまでも非我の側に想定される質料的な根拠から事実を説明しようとする。不定立のもとになったのは壁の感触や渦状の数配列であり、これらがその場で自我にとっては無用な働き方を不定立のままに留めさせることで、定立すべき自我の働き方だけに実在性を与え、自我に壁の表象をあるがままに——既知の性質をもつものとして——限定させ、また数列0・3・6・9……に実在性を与えるだけではなく、未知数X、Y、Zにまでしかるべき数を想定させている。新たな実在論の自我はこのように理解するのである。したがって、この新たな実在論の立場に立つ自我は、上記の新たな観念論の立場に立つ自我と比べて、表象の事実を理解する仕方が全面的に対立（反立）している。しかし、互いに反立する二つの立場になっていながら、いずれも——未知なる「世界」ではなく——未知なる「限定者」をもって、われわれの表象世界を支えさせようとしている点では一致している。そして双方とも、形式の能動性と質料の能動性をそれぞれ第一次的なものとして主張しているところからすると、この第一次性争いを棚上げにすれば、むしろ相互に補完し合う関係になっているのである。

批判的観念論の間接的定立

では、以上二つの立場のように、形式の能動性と質料の能動性のうち、一方を他方の根拠とするといった、ここで新たに浮上している独断を回避することはできないだろうか。自我が何かを自らのうちに定立しないことと、自我が何かを非我のうちに定立することとは、自我の同一の働きが呈する表裏一体の二側面だとも考えられる。そして、まさしくそのように捉えるのが「批判的観念論 kritischer Idealismus」にほかならない (326, vgl. 311)。観念論も実在論も表象の根拠——未知なる〝限定者?〟——を知りえたことになっていたが、それらの根拠は、もともと経験の事実として知られているわけではない。批判的観念論は双方の定立したそれぞれの根拠へと移り行く傾向に自ら身をおきつつも、いずれの立場にも転落しない中道を進む。表象世界の根拠とされる不可知のものは、作用性の法則を拡大適用することで、もともと可分的〈経験的〉自我の領分を超えたところに想定〈定立〉されたものでしかないのである。そうした実情を、批判的観念論の立場に立つ自我は率直に認め、表象の根拠を経験のうちに求めようとするのである。フィヒテによるとこのように、批判的観念論は委譲——不定立による定立——という自我の同一の働き方に拠点をおく立場になっている。

有限な理性存在でしかないわれわれは、絶対我そのものについても未知なる非我についても確定的なことは何も語ることができない。自我の受動性を未知なる絶対我から説明することも、未知なる物自体からそれを説明することも、いずれも神の視点に移り行くような越権を犯している。しかも、それらの未知なる絶対我や物自体は、あくまでも経験的な事実として認められる作用性の形式を、不可知の領域にまで一挙に拡大適用したことで想定されていたのである。それゆえ、第一章の第三節で第三原則を検討したときに、全知全能の知性や理念的なバラがそうであったように、経験を超えた未知なる〝何か〟は棚上げにされなければならない。自我は経験のうちに知識の確証を求めるほかないのである。もとより観念論の主張であった「委譲という自我の形式的な能動性による非我の定立」と、実在論が主張した「非我の質料的な能動性による委譲」とは、一方が根拠とするものを他方は逆に根拠づけられるものとしている点で互いに反立している。これらの立場設定に対し、互いに反立する観念論と実在論の両者を第三原則の限定作用によって総合し、いずれも部分的にだけ成り立たせる――形式的な能動性と質料的な能動性とを区別しつつ結合する――のは、両者の主張を同一のものとして捉える批判的観念論である。

　フィヒテは以上のように、互いに反立する両立場を調停するものとして批判的観念論を定位し、この新たな立場が成し遂げている総合の働きを「間接的定立 mittelbares Setzen」と名付けている(331)。ここでたとえば、本来は能動的な自我が受動性をもつからには非我にその根拠があるといったように、質の反立から根拠を求める場合、その根拠は「実在根拠」と呼ばれる。他方、自我が受動的であることの根拠を、自我が自らの能動性を部分的に定立することに帰する場合、量の点で求められるこの根拠は「観念根拠」と呼ばれる（325）。このように、既出の二根拠が精確に意味づけしなおされている。そして、間接的定立ではこれら二つの根拠が同じ一つのものとなる（vgl. 325f.）。そもそも反省に先立って「限定されていること Bestimmtsein」と「限定していること Bestimmen」とは、必ずしも明確に分離されているわけではない。壁の例でいえば、暗闇で何かに手を触れたように思うが、まだ錯覚かどうかさえ判別できていない状況をイメージしてもよい。あるいは、渦の図を見たときに、X、Y、Zを能動的に補完「している」のか、逆に実数の配置0・3・6・9……によって受動的に補完「させられている」のか、いずれとも判別できない事態がこれに相当する。批判的観念論は、まさにこのような、意識の直接的な事実に立ち返る（328）。そして作用性の根拠がいったい何であり、それがどこにあるのかという問題に直面しつつも、これについては「無知」にあまんじ、そうした探究が理論だけでは決着がつかないことの自覚を促して、批判的観念論はわれわれ（わたし）が「理論の限界外」に開かれていることを示すのである（ibid.）。第三原則の与えた抽象的で一般的な調停策は、到達点であるどころか理論の限界外へと向かうための起点でしかなかった。このことを明確に自覚するのが批判的観念論の自我である。

自我と非我の遭遇

フィヒテは、以上で検討したような観念論と実在論――当初の独断論を基礎づける二様の新たなメタ知識――が、いずれも自我と非我との質的な対立に応じて成立してくる対照的な二つの立場であることから、それぞれを「質的観念論 qualitativer Idealisms」および「質的実在論 qualitativer Realismus」と呼び直す（334）。両立場とも、事実として自我が受動性――制限された能動性――を呈することから、当の事実を可能にする根拠へと迫ろうとしていた。そして、その根拠となる独立的能動性が質的に理解され、各立場にとってそれに相応しいと考えられる自我ないし非我への委譲が、いわば対照的な仕方でなされていたのである。ところが、両者は互いに鏡像関係にあるような二つの立場になっている。前者の質的観念論は非我の能動性を等閑に付すため、なぜ自我の働きかけが「非我に対する」働きかけであるのかを説明せず、説明しようとしてもけっしてできない。再び数の渦で考えると、それが単なる渦に見えて終わる場合、たしかに自我は働いているにしても、未知なる何かとしての非我はどこにも想定されない。したがって自我の働きかけは非我に対する働きかけにはなっていない。しかし、これだけでは終わらない理由を、もっぱら自我の「不定立による定立」を知（表象）の根拠とする質的観念論は、けっして示せないのである。これに対して、後者の質的実在論は非我の独立的能動性を表象の質料的な源泉（物自体）と考え、自我の働きかけを等閑に付す。このため、なぜ非我の働きかけが「自我にとっての」働きかけであるのかを説明できない。数の渦でいうと、X、Y、Zという欠落によって未知なる非我が働きかけていたとしても、単なる渦を見て終わる自我にとって、それは何ら働きかけにならない。しかし、それだけでは終わらずに、非我の働きかけが自我にとっての働きかけとなる理由を、もっぱら非我の質料的な源泉を知（表象）の根拠とする質的実在論は、まったく示せないのである。

このように、いずれも自我と非我との直接的な遭遇を説明することなく、実は互いに反立し合う自我と非我が直接的に遭遇することを暗黙の前提にしている。そして、批判的観念論が依拠しようとする間接的定立は、まさにこの遭遇を保証する自我の働きである。批判的観念論において、経験（認識）を可能にする条件は、経験（認識）の対象を可能にする条件でもある。自我の働きかけが非我に対する働きかけでありうるためには、非我の働きかけが自我にとっての働きかけでなければならず、逆に非我の働きかけが自我にとっての働きかけでありうるためには、自我の働きかけが非我に対する働きかけでなければならない。こうした両面的な事態を可能にする条件は間接的定立にほかならない、とフィヒテは考えており、カント的な批判主義の大原則が独自の理論構制のうちに定位しなおされている。[30]

以上のように「媒介された調停 vermitteltes Beilegen」（331Anm.）[31]を行う批判的観念論の立場は、意識の直接的な事実に留まり、互いに反立する観念論と実在論とが共通かつ暗黙の前提にしていることを自らの拠点として、すでに導出された諸カテゴリー等を介して非我に対峙する立場である。しかも批判的観念論の立場は、そうした立場設定を通して〈現実＝夢〉を未知なる世界や未知なる「限定者」によって理論的に根拠づけようとする他の諸立場から、その正当性を根こそぎ剥奪することになる。その種の根拠からはあえて距離をとり、〈現実＝夢〉と直に向き合うのが批判的観念論として特徴づけられる自我の立場である。ここまでのプロセスは、自我がこのような批判的観念論の立場に立つ「知る者」として、自らを自覚するまでの道筋であった。

独断的な領域区分の解消

さて、作用性を扱って批判的観念論の立場にまで到達したのであるが、ここまでの段階で検討したのは、自我と非我との質的な反立、言い換えると「知る働き」と「未知なるもの」との反立についてであった。それゆえ現時点まで、質的に反立する二領域の区別を暗黙裏の枠組にした考察がなされていたともいえる。質的観念論の「限定者（作用）」も質的実在論の「限定するもの」も、二つの未知なる領域、ないし世界を反映した「或るもの」であった。しかし、批判的観念論の立場に立った「知る者」――可分的自我あるいは経験的自我――にとって、この領域区分は根拠のない独断の一種ともなる。経験において認められるのは、知るという個々の現象のなかに、たかだか知る働きの分肢（Glied）と知られる側の分肢が認められることまでである。しかもこれはすでに第三原則に伏在していたことでもある。

そもそも「知る者」は、知が現象する場の働きすべてを担っているわけではない。というのも、仮にすべてを担っているのであれば、もはや知る必要もないからである。知る者は知が現象する場の働きを、単に一部分だけ担う分肢として、未知なる非我と向き合うのである。しかも知る者は、未知なる非我の全領域と一挙に対峙するわけではない。知る者はあくまでも可分的な非我に、すなわち未知なる非我の単なる一分肢に対面しているのである。数の渦を見た場合のことからも分かるように、現に経験的な意識の事実はそのようになっているといえよう。知る者としての自我がこうした事情を明確に自覚したのは、実のところ批判的観念論の立場に至って初めてのことなのである。そして作用性そのものを分析するときに、こうした事情がより明確になる。そこで次にこの点を見ておくことにしよう。

作用性の形式・質料関係（帰納と演繹）

さて、作用性の形式そのものはどのような性格をもっているだろうか。フィヒテの指摘によると、それは「消失による生起 ein Entstehen durch ein Vergehen」である（329）。ここでもまた、特定の債務とその返済のことを例に、この性格づけを考えると理解しやすい。返済は債務の消失という仕方で起こる。その返済の原因は特定の債務であったとすることには無理がないと思う。そのほかにも、氷と水、ドライアイスと炭酸ガスなどのことをイメージして、この形式を理解してもよいだろう。いずれも一方が消失しつつ他方が生起する関係になっている。これに対して、フィヒテによると、作用性の質料は「本質上の反立 wesentliches Entgegenseyn」（ibid.）である。たとえば、契約と解約、力学的エネルギーと熱、相対論における質量とエネルギーなどを考えればよい。いずれも互いに相容れない本質が一方の消失によってのみ他方が生起する、そうした「対をなす本質」としてよく知られているものである。

ここで形式のほうが質料を可能にすると考えることができる。一方が消失することで初めて他方が生起する。このように相互に廃棄し合うかぎりでのみ、二つの項は本質の上で反立しているとい

える。したがって現実に相互の廃棄が起こることにもとづいて、反立する本質の領域を限定していくことができる。たとえば摩擦によっていつも温度の上昇が起こる事実などに、経験を通じて一つひとつあたることで、力学的エネルギーと熱のような反立する本質の対が限定されていくという考え方である。帰納法に代表されるような考え方だともいえる。これとは逆に質料のほうが形式を可能にするという考え方もありうる。物体がもつ力学的エネルギーと熱のように、本質の上から反立する二性質であるかぎりでのみ、一方の実在が消失しないと他方の実在が生起しないほどの相互廃棄が起こる。このように考えることも可能であろう。演繹的な考え方だともいえる。いずれの考え方もそれなりに筋が通っている。

　しかし、そもそも前者の帰納的な考え方は消失による生起そのものに根拠を与えられず、後者の演繹的な考え方は反立する本質を当初からそのものとして示すことができない。本質そのものを示すことができないというのは、たとえばわれわれはエネルギーそのものを直接的に見ることも、それに触れることもできないということである。このように、双方とも相手側の主張が成り立つことを前提にして初めて成り立つ関係になっている。本質の上で反立するもの同士が相互に廃棄し合い、相互に廃棄し合う二者は本質の上で反立する。これらは同じ一つのことでなければならない。しかし、なぜこの二つのことが同一であるのかという問題は、あくまでも解明すべき課題として確認されただけである。経験のなかで認められるのは、摩擦と温度上昇のように、反立する二つの事柄が直接的に影響し合うということだけである。しかし、反立した本質をもつ二項は、徹頭徹尾その本質から して分断されるとはいっても、互いにまったく関係しないわけではない。ドライアイスと炭酸ガスのように、それらの実在間には「干渉 Eingreifen」が起こり、まさしくそうした仕方で初めて反立し合っているのである。この可能性だけは示されたことになるだろう。[32]

作用性を基礎づける量的観念論

では、現段階で自我が到達している批判的観念論によって、作用性の分析から浮上した問題に答えることができるだろうか。ここでは総合統一された独立的能動性の働き方、すなわち「間接的定立」の法則をもとに「本質上の反立と実在的な相互廃棄との同一性 die Identität des wesentlichen Entgegenseyns und realen Aufhebens」(331) を基礎づけることができるとすると、それはいかにして可能であるのかということが問われている。そこで、まずは間接的定立がどのようなものであったのかを再確認しておこう。自我はそもそも実在性(能動性)を自らのうちに定立しないことによってのみ、非我に実在性を定立(委譲)することができる。逆に、自我は実在性を非我のうちに

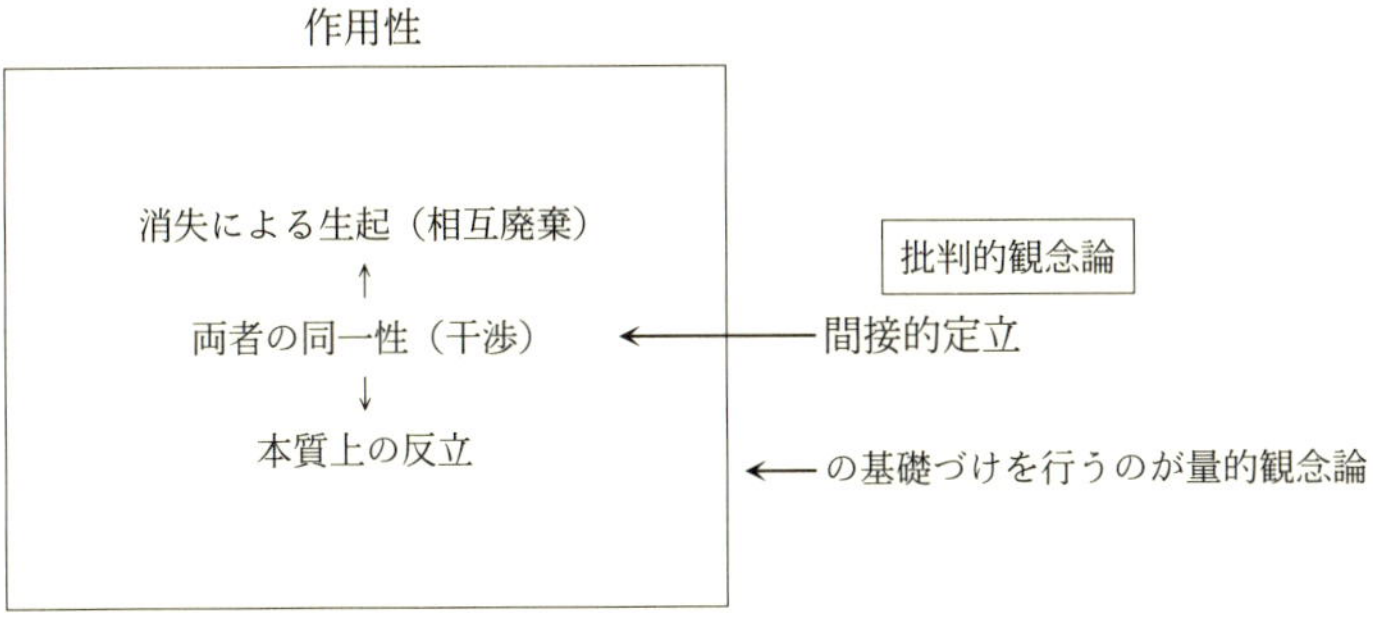

定立しないことによってのみ、実在性を自らのうちに定立することができる。このように、自我と非我とは本質の上で互いに反立している。そして一方に定立された実在性（能動性）も否定性（受動性）も他方において廃棄される。実在性も否定性も、一方で消失するかぎりでのみ、他方で生起することができるのである。このように、定立が常に間接的——相互媒介的——であるということは、課題であった同一性を完全に説明し、また基礎づけている（vgl. 332f.）。つまりこれは、自我の知る働きが間接的定立の法則にしたがっているからこそ、われわれは相互廃棄と本質上の反立とが同一になるような仕方で、実在世界を知る——経験的に認識する（表象する）——ことができる、という基礎づけである。この点については感性の形式とカテゴリーにしたがう仕方で現象世界（表象界）が知られるという、カントの認識観と一致している。フィヒテは表象の成り立ちについてこのように説明する立場を「量的観念論 quantitativer Idealismus」と呼ぶ（334）。忖度《そんたく》するに、間接的定立の法則にしたがう自我の働きが、自らのうちに実在性を定立したその「特定量」に相当する分だけ、非我のうちに否定性を定立し、また自我の

働きが自らのうちに定立しない「特定量」だけの実在性を、非我のうちに委譲して定立すると考える点で、このように命名されているのであろう。実際、この立場は自我の働きにもとづいて表象界を説明する点で「観念論」の立場であり、また実在性と否定性の「量的」な限定を規制する間接的定立にしたがって、問題となる表象の成り立ちを説明していると解釈できる。

この新たな観念論は、自我が定立の間接性——相互媒介性——という法則にしたがって、制限された量の実在性（能動性）を自我自身と非我それぞれのうちに定立するということを自覚にもたらす。批判的観念論の立場にあった自我は、上記の課題に応えることで作用性という法則をその限界とともに自覚し、自らの本性に備わったこの法則に正当なかたちで依拠できるようになっている。ここでいう限界の自覚とは、経験世界を超えた未知なる領域にまで作用性を適用することはできないという、有限な人間理性の真相についての自覚である。独断論が表象や知識の根拠を求めて経験世界を超える越権に及んでいたことを、すでに批判的観念論の段階で十分に自覚した上で成立した立場、それがこの量的観念論である。非我の実在性（能動性）は、それが実在性をもつかぎりで可分的（経験的）な自我の呈する否定性（受動性）から説明され、また可分的な非我が呈する否定性は、それが否定性をもつかぎりで可分的な自我のもつ実在性から説明される。表象はこのように、自我によって、自我の本性に備わった認識可能な間接的定立の法則にしたがって展開するのである。このように、量的観念論は既出の観念論には説明できなかったことを説明している。というのも、間接的定立の法則を自覚していない質的観念論においては、委譲は非我の実在性を根拠づけるものであって、委譲がどのような仕方で起こるのか――つまりそれが自我と非我の間で交互的かつ量的な限定を介して間接的に起こること――は説明されず、単に委譲がなされると断定されただけであって、表象はわれわれにまったく知られていない仕方で展開していたからである。

しかしながら、量的観念論の立場からも、なぜ自我の定立が間接的であるのか、その理由は説明されない。なぜなら、そもそもこの立場からすると間接的定立の法則は「本質上の反立と実在的な相互廃棄との同一性」を説明するための根拠であって、根拠そのものの由来は、この立場からはもはや説明されえないからである。自我の定立が間接的であることの根拠、これは量的観念論の立場に立つ自我のうちにではなく、知が現象する場としての未知なる絶対我のうちにある。そうした場のもとにあって、場の働きを一部分だけ担った可分的な自我の立場が、この量的観念論である。

量的実在論と経験的事実

次に「本質上の反立と実在的な相互廃棄との同一性」によって間接的定立を基礎づける方向で考えてみよう。フィヒテはこの基礎づけ方向をとった自我の立場を「量的実在論 quantitativer Realismus」と名付けている（ibid.）。質的実在論では、非我のうちに質料的な独立的能動性が定立され、実在する非我が「限定するもの das Bestimmende」であると考えられた。これは自我が実際に受動性をもつという事実の根拠を求めた結果である。これに対して量的実在論は、根拠についてはあえて無知にあまんじる。そのうえで「自我の制限の実在的な現存 das reale Vorhandenseyn

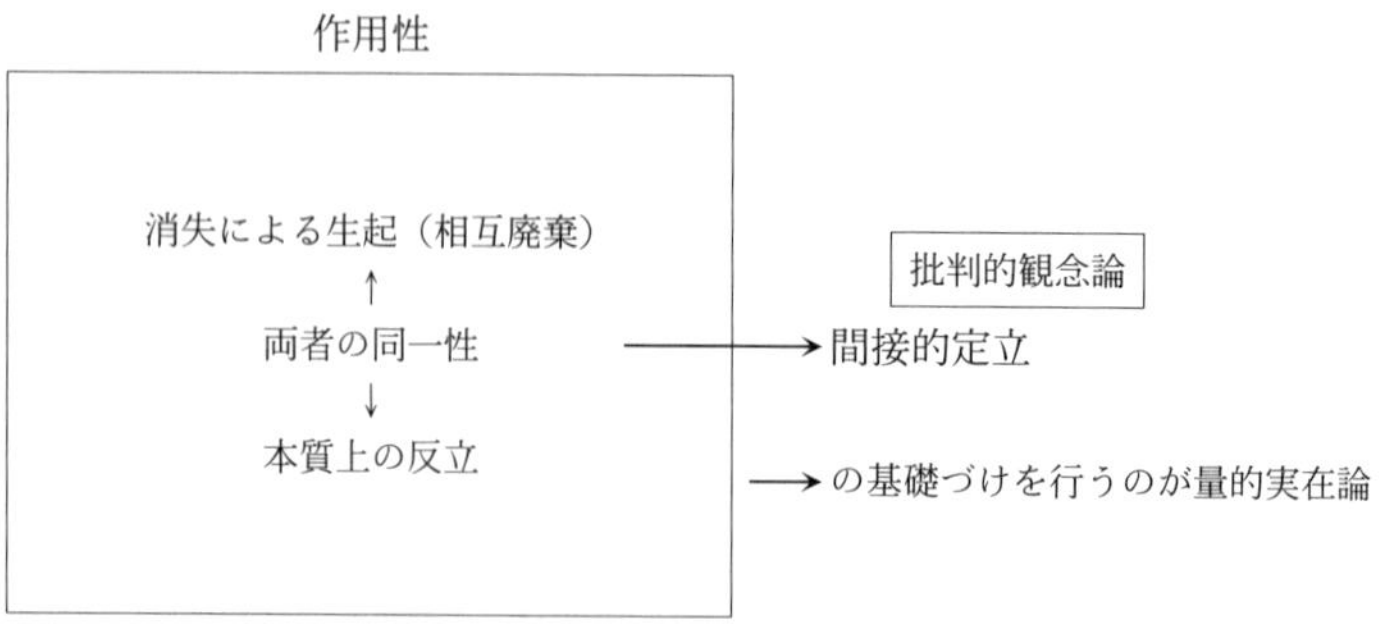

einer Einschränkung des Ich」、すなわち自我が経験世界のなかで実際に制限されているということを主張し、そうした可分的な自我のうちに単なる「限定 Bestimmung」が実在することだけを認める（334）。このように、すでに人間の理性が有限であること——自らの可分性——を自覚している量的実在論の自我は、未知なる非我について何も語らない。意識の外に何かがあって、それが働き掛けることで表象が生起するとも語らない。というのも、あらゆる意味で意識の外にあるようなものについて、われわれ（わたし）——可分的（経験的）な自我——はもともと何も知らないからである。また、意識の働きが表象をつくりだすとも、表象世界を創造するとも考えない。というのも、そもそも有限な理性存在にすぎない可分的な自我は、経験世界を超えたその種の働きについて何も知らないからである。

たとえば目の前にティー・カップが知覚されているとき、われわれはどのように意識を働かせてみても、空想像がいかようにも変容するのとは異なり、確たる存在感をともなってそれが知覚されている。1＋1＝2という数式なども、これと同じように想像力の意のままにはならないものとして知られる。量的実在論の立場に立つ自我は、そのような意識の限定が実際にあることだけを語るのである。そして量的観念論のように間接的定立の法則からこれを説明するのではなく、以上のような限定が認められるという事実をもとにして、量的観念論とは逆に間接的定立の法則のほうを吟味にかける。しかし自らのうちにある根拠の法則（第三原則）から、こうした限定を実在根拠としての非我に関係づけることまではしても、この法則がもともと方法論的なものでしかないことを自覚しているため、これに欺かれて不可知の非我を知りえたかのように語る独断論へと転落することはない。これが量的実在論の立場である。経験的な意識の事実を認めたうえで、それが可能であるための条件を求め、不可知の物自体や知られえない自我の働きそのものに対しては、あくまでも距離をとる。フィヒテによると、こうした量的実在論はカントの立場に相当する。(33) また、量的実在論においては、自我が限定されて有限であるのはわれわれ（わたし）にとってどこまでも偶然のことであり、けっしてそれ以上の根拠から説明されることではない。それゆえ、経験的な事実のもとに留まって、反立した本質をもつ二項に干渉が起こることだけを拠り所とするのがこの立場である。このように、量的実在論の立場は経験を通じて定立がいつも間接的であることをそのつど確認し、それを経験世界のもとで、独断に陥ることなく次第に基礎づける仕方を十分に自覚しているのである（vgl. 334f.）。

しかしながら、量的実在論にも決定的な限界がある。なぜならば、この実在論は現存する実在的な限定がどのようにして定立を行う自我の観念的な限定になるのかということを、けっして説明できないからである（vgl. 336)。ここで何故このことが決定的な限界であるのかということを明確にしておく必要があるだろう。たとえば、自然科学は、われわれが受け取る「赤い色の感覚」を光の波長として表す。光という波が実在し、それが波長に応じた色の感覚をもたらすのである。そして、この感覚がもとになって、われわれがもつ赤色の観念やその他の色の観念が形成される。自然科学の考え方からすると、ほぼ以上のようになるだろう。実在であるところの光が特定の波長に限定されているということは、われわれの色の観念が「赤」に限定されていることにほかならない。当然のことを述べているようだが、ここには奇跡にも似たことが起こっているのである。いうまでもなく波長は数値で表されるのが普通である。そして、波といえば水面の動きを代表として、われわれがよく知っているものである。ところが波長の「数値」をいくら見ても、また水面の動きをどれほど眺めても、それらは「赤い色の感覚」とは別物であり、赤とは似ても似つかない。それらはまったく赤くないのである。それでも自然科学は、この例にかぎらず客観世界に在るとされる様々な実在やそれらの関係から、われわれの観念世界の事柄を説明している。そして、量的実在論はこれと同様の考え方に立っている。実在的な限定が観念的な限定でもあることは、量的実在論によっては説明されない。そうなっていることは暗黙の前提になっているのである。(34)

無根拠を自覚する自我の立場

量的観念論は間接的定立の法則をもとにして表象の展開を説明することができた。定立が常に間接的であるという観念的な限定によって、経験世界についての知を一般的に基礎づけることができたのである。しかしながら、量的観念論は定立が間接的であることの根拠は説明できず、また単なる観念的な限定がなぜ実在的な限定になるのかを解明しえない。これらのことは量的観念論にとって、もはや語りえぬ前提であった。他方、量的実在論は定立が常に間接的であることを前提するのではなく、逆に経験のなかで認められる実在的な限定を根拠にして、定立の間接性の方を基礎づける。しかしながら、なにゆえ単なる実在的な限定が間接的定立という観念的な限定になるのかを語れない。それは量的実在論にとっての暗黙の前提なのである。以上のように、一方が根拠とするものを他方は基礎づけられるべき課題とし、逆に一方が基礎づけられるべき課題とするものを他方は根拠としている。両者は互いに対照的で、いわば鏡像関係にあるような二つの立場であることが分かる。そうでありながら、双方ともに暗黙の前提としている同じことがあった。それは実在的な限定が直接かつ無媒介に観念的な限定へと「転換」するということである。そして、このような転換の働きを自らの拠点とし、両者の説明方法の中道を行くのが、フィヒテがいうところの「批判的量的観念論 kritischer quantitativer Idealismus」にほかならない（336)。

観念的なものを実在的なものに、そして実在的なものを観念的なものに転換し、しかも同一であることを保証する働きが、自我のうちに発見されなければならない。それは、しかし、定立すること――観念的な働き――と定立されて在ること――実在的な存在――とが同一の、自我の自己定立にほかならない。量的観念論のもとに立つ自我も、量的実在論のもとに立つ自我も、実はこのような転換関係において「自らが置き換えられているかぎりでのみ」、はじめてそれぞれの立場に立つことができたのである（337）。そもそも量的観念論が根拠とした定立の間接性とはどのようなことであったか。それは知る者としての可分的な自我が、自らの実在性を限定することで初めて未知なる非我に実在性を委譲し、逆に自我は非我の実在性を限定することで初めて自らに実在性を定立する、ということである。これは、未知なるものと対峙するかぎりでのみ、わたしは知る者としての「わたし」であるといった、有限な理性存在としての自覚を厳密なかたちで表現したものだといえる。量的観念論の自我はそのような自覚をもって経験世界と向き合っている。他方、量的実在論は本質上の反立と実在的な相互廃棄の同一性によって、定立の間接性——有限な人間理性——を基礎づけようとしている。理性があらかじめ経験世界のうちに置き入れておいたこの同一性を訪ね歩くこと、このことが即ち人間理性の有限な在り方にほかならない。量的実在論の立場に立つ可分的な自我はこのような自覚を遂げている。以上のように、量的観念論と量的実在論の両立場は、基礎づけの方向が互いにまったく逆であるにもかかわらず、いずれも「有限な理性存在の自覚」ということでは完全に合致していたことが判明する。そして批判的量的観念論はまさしくこの合致点に立脚する。しかしながら、なぜ観念的な関係と実在的な関係とが相互に転換するのか、この理由は作用性をもとにした自覚の歩みにおいては、ここで到達した最終的な立場からも、やはり知られることはないのである。

批判的量的観念論は量的観念論と量的実在論の間を揺れ動きながら、いずれにも転落しない、いわば無根拠であることを自ら引き受けた立場である。たとえこの世が単なる夢――支えなき表象の戯れ――にすぎないとしても、作用性をもとに現実の外側に支えを求める道は、以上いずれの立場においても塞がれている。未知なるものは領域や世界としても、限定者としても、事実として認められる意識の限定としても、理論的には確定されなかった。したがって仮にこの〈現実＝夢〉を支える基盤がどこかに本当はあるとしても、それは徹頭徹尾われわれ（わたし）にとって「知られえないもの」でしかなかったのである。しかしながら、現世が夢でしかないとする論拠は少なくともここまで検討してきた理論的な諸立場において、すべて根こそぎ剥奪されている。というのも、この現実の外側に求められた支えは、いずれの立場においても有限な人間理性の領分を逸脱した越権によって、それゆえ単なる仮象として想定（定立）されたものでしかないことが、すでに判明しているからである。現時点での問題は、したがって、それでも現実の外側にその支えが〝在る〟と考えられるのはなぜかということであり、また、最後の立脚点にさえ残った「観念的な関係と実在的な関係との相互転換」は如何にして可能であるのかということである。これらの問題が解明されるならば、この〈現実＝夢〉を支える基盤を経験世界の外側に求める傾向とともに、経験世界は夢かもしれないという懐疑もまた、基盤を外側に求める傾向がもたらす幻想もろとも氷解するほかないであろう。

第三章　関係の完全性と歴史

本章ではまず、フィヒテの強力な理論装置であった交互限定が、もっともその威力を発揮する、実体性についての議論を追跡しなければならない。これによって、かれが残された理論上の問題に、いかなる仕方で応えているのかを見届けておきたい。というのも、そこにはある意味で、現代的な観点からしても画期的な思考様式が見て取れるからである。この問題関心からフィヒテの議論を解読し、かれ固有の思考様式を摘出することが目指される（第一節）。これを承けて、次に知識学が経験とどのように関わるのかという問題を検討する。知識学の理論的部門においては、批判的観念論が経験に向けて開かれた自我の立場として特徴づけられていた。しかし、その立場がどのようなかたちで経験に向けて開かれるのかということについては、まだ十分には議論されていない。それゆえ、改めてこの問題を検討する。そしてまさにこの検討から、三つの原則がわれわれ有限な人間存在にとって何であったのか、その真相が浮かび上がることになる（第二節）。ところが、実はそこに現代的な問題を考える上で、きわめて重要な鍵が潜んでいる。以上のような検討作業をもとにして、フィヒテの理論装置がどのようなかたちで現代にも受け継がれているのか、またフィヒテ当人は自らのつくりだした思想によって何を求めたのか、現在の観点からこうした問題に光をあてる予定である。これによって『全知識学の基礎』の思想史的な原像を垣間見ることが、本章の最後的な課題となる（第三節）。

第一節　実在性と観念性の此岸
第二節　実践と反転の自己統制
第三節　現世＝夢と知りしかば

第一節　実在性と観念性の此岸

この現実のなかで、実在と呼ばれるものと観念と呼ばれるものとがどのような関係になっているのか、はたして両者が相互に転換するようなことがありうるのか、以下ではまずこれらの問題を検討しなければならない。そして両者の相互転換がこの現実のなかで起こるとすれば、いかにしてそれが可能であるのかを明らかにしなければならないのである。その鍵は交互限定のもう一方、すなわち実体性にある。このため、しばらくは作用性の場合と同じように、実体性と独立的能動性との間に認められる限定関係を考察することになる。フィヒテの議論はこの箇所でも難解を極めるが、後に具体性のあるモデルで補足説明を行うことを前置きして、ともかくもかれの議論そのものをまとめ返しておかなければならない。

実体性の形式・質料関係

実体性の形式を可能にする独立的能動性は、すでに確認したように「放棄」――しばしば「除外Ausschließen」とも呼ばれる働き――、すなわち「定立を介しての不定立」であった。ここではしかし、実体性の形式だけを問題にしているので、自我や非我といった内容も、実体性の質料となる能動性や受動性も度外視されている。そのかぎりで考えると、放棄とは「ある特殊な定立範囲から除外すること」である。フィヒテはこのことを「特定の、充実された、そのかぎりで（その中に含まれたものの）総体を保持する範囲からの除外」と述べている（340）。これに対して、実体性の質料は、限定された範囲と無限定な範囲との両者を内に含む「高次の範囲の定立」である（ibid.）。質料ということであるから、定立された「高次の範囲」と考えたほうが納得しやすいかもしれないが、今はそうした質料を可能にする独立的能動性の側から、すなわち働きの側からこれを考えているので、フィヒテが用いているような表現になるわけである。しかし、抽象的で錯綜しているのは表現上のことだけには止まらない。このため、ここではあえてフィヒテの議論そのものからは離れ、

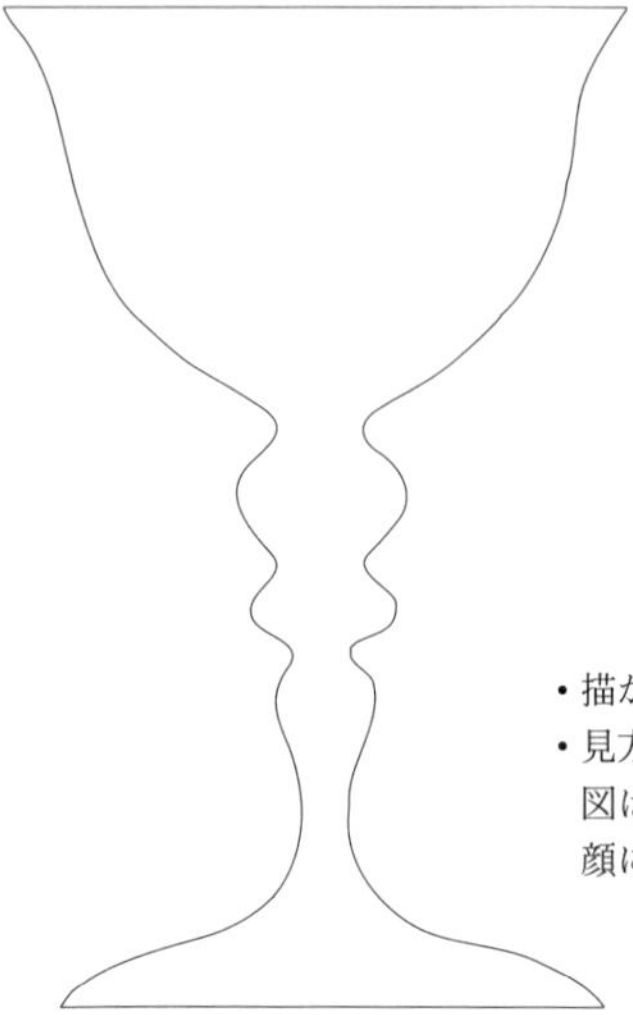

・描かれたカクテルグラス
・見方によって，この曲線図は向かい合った二つの顔に反転する

一つの事例をもとに議論を進めることにしたい。さしあたりはゲシュタルト心理学の事例として有名な〈図〉と〈地〉の関係をモデルにして理解するのがよいだろう。

たとえば一枚の紙の上にカクテルグラスが描かれているのを知覚しているとする。そのような〈図〉が知覚されるのは、同じ紙面上でカクテルグラスの背景となっている〈地〉の範囲が、われわれの知覚の働きによって「放棄」されているからである。これはカクテルグラスである、という「定立」を介して、背景となっている範囲が「不定立」のままそこに留まっているため、こうした知覚が成り立っている。カクテルグラスとして定立された〈図〉の部分は、知覚作用のなかで「特定の充実した総体を保持する一範囲」をなしており、その背景となっている〈地〉の範囲はそこから「除外」されているのである。このような知の働きが、実体性の形式で働く独立的能動性に対応する。ここで背景となっている〈地〉は、少なくとも明確には限定されておらず、未限定のままである。しかし、それがまさしく未限定のまま背景となっているため、〈図〉の部分はカクテルグラスとして明確に限定されている。〈地〉なしには〈図〉も成立しえないということである。両者が共にあって――定立されていて――初めてこの知覚は成り立つ。ここからも分かるように、限定された範囲（図）と未限定の範囲（地）とを共に含む「高次の範囲」――紙面全体としての〈図＋地〉――が暗黙裏に定立されていることが、描かれたカクテルグラスの知覚にとって不可欠の条件なのである。そして、まさしくこのことを可能にしているのが実体性の質料であり、ここで用いた例では〈図〉と〈図＋地〉に対応する。

前節では作用性の質料、すなわち交互能受について検討した。そのときの検討をこの例に当てはめると、〈図〉は能動性（実在性）に、また〈地〉は受動性（否定性）に対応するように思える。そして、両者は交互的に限定し合っている、という説明になりそうである。たしかに作用性ではそのような理解になるであろう。しかし、実体性では単純に〈図〉と〈地〉の関係で成り立つ質料が交互的に限定し合うのではない。実体性の場合は上記のように〈図〉と〈図＋地〉が質料となる。どちらが能動性に対応するのかという点も気になるところだが、作用性において交互的に限定し合う能動性と受動性とが反転したのと同様、実在性においても〈図〉と〈図＋地〉に能動性と受動性を確定的に割り振ることはできない。しかし、この問題は後に詳しく検討することにしよう。現段階では、カクテルグラスの図をもとに、実体性の質料が作用性のそれとは異なる点を確認しておきたい。ところで、以上のような〈図〉と〈図＋地〉の間の定立関係――すなわち「除外」と「高次の範囲の定立」との関係――は、知覚の場面だけではなく、知る働き一般のメカニズムをなしていることが分かる。そこで次に、一つの具体例でこれを詳しく見ていくことにしよう。

燃焼する水の目撃

普通は水に燃焼ということを関係づけることはまずない。水は火を消すものではあっても、それ自体が燃焼に関わるとは思われていないだろう。ここでは当然のことを再確認しただけである。ともかくも、通常われわれが「水」の範囲に「燃焼」という性質を含めることは、まずないといえる。ここで、この範囲――「燃焼」という性質を含まない「水」の範囲――をAで表すことにしよう。そして燃焼などのAには含まれないと思われる無数の性質を便宜上Bで表しておくことにしたい。ところが、水の燃焼は実際に起こる。いくつかのケースが想定できるけれども、たとえば金属ナトリウムの小片を投げ込むと水は燃える。その他の活性金属やある種の化学物質でも同様のことが起こりうるだろう。また、水に電流を通して負の電極側に点火すると、やはり燃える。これらの現象では発生した水素が燃えるわけだが、このような理解をひとまず脇に措いて考えると、水が燃えているのはかなり異様な光景である。この例からも分かるように、BはAの範囲から除外されて終わるわけではない。

いま見たように、「水」に関する知識の範囲には通常、液体であることや、沸点摂氏一〇〇度、凝固点0℃、比熱1［cal・K^{-1}・g^{-1}］、密度1［g・cm^{-3}］その他が入り、その範囲に「燃焼」は入れて考えないものである。このため、燃焼や電気の不導性、有害性その他は除外されてＢの範囲が形成される。Ａの範囲は、液体、沸点、……といった絶対的な総体として定立（想定）されるが、除外されるＢとの関係では非総体として定立されている。フィヒテが述べる「総体を保持する範囲からの除外」とは、Ａの範囲からＢを除外（放棄）するということである。ところで、こうしてできたＢの範囲には汲み尽くしがたいほど無数の性質が入るであろうから、それはもちろん限定されていない。このため、Ｂは消極的・否定的に非Ａの範囲として限定されるにすぎない。これは納得しやすいところかと思う。これに対してＡは、たとえ暫定的なこととしてではあっても、限定された範囲として理解されている。そうでなければ、われわれは水について確定的なことは何も語れないであろう。Ａはいつも、無限定で不完全な全体のうちの、限定された完全な範囲として定立されているのである。フィヒテが語っている「高次の範囲の定立」とは〈Ａ＋Ｂ〉で表されるような無限定で不完全な全体の定立のことである。

　ところで「実体」とは多くの場合「Ａの範囲を担う何ものか」と考えられる。しかし、フィヒテによると、それはＡとＢを含む「高次の範囲」にほかならない。そして「属性」とは、定立されたＡの範囲と除外によってできたＢの範囲それぞれのことである。通常はＡに入れられる沸点や凝固点の値も、高次の範囲（実体）からすれば属性であり、また通常はＢに入れられる電気の不導性、有害性なども、同じ高次の範囲にとっての属性である。高度の純水は不導体であり、重水は有害で

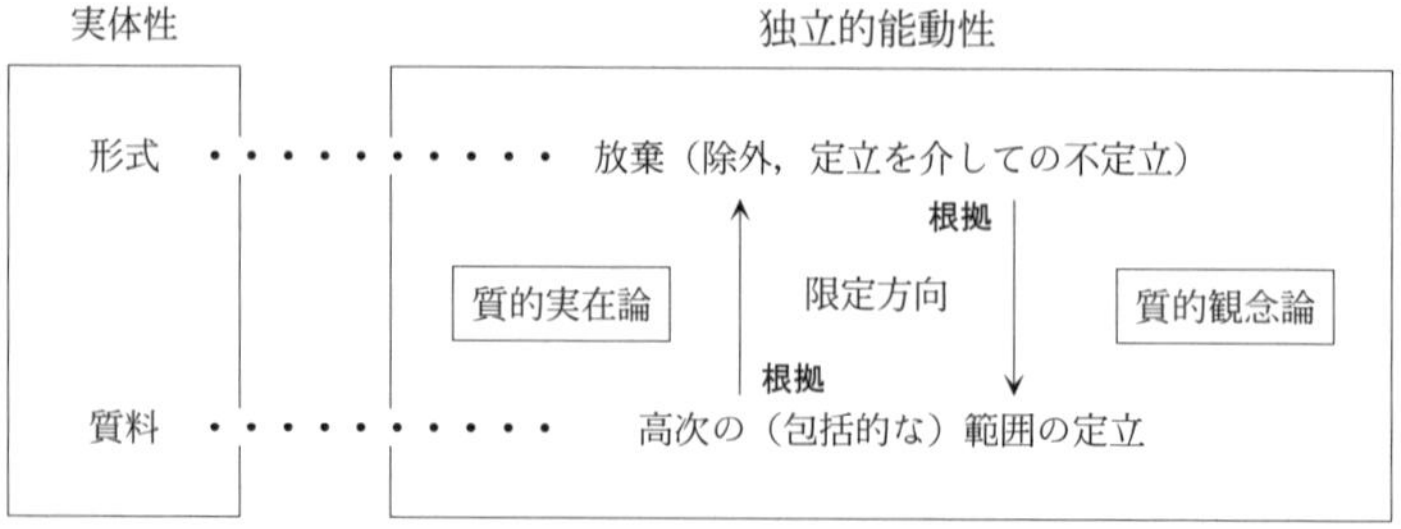

あることからすると、Bの範囲には実体としての「水」に属してもよいような性質がいくらでもある。高次の範囲を定立してこれを実体とするのは、以上のような事情があるからだと理解してよいだろう。

フィヒテはひきつづき、作用性の場合と同様に、実体性の検討から哲学の諸立場を導出する。実体性の形式で働く独立的能動性と、その質料を定立する独立的能動性との間に、いかなる限定関係を設けるか、これが今からの課題である。以下では、前段の例における水の代わりに「自我の自己定立」がくると考えればよい。

質的観念論と質的実在論

一つの考え方としては、絶対的総体からあるものを除外することで、高次の包括的な範囲が定立される。すなわち、包括的な範囲は除外によって初めて定立される、と考えることができる。これは除外を、包括的な範囲が定立されるための根拠とする立場である。自我が自らの働きを定立して絶対的な総体を充実し、その総体の中に定立されなかった働きが除外される。ここで除外された働きが非我の範囲を形作るため、自我が自らの働きを定立することにより、充実した総体が成立するとともに、これによって除外された働きの範囲もまた生じ、両者を覆う包括的な範囲が形成されるのである。自我の自己定立によって除外されるのは、第二原則からしても自我の働きに反立する非我でなければならず、それは絶対的な総体としての自我――すなわち実体――にとっての属性にほかならない。水の例においてAの総体が実体として考えられたとき、そこから除外された「燃焼」は、水の燃焼という事実を通じて改めて水の属性とされる。非我を自我によって除外された、自我の属性とする考え方は、まさしくこれに相当する。フィヒテによると、このように除外を根拠にして実体・属性関係を限定するこの立場は、作用性を考察したときにあげられた「質的観念論」と一致する(341)[35]。おそらく、かれは第二原則の質的な反立(対立)にもとづいて根拠を立てる点、および非我が反立するための根拠(独立的能動性)を自我の自己定立とする点で、この一致を考えているのであろう。

これとは逆に、包括的な範囲が定立されることによって除外が可能になる、という考え方も成り立つ。これは包括的な範囲のほうがまず定立され、非我の居場所が確保された後に、自我の自己定立の余地が初めて生ずるという、いわば質料主導型の考え方である。したがってこの考え方からすると、自我の自己定立は、自我の働きには備わっていない未知なる条件にもとづくことになる。このため、自我が自己を定立するのは、つまるところ単なる偶然事でしかない。たしかに自我の働きには自律性が認められるが、その発動が可能になる環境は、包括的な(高次の)範囲が定立されることで初めて整う。このように、包括的な範囲を定立する非我の独立的能動性が、実体性における自我の自己定立——放棄（除外）——の根拠となっている。フィヒテによると、この主張は作用性における「質的実在論」と一致する（342）。おそらく、かれは第二原則の質的な反立（対立）にもとづいて根拠を立てる点、および自我の自己定立を発動させる根拠（独立的能動性）を非我のうちに措く点で、この一致を考えているのであろう。

そして、以上のような根拠づけを、あえて断念する第三の立場が求められる。質的観念論と質的実在論とは、最初の設定からしても、一方が根拠とするものを他方は逆に基礎づけられるものとしており、互いに他方の鏡像であるような対照関係をかたちづくっている。この点で全面的に対立せざるをえない。そして、両者ともに、放棄（除外）や高次の範囲といった、未知なる事柄を自らの根拠として前提していることが分かる。なぜならば、いずれの立場も除外されるものが何であり、除外がどのようになされるのか、これらをあらかじめ知ることはできないからである。水から燃焼を除外するべきであるのか否か、どのような理由から、またどのような仕方でこの問題を扱えばよいのか、これらは経験に先立って知られるわけではない。なるほど、水の成分元素は酸素と水素であるから、燃焼と関連づける理由は十分にある。しかし、このように理解できるのは、化学の知識をすでにもっている者にとっての特殊事情ではなかろうか。いずれにせよ、以上のことは経験に先立って知られることではないのである。化学を学ぶ以前の段階で、ことさらに燃焼を水から除外されるべきものとして意識する機会が、果してどれほどあるだろうか。ましてや、除外すべき理由を、あらゆることに関して一般的に提示することなどできはしない。水について詳しく知るためにA以外のどのような範囲を設定して「包括的な範囲」とすればよいのか、われわれ（わたし）は、一般的には何も知らないのである。鏡の例でいえば、自分の像を前にして、何を未知なる自分の側面として除外すればよいのか、逆にまた未知なる自分自身の側面を含むどのような包括的範囲を想定すればよいのか、これらを一般的に定めることはできないのである。

批判的観念論と主観・客観の保持

質的観念論も質的実在論もこうしたことに無自覚であることが判明した。両者を総合し調停するためには、ここでも第三原則の量的な限定が有効である。それぞれの基本的な主張の中に、知が現象する場にとっては同一であるような働きを発見し、その一方で双方の越権をともに排除すればよい。自我が或るものを自らに対して反立するがゆえに非我が存在するのであり、また非我が存在するために自我は或るものを自らに対して反立していることになる。この前半は質的観念論の基本的な主張であり、また後半は質的実在論のそれである。それぞれの主張する働きは単に反省的に区別されるだけで、知が現象する場においては同じ一つの働き――放棄（除外）と高次の範囲の定立――である。そしてこうした総合の働きに依拠するのが「批判的観念論」である（ibid.）。

批判的観念論では、水の例に見られたように、水に反立する燃焼を除外することでAのような限定された総体が成立し、燃焼や電気不導性などの未限定でありながら限定可能な範囲をも含む包括的な範囲が保持される。逆に、そうした可能性が確保されることで、それ以上の根拠に訴えることなくAを総体として限定できるのである。自我は、反立する非我を除外することで、自我の限定された働きの総体（主観）を定立し、まだ限定されていないながらも限定可能な非我の範囲（客観）を自らのうちに保持する。逆に、このような主観と客観の保持ができるために、それ以上の根拠に訴えることなく、自我の限定された総体を定立することができるのである。すなわち、燃える水の未知なる側面を除外することで、常識的な知識の担い手に限定された主観として自覚的に自らを定立し、水の燃焼という、現時点では知られていないが今後の知る課題となる非我の範囲を、客観として自らのうちに保持する。そして、逆に、そのような保持が可能であるために、自我はさしあたり常識的な知識の担い手としての主観に、自らを限定することができるのである。ここでは、主観と客観と呼ばれるものがフィヒテ固有の枠組みのもとでどのように配備されるのか、この点が改めて示されたことにも着目しておきたい(36)。

外的で知られざる根拠に訴えようとしない、そのようなかたちで経験と向き合う自我が現時点で登場したといえる。この自我は、個々の経験的な事実のもとに留まり、意識のなかで直接的に認められることについても、すでに手持ちのカテゴリーその他を介して、たかだかそれが「限定可能 bestimmbar」であるということまでしか主張しない。それ以上の知られていないことについては、あえて無知にあまんじる。この立場に立つ自我は、燃える水を目の前にして、その驚きを保持するともいえよう。経験のなかで未知なるものに出会ったとき、この立場の自我は、それを限定可能なものとして受け取る。後に検討することであるが、批判的観念論は、経験のなかで遭遇した未知なるものを「知るべき課題」として受け取る立場にほかならない。ここまでの議論は、知る者としての自我（わたし）がそうした姿勢を自覚するまでのプロセスであり、現段階に至って、知が現象する場のもとにおかれた以上のような意味での「知る者」として、自我は自らを発見したのである。

実体・属性関係の再検討

さて、次に実体性そのものの成り立ちを検討しなければならない。議論をなるべく実感につなぎとめる目的から、しばらくは水の例で検討した実体性を頼りにして、その形式と質料を一般的に性格づけていくことにしよう。以下では、Aは水を表しBは燃焼だけを表すことにして、なるべく混乱の可能性が少なくなるようにしたい。

Aが絶対的総体として定立されるときには、Bはこの範囲から除外されて無限定の範囲Bを形成する。しかしBのほうが反省（注視）されると、今度はAが絶対的総体から除外され、Bと共に未限定ではあるが限定可能な範囲の一部となる。普通は燃える水を見ても、水が燃えているとは考えないであろう。燃えているのは事実だとしても、火を消すはずの水が異常な事態に巻き込まれていると理解して、何か想像を超えたことが目の前で起こっていると判断するにちがいない。このように、水が燃える現場を目撃しても、水はそれまでに十分知られていたものでなければならず、水からは「燃焼」が異常かつ例外的な属性として除外され、従来どおり「水」の範囲を満たす完全な知識A――水に関する従来どおりの知識――が明確に限定される。つまり、水は燃えるのか燃えない

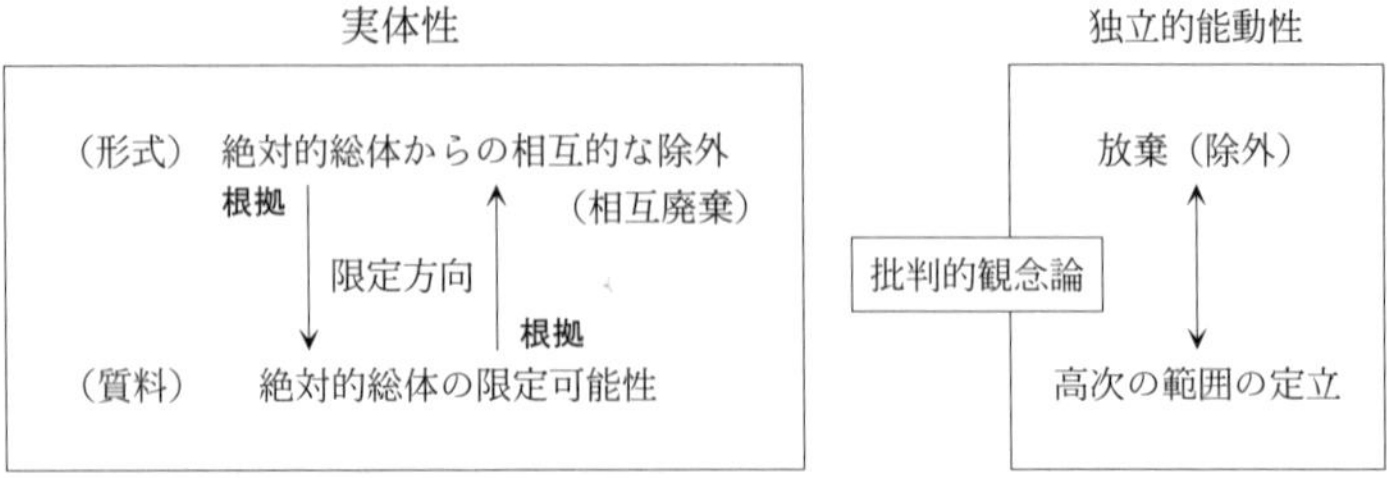

のかという問題は、それまでの実生活を通じて意に介されなくて当然であったにもかかわらず、ここで改めて「水は燃えないものである」という従来の通念が確認し直されたということである。しかし、ここで燃焼Bをも水に帰属させようとすると、それまで限定されていた水についての知識Aはもはや限定されたものではなくなる。そして水についての知識は、未限定で、たかだか限定可能なものに変わる。というのも、水の成分に水素が含まれることなどが、現段階では知識Aの内容としては知られていないため、Aは従来の限定から逸脱して未限定なものとならざるをえないからである。

　水であれば燃えず、燃えるのであれば水でない、といった上記の例のように、実体性の形式がもつ特徴は、質料となるAとBが絶対的総体から互いに他方を除外するということである（342）。しかしこの場合、本来の総体がAであるのか、それを超えた何かであるのかは定まらない。もしもBが除外されるのであればAが総体を満たし、これに加えてBのほうも考慮されるとAとBの二つが総体を満たすことになる。ここにおいて、燃焼とは無縁の水を素朴に理解していた段階から離れる可能性が生じている。そして、水についての理解には、燃焼性という「水」についての性質には限定されない一般的な性質が加えられ、AとBからなる無限定な総体を水の実体として想定する段階に移行する。

交互に限定し合う二様の質料

Aを総体とする考え方によれば、水にとってはあくまでも不燃性が本質的であり、燃焼性は偶然的なものでしかない。他方、AとBからなる総体をもとに理解すると、燃焼性も不燃性も水にとっては偶然的である。というのも、たとえば金属ナトリウムの在・不在は、水にとって同等な外的条件にすぎないからである。この段階においては、未限定な部分としてあげられたAもBも、さしあたっては限定されていない。しかし、水素という燃焼の成分や酸化という燃焼のメカニズムの解明など、化学の知識が進展していく場合にそうであるように、限定可能なものではある。いずれにせよAか、それともAとBを含む無限定の未知なる範囲〈A＋B〉か、これら二様の総体が実体性の質料として登場する可能性がある以上、両者は互いに区別されなければならない。すでに用いたゲシュタルト図形の例に置き換えて整理すると、カクテルグラス（A）と、カクテルグラスとその背景を含む紙面〈A＋B〉とが互いに区別されなければならない、ということである。一見この区別は当然なされていると考えられがちである、しかし、われわれに知覚されるのはカクテルグラスであり、かつ同時にまたそれが描かれた紙面である。実物のカクテルグラスがそこにあるわけではなく、しかも単なる紙面や紙面上に描かれた〈図〉と〈地〉の抽象的な布置関係があるわけでもない。あくまでもカクテルグラスは描かれたものであって、カクテルグラスそのものではない。とはいえ、単なる紙面上の布置関係でもない具体的な一つのカクテルグラスがそこにある。

以上のようにゲシュタルト図形の知覚では、実に奇妙なことが起こっている。Aと〈A＋B〉との間に動揺があるという、まさにこのことが、描かれたカクテルグラスの知覚にとっては不可欠な要件となっている。すなわち、Aと〈A＋B〉との区別の危うさが〈図〉としての――実物ではなく単に描かれたものとしての――カクテルグラスを成り立たせているのである。しかし、それでもAと〈A＋B〉とは互いに区別されなければならない。なぜならば、この区別ができないと、実物でも単なる紙面上の歪んだ線でもなく、ほかならぬカクテルグラス（A）が、しかも描かれたもの（〈A＋B〉）として知覚されることはないはずだからである。これと同様に、両者が区別できないと、実体性の交互限定に入るべき二項――二様の質料（Aと〈A＋B〉）――が定まらず、交互限定そのものが始まらない。実体性の質料が与えられるためには、Aまたは〈A＋B〉のいずれか一方を絶対的総体として限定できるのでなければならないのである。実体性の質料が呈するこうした奇妙な特性を、フィヒテは「限定可能性 Bestimmbarkeit」と呼んでいる（343）[37]。

ところがここで問題が浮上する。というのも、水の例からも推察されるように、絶対的総体をAとするのか、AとBを含めた〈A＋B〉にするのか、これは一般的には決められないからである。しかしそうなると、実体性における交互限定は不可能となり、交互限定が一般的には成り立たないことになってしまう。総体が不定であるため、われわれは二様の総体の間を動揺せざるをえない。あるいはそれ以前に、そもそも総体を二様に想定することすらできない可能性もある。ゲシュタルト図形の例でいうと、実物か絵かの区別も意識しないまま、単にカクテルグラスを知覚して終わる、ないしは意味不明の紙面をそこに見る、といった場合もありうる。二様の総体が区別できない可能性とは、たとえばこれらの場合に対応するような事態であると考えればよいだろう。しかしながら、あくまでも二様の総体がともに成立して、しかもいずれか一方が総体として固定されなければならない。それを保証するものは、いったい何であるのか。

相対的根拠と絶対的根拠

まず、実体性の形式、すなわち相互廃棄（除外）が質料となる絶対的総体の限定可能性を基礎づける――そのような限定が可能であることを保証する――という考え方が成り立つ。自覚的か否かを問わず、ともかく総体からあるものが除外されることで、限定されたAや、AとBを含む無限定の質料総体〈A＋B〉が形成され、いずれか一方が絶対的総体に決まるのであるから、限定可能性を基礎づけているのは相互廃棄である。このような考え方をとる立場が設定可能である。これは、単に「除外されている」ということのほかには限定が可能になる根拠はなく、ただ単に除外されることによって限定が可能になるという考え方である。したがって質料となる絶対的総体の定め方はあくまでも「相対的 relativ」であることをまぬがれない（345）。現代風にこの立場を表現すると、相対主義の（科学）方法論ないしは、ある種の規約主義ということになるだろう。これは何がどのように定義されるかということに最終的な根拠はないと主張する立場である。

これとは逆に、そもそも絶対的総体があらかじめいずれか一方に決まっているために、除外なり相互廃棄は起こりうる、という考え方も成り立つ。「水」が素朴に理解される――Aが絶対的総体となる――ため、そこから燃焼Bが除外される。他方ではまた、化学者の見方がそうであるように、燃焼性を含めた水の性質の限定可能な総体が理解の前提になっていれば、燃えない水Aのほうが除外される。質料が定められていることで、初めて実体性の形式が可能になっているのである。Bが除外されてAが絶対的総体となるのか、Aもまた除外されて〈A＋B〉が絶対的総体となるのか。なるほどこの二者択一は相対的でしかないにしても、ともかくこれら二様の絶対的総体が選択肢として区別できていなければ問題は始まらない。この区別を保証する、知られていない何らかの規則が存在し、事実上の二者択一が初めて可能になっている、と考えるのが第二の立場である。この意味では底無しの相対性から脱却した考え方だといえよう（ibid.）。現代風にいえばパラダイム論である。パラダイム論は通常、しばしば相対主義の一形態として理解されるが、この立場から提示されるのは、あくまでも諸パラダイムを貫く普遍的な尺度の不在という論点から帰結する相対性であり、特定のパラダイムのもとで採用される方法や思考様式などが、固有の定形性（範型）を示すという見解である。[38] それゆえこの点では以上のように、底無しの相対性から脱却した考え方の一形態として、パラダイム論を例にあげても差し支えないであろう。

さて、相対主義ではAと〈A＋B〉のどちらを絶対的総体としなければならないかと問われれば「どちらでもない」(346) と答えざるをえない。どちらか一方を採用する規則の類いは完全に欠落しており、根拠のない除外によって選択肢の区別が成立する。パラダイム論は、もともといずれかが採用されているのであって、それが変更されるときにも、自覚的であろうとなかろうと二様の総体を区別する規則にもとづいて選択肢が成立し、その上で二者択一がなされていると主張する。しかしながらこの立場から当の規則が提示されることはない。ただそうした何らかの規則の類いが「在る」と主張されるにとどまるのである。そのような規則の類いは、当面のところ――実際は永遠に――未決定のままにされる。事実としてAか〈A＋B〉のいずれか一方だけが採られていることから、一方を絶対的総体に固定する以前の、二様の総体の区別を可能にする基準ないし条件が根拠として存在すると主張されるのである。しかしながらその基準ないし条件が何であるのかは不明であるため、パラダイム論は「パラダイム」という不明瞭な何かがその種の区別を可能にしていると主張することで、この問題に対応しているのである。

相対主義は除外によって選択肢が与えられるとするが、現実に何を基準とした除外がなされているのかを等閑に付している。そして、原理的には何を基準としてもよいという断定により、現に採用されている基準が採用されている理由については、その追究が打ち切られることになる。しかし、まさしくこの処置によって、相対主義はその理由となる何かを自明なものとして前提しているのである。これに対し、パラダイム論は事実として選択肢の一方が絶対的総体として採用されていることとをもとに、除外による絶対的総体の限定を可能とする何か――パラダイム――が「在ること」までを主張する。しかしパラダイム論では、その何かが諸パラダイム貫通的な普遍性をもって解明されることは当初から否定されており、この基本了解によって結局パラダイム論という立場それ自体が相対的でしかないことの自覚に至る。このように、外見上は相互に対立（反立）する二つの立場でありながら、双方とも他方の一面を拠り所とし、また帰結しながら、相互補完的に成り立つともいえるような、互いに対照的な立場になっている。[39]

同じ課題遂行の二側面

作用性の形式と質料がそうであったように、二つの立場は第三原則にもとづいて調停されなければならない。絶対的総体を決めるときの相対的根拠（相対主義）と絶対的根拠（パラダイム論）とは、同じ一つの事柄の二側面でなければならないのである。言葉で表現すると奇妙な響きを伴うが、このことは絶対的総体としてAが採られることと〈A＋B〉が採られることとが同一である場合に成り立つ。なぜならば、両者が同じ一つのことであるならば、いずれが選択されようと（選択の相対性）、実際になされている選択は同一となり（選択の絶対性）、そうした同じ一つの事柄が成り立つための一般的な根拠が求められれば事足りるからである。奇妙な事態が求められているように見えるとはいえ、理屈だけで考えればそのようになるはずである。しかし、限定された総体Aと限定可能な総体〈A＋B〉とが同一であるとは、いったいどのようなことであるのか。これを理解するためには双方の立場の成り立ちをより厳密に分析しておく必要がある。このあたりのフィヒテの議論はとてつもなく錯綜している。しかし、かれの議論を後の文脈とつなげて考えると、少なくとも以下のような一解釈は成立するであろう。

ここでもまた水の例をもとに考えることにする。Aが絶対的総体として限定されるとBは無限定だが限定可能な範囲Bをかたちづくる。今、ある観察者が生まれてはじめて燃える水を見たとしよう。この場合、かれの判断としては、大きく分けて二つの方向が予想される。一つはきわめて単純明快で、水によく似た液体だが、水とは別の得体の知れない物質がそこで燃えている、と判断する方向である。あるいは燃えているのは白色の得体の知れない物体（金属ナトリウム）のほうであるとか、発生している未知なる泡（電気分解による水素）であると考えるのもこの方向に含まれる。いずれにせよ水が燃えているとは判断しない方向がこれである。われわれにとってはごく常識的な受け取り方だともいえよう。しかし、この場合にはそもそも問題は始まらない。ナトリウムのことも電気分解のこともまったく知られていない現時点では、水とは無関係のことがたまたま起こっているものとして、ただそれだけですませるほかないからである。問題が始まるのはもう一つの方向であり、燃えているのはやはり水であると判断する方向である。以下ではこの方向を検討するが、この方向はさらに二通りに分けられる。

第一に、不燃物の権化ともいえる「水」に燃焼Bを帰属させる方向が想定できる。この場合、不燃性の水についての知識Aは絶対的総体の身分から除外され、AとBを含む無限定の総体〈A＋

B〉が、事実上は想定されている。それにはまだ指示する言葉を当てることすらできない。とはいえ、それでも〈A＋B〉はあくまでもAにもとづく何かだと考えるほかない。というのも、そうでなければ燃える液体が「水」だと判断されたことにはならないからである。知識Aとしてすでに知られていた諸性質の担い手が「水」という実体であり、燃焼Bはこの実体の新たに発見された属性としてこの担い手に付加される。燃える水を前に、すでに知られていた「水」についての知識が、水とは無縁にすでに知られていた「燃焼」についての知識と遭遇したのである。そして水についての知識から燃焼Bが除外され、あくまでもAの担い手が「水」だとされる。水が燃えていると理解する場合、われわれの常識はほぼこの考え方に支持を与えるのではなかろうか。

しかしながらこの理解においても、実はAが絶対的総体（実体）としての身分から退いている。そして、実体ではなくなったAが、それまでは無関係だと思われていたBと並んで「水」の範囲を満たすようになったことは認めざるをえない。とはいえ、Aは水にとって「本質的なもの」であるのに対し、Bは水にとって「偶然的なもの」と位置づけられている。さて、これが重要な点であるのだが、ここで除外されたBは、水とは無縁なものと考えられていたにしても、それまで知られていなかった意味不明のものかというと、そうではまったくない。Bすなわち「燃焼」は、そのものとして何ら未知なる側面をもちあわせていないのである。むしろBは明確に限定された既知の事柄にほかならない。燃焼がそれまでの限定を失って未知なる未限定な事柄となるのは、それが意外にも水の知識Aと結びつくからにほかならない。このことからも分かるように、水についての理解を維持しようとして、水にとってはたかだか偶然の性質だということで除外されるのは、無限定な〝燃えもする水？〟〈A＋B〉の一限定へと変容を遂げた不可解な「燃焼？」Bなのである。

このように、Aによって〈A＋B〉を限定しようとするときに除外されるのは、事実上〈A＋B〉に関係づけられたBである。Bは通常よく知られていると考えられていながらも、実はどこまでも未限定であり、まだ知られていない膨大な領域だともいえる。燃える水を目撃して、まさにこの真相が、にわかに顔を覗かせたということである。この点、限定された既知のAでは回収できない〈A＋B〉の側面が、未限定となったBに関係づけられて除外されたと考えてもよい。〈A＋B〉はそれ自体として考えると徹頭徹尾わけの分からないものであるから、本来はそれについて何も語りようがない。それはAとの関係で考えようとしても考え切れるものではなく、未限定となったBとの関係でしか保持されえなくなっている、と理解してもよいだろう。Aとの関係では未限定のBが除外されて、Aが絶対的総体（実体）になるとは、実際には以上のようなことである。

燃える水を「水」と判断するもう一つの道では、Aが特権化されない。すでに知られていた「水」についての知識Aから燃焼Bが除外されると同時に、もはや限定されたものではなくなった知識Aもまた除外され、未知なるもの〈A＋B〉によって「水」の全範囲が満たされる。この場合には燃焼性だけでなく、不燃性を初めとするAのすべてもまた偶然の事柄と理解される。それまでは限定されていた既知のAも、また新たに未限定となったBも、ともに〝燃えもする未知なる水？〟〈A＋B〉にもとづき、AとBはこの〈A＋B〉が或る条件のもとで限定された特殊な範囲に相当すると考えられている。〈A＋B〉は今のところは無限定だとはいえ、いずれは限定されると期待される限定可能な総体（実体）であり、AとBはともにこの実体にとっての属性であるという考え方に相当する。前段の考え方とは異なって、この考え方においては〈A＋B〉がはっきりと絶対的総体（実体）として想定（定立）されている。

この場合、かつては完全に限定されていたAが、新たに想定された〝燃えもする水？〟〈A＋B〉の、まだ知られていない条件下で限定される特殊な範囲として設定されている。事実上はまだ知られていない、こうした限定関係の総体こそが、絶対的総体（実体）になっているのである。方法論的に考えると一歩前進したかに見える。しかし〈A＋B〉が絶対的総体とされるとはいっても、それはもともと何とも語りようのない〝何か？〟でしかない以上、限定された既知のAと関係づけて考えるか、あるいは未限定となったBとの関係で考えるか、このいずれかの仕方でしか考えようがない。どのような条件のもとで〈A＋B〉が燃焼Bと結びつくのか、その具体的な条件がまだ解明されていない段階では、限定されたAと未限定なBとの関係で〈A＋B〉の限定を図る以外に、われわれ（わたし）は解明の課題を設定することすらできないのである。〈A＋B〉が絶対的総体（実体）になるというのは、それとAおよびBが関係づけられながらも、実際にはただAとBの関係づけが図られていることなのである。

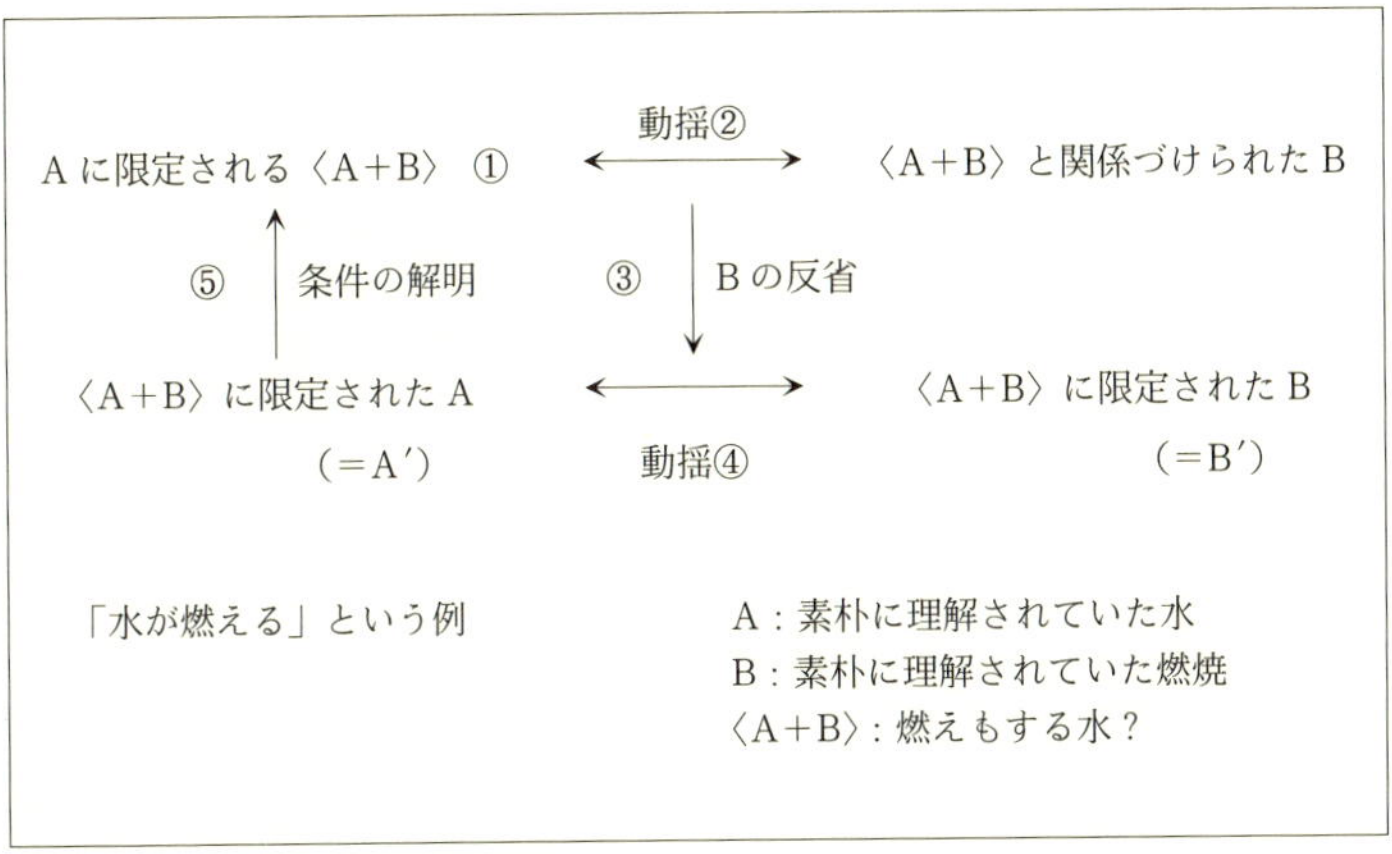

規準となる円環的な関係性

以上のことを、ここでいったんまとめておこう。既知のAを絶対的総体にして無限定な〈A＋B〉を限定しようとすると（①）、〈A＋B〉と関係づけられたBが除外されて、どのような条件のもとで〈A＋B〉とBが関係するのかが解明されるまでは限定と無限定のあいだを動揺するほかない（②）。すでに用いたゲシュタルト図形の例でいうと、この情況はカクテルグラス（図）と紙面全体〈図＋地〉のうちの漠然とした背景（地）との間の動揺に相当する。ここで、Bが反省されると（③）、無限定な〈A＋B〉が、かつては限定されていたAを限定していることが分かり――単に描かれたものにすぎないカクテルグラスという明確な知覚――、カクテルグラス（A）を限定する紙面全体〈A＋B〉が絶対的総体になる。しかし〈A＋B〉がどのような条件のもとでAを限定しているのかはまだ不明である。そして〈A＋B〉に限定されて新たに未限定となったA――実はAそのものではなくA′——と、すでに未限定となっていたB——実はBそのものではなくB′——との間で動揺が起こる（④）。同じ一つのゲシュタルト図形が、かつて〈地〉であった部分（B）を注視した結果、Bのほうが〈図〉となり、カクテルグラスではなく、互いに向かい合った二つの横顔となる。この有名な反転図形の例で考えれば、Bの反省によって二つの横顔が現れ、Aの反省によってカクテルグラスが現れる、そうした一つのゲシュタルト総体〈A＋B〉が、カクテルグラスと横顔のどちらでもあり、それらのいずれでもないような、無限定で未知なる何かとして想定されることに対応する。

この後はAまたはBによる〈A＋B〉の限定が果してどのような条件にもとづいて成立するかが解明の課題となり、この条件を解明してAについての知識に取り込むことによって、Aだけで〈A＋B〉が限定されるように解明作業が進行する。ここで目指されているのは、新たに限定されるA′によって、当初は無限定であった〈A＋B〉を限定することであり（⑤）、これはかたちのうえで出発点にあった既知のAによる無限定で未知なる〈A＋B〉の限定と同型であり、限定の達成にほかならない。つまり、無限定の〈A＋B〉はこのプロセスで暫定的に想定（定立）されるだけの、それ自体は存在する必要のない単なる仮設なのである。直接的に扱われているのは限定された既知のAと、これとの関係では未限定のBになっていることは認めざるをえない。絶対的総体がどのように設定されるのかという事後的な問題整理に先立って、こうした一連のプロセスを背景にAとBとの遭遇が起こっている。絶対的総体がいかに成立してくるのかは、このプロセス全体のうちで、どの一面に注目するかで違って見えるだけである。そしてAと〈A＋B〉といった二様の総体を成立させ、互いの区別を可能にする基準とは、このプロセス全体に認められる一にして同一の円環的な「関係性」にほかならないことが判明する。

相対主義とパラダイム論にそれぞれ対応づけておいた二つの立場は、二様の絶対的総体（実体）をめぐる争いを演じていた。相対主義の立場では、そもそも二様の絶対的総体が根拠のない除外によって成立するとされているのであるから、二様の絶対的総体のうち、一方の採用を求めるような規則はもともと存在しない。それでもあえて、どちらが採用されるべきであるのかと問われれば、結局のところ「どちらでもよい」と応えなければならないことになる。これは除外の任意性によるもので、同時にまた「どちらでもない」ということでもある。質料がどのようなものであれ、絶対的総体からの相互的な除外という形式に立脚して選択肢を定めるこの立場は、このように一貫した形式主義である。これに対してパラダイム論の立場は、どちらかの絶対的総体が現実に採用されているのであり、いずれかが実際に採用されている以上、絶対的総体の選択肢を区別する基準が確固として存在していなければならないと主張する。質料のほうが定まっていてこそ形式が成立すると考えるこの立場は、形式主義に対して、現に質料が二様に定まっていることを重視する事実本位の実質主義である。

関係の完全性と基体なき実体性

さて、争点となっている二つの絶対的総体（実体）は、互いにどのように反立しているのであろうか。未知なる〈A＋B〉を水の絶対的総体と考え、AもBも本来は優劣の差がない「単なる属性」だと理解するのが、上記二つの立場をともに視野に収めたときに認められる、第一の立場の特徴である。これに対して、Aの「担い手」を未知なる「水（?）」の絶対的総体と考え、既知のAをその「本質的属性」として理解する一方、Aとの関係では未限定のBを「偶有的属性」として理解するのが、第二の立場の特徴である。後者の立場においてはAの「担い手」を実体としながらも、「水」と呼ばれていた実体がもはやAによっては限定されない未知なるものとなっている。そしてAとBは、この未知なる実体が担う、互いに身分の異なった属性として位置づけられているのである。他方、前者の立場では未知なる〈A＋B〉が「水」の実体——あらゆる属性の担い手——とされ、AもBも身分の同等な属性として位置づけられている。

以上のように、燃焼を水に帰属させるかぎり、いずれの立場においても限定されていた「水」は未知なる総体となる。ここで、AとBの身分の違いを度外視すれば、第一の立場で想定されている実体——絶対的総体〈A＋B〉——と第二の立場で想定されている実体——Aの「担い手」——とは、まったく同様に想定されている「未知なるもの」という点では差異がない。また、この未知なる絶対的総体とAおよびBとの関係も、AとBに身分の違いを認めるか否かという問題を除いては、同様に理解されているのである。このように、限定されていたものが未限定な未知なるものとなること、そして、限定されている既知のことをもとに未限定で未知なるものを解明しなければならないということ、これら二つのことは、異なって見えた二つの立場において同一に成り立っている。

〝燃えもする水？〟〈A＋B〉という未知なるものを解明しようとすれば、いずれにせよAとの関係では未限定であったBを、Aとの関係で調べていくだけであり同じことである。そして、燃焼Bと未知なる総体〝燃えもする水？〟〈A＋B〉が結びつく条件を、金属ナトリウムとの接触や電流の存在、等々と調べていき、Aに水素を成分とする物質ということが加わり、Bに酸化過程の一種ということが加われば、もはや未知なる〈A＋B〉は無用の想定となる。こうしたプロセス全体に見られるように、いずれ無用となる〈A＋B〉――AとBの担い手――に限定されているかのように想定されながらも、AとBは上記のような一つの円環的な関係性のもとで直接かつ無媒介に接触し、ともにその性格を変貌させていたのである。

ここでは「担い手」という表現で実体のイメージをだしておいた。しかし、燃える水の例で、結局のところ〈A＋B〉が無用の想定となって終わったように、われわれが実体を定めるときに実際に行っているのは一つひとつの属性を関係づけることだけである。にもかかわらず、属性の未知なる或る総体が観念的な働きによってわれわれから独立に在るものであるかのように想定され、その総体が実体と呼ばれている。しかしそこに認められるのは、二通りの絶対的総体（実体）の定め方のいずれをも、すでに確認したような「同一の関係性」が貫いているということである。フィヒテはこうした事態を特徴づけて「関係の完全性 Vollstandichkeit eines *Verhältnißes*」と呼ぶ（349）。「諸属性が総合的に統一されて実体を与える。そして、実体の中には諸属性以上のものは何も含まれていない。実体は分析されると諸属性を与えるのであって、実体が完全に分析された後は、諸属性のほかには何も残らないのである。持続的な基体、すなわち諸属性の或る担い手といったものは考えるべきではない。一つの属性はそれ自身の担い手であると同時に、それに反立する属性の担い手でもあり、そのための特殊な〔別の〕担い手は不要なのである」（350）。

かくして相対主義とパラダイム論と呼んでおいた二つの立場は関係の完全性という同じ土俵の上で争いを演じていたことになる。Aと〈A＋B〉のいずれを絶対的総体としても、問題とするのはAと〈A＋B〉との限定関係――そしてこれと表裏する、Bと〈A＋B〉との限定関係――である。Aと〈A＋B〉のどちらを絶対的総体に選んでもよいし、いずれを選んでも同じ課題を遂行することになる。したがって実際上の争点は、水にとってAが本質的な属性か単なる属性の一つでしかないのかという一点だけである。そしてこの対立は第三原則の限定の規則によって容易に調停される。Aに含まれる不燃性は部分的に成り立ち、部分的には成り立たない。既知のAは金属ナトリウムや電流その他が不在のときには成立する、ということである。これらの条件が具体的に知られていない段階でも、関係の完全性を標準〔規準〕としてそれに依拠するかぎり、Aが部分的に妥当するということまではいつでも主張できる。そしてBについてもまた事情はまったく同様である。こうした関係の完全性に定位するのであれば、Aの知識を「本質的」と呼ぶか否かは基本的にどこまでも自由である。このようにして、相対主義が「ない」と主張しパラダイム論が「ある」としながら示せなかった基準や規則が提示された。それは、いずれの場合においても同一な「関係の完全性」を規準とする、以上のような限定ないしは制限の規則なのである。

限定可能な関係態としての質料

ここまでの検討から分かるように、実体性が実際上の質料としていた総体はAでも〈A+B〉でもなく、事実上は関係の完全性を背景にして現れた一つの関係態となっている。しかしながら、これにはまだ呼び名がない。ただし、未知なる〈A+B〉が、まだ無限定でありながら限定可能なものとして振る舞っていることは確かである。フィヒテはそれを、限定されたA――またはAとの関係では未限定なB――と無限定な〈A+B〉とが互いに基礎づけあっている「限定された限定可能態 Bestimmte Bestimmbarkeit」と呼び、この総体こそが本来の「実体」であると主張している(347)[40]。抽象的な表現で困惑するが、燃える水を前にしてそれまでの水についての知識Aが限定されていないものに変容し、燃焼についての知識Bと共に未知なる総体〈A+B〉に支えられた部分領域として捉え直されている、ということである。これと同時に水の燃焼を前にしてBもまたそれまではまったく無縁であったAと遭遇し、互いに干渉し合いながら今までのようにはっきりと限定されたものではなくなる。そして、Aと同様、〈A+B〉に支えられた部分領域として捉え直される。このようなAとBの関わり合いを「限定された限定可能態」と呼んでいるのである。

ゲシュタルト図形でいうと、紙面上に描かれたものとして知覚されるカクテルグラスが〈A+B〉に支えられた部分領域Aに、紙面上に描かれたものとして知覚される二つの横顔が〈A+B〉に支えられた部分領域Bに、それぞれ対応する。いずれも〈図+地〉に支えられた部分領域としての〈図〉であるが、AとBのどちらが注視されて〈図〉となるかに応じて、紙面上に描かれたカクテルグラスという知覚、あるいは紙面上に描かれた二つの横顔という知覚の一方が成立し、しかも相互に反転する。そして、仮にこのように奇妙なことが起こる根拠を求め、二様の知覚を支える〈図＋地〉そのものを知覚しようとしても、それは不可能かつ無意味な企てとなる。燃える水の例もこれと同様に理解してよいだろう。厳密ではなくなるが、ようするに「限定された限定可能態」とは、既知の事柄Aとそれとの関係がまだ分かっていない事柄Bとを総括した「解明の課題」のことである。趣旨としてはそう了解しておいてよいだろう。

フィヒテは以上のような捉え方をもとにして、Aが「絶対的限界 absolute Grenze」を与え、また〈A＋B〉がAの「内実 Gehalt」を与えると述べている（ibid.）。これは燃える水に対して既知の水（A）という限界を設け、そのうちに燃焼をも含めた内実〈A＋B〉を収めるということだと理解できる。ところで、作用性の分析で検討した「本質上の反立と実在的な相互廃棄の同一性」が、ここではより包括的に特性づけられたことになる。水と燃焼という本質の上で相互に反立し、水が消失しながら燃焼する実在的な相互廃棄の現場を、フィヒテは関係の完全性のもとでより根本的に特性づけることに成功しているからである。「本質上の反立と実在的な相互廃棄の同一性」では消失する側か生起する側の一方に焦点が定められて終わるほかなかった。これに対し、関係の完全性では双方が織り成す関係性のもとで、その射程ないし視野が両者に及ぶということである。ここでは再び、ゲシュタルト図形をもとに理解するのが有効だろう。

ワイングラスが知覚されつつも〈地〉の部分は背景として保持され、反転を通じて今度は向かい合った二つの横顔が知覚される。しかしながら、それまでのワイングラスは単純に消失するのではなく、背景の〈地〉へと後退しつつ保持されている。そしてさらに〈図＋地〉と〈図〉とが結び付いた関係態として、再度ワイングラスが知覚され、反転を通じてまた二つの横顔が知覚される。このように回帰する円環的な関係のもとで、消失する側と生起する側の両者が相互に役柄を交代しつつ、視野のうちに双方とも常に保持されているのである。しかし、関係の完全性はいまだ一つの可能性であり、これまで検討したことはそれが可能な――本当に完全である――かぎりで成り立つことでしかない。かくしてその可能性を追究する、知識学の新たな理論的課題が、改めてここに浮上している。

批判的観念論による基礎づけ

現段階で到達した関係の完全性が批判的観念論の立場とどのように関わるのか、この問題の討究がこれからの課題となる。これまでと同様、フィヒテは関係の完全性が実際に成り立っているものとして、それが常に成り立つのは如何にして可能であるのかということを当面の検討課題としている。そしてもしも関係の完全性が批判的観念論によって基礎づけられるのであれば、現時点で浮上している問題は一つの解答を得ることになる。しかし、こうした基礎づけは、批判的観念論によって不備なく達成されるのであろうか。

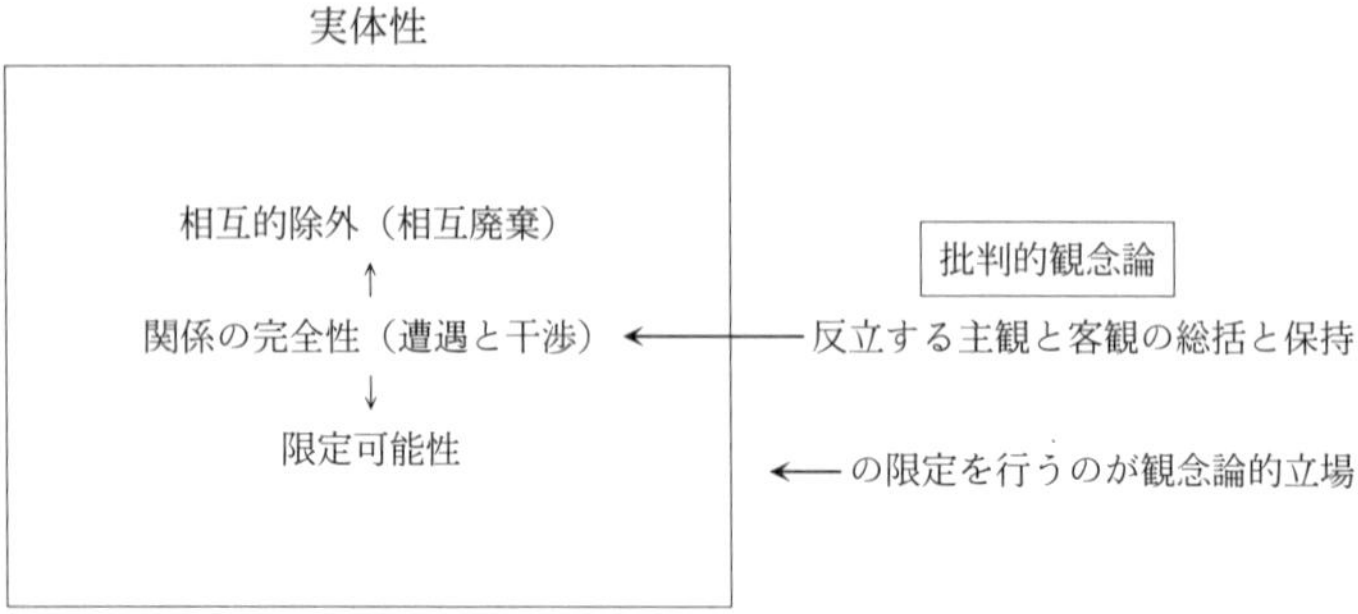

批判的観念論の自我は、反立する非我を除外することで自らを限定された働きの総体（主観）として定立し、同時にまた限定可能な非我の範囲（客観）を自らのうちに保持する。逆に、このような保持が自我にとって可能であるため、批判的観念論の自我はそれ以上の根拠に訴えることなく、自らを限定された働きの総体（主観）として定立することができるのである。これに対して、総合統一としての実体性は関係の完全性であった。そして上記の円環的な関係性が完全であるかぎりでのみ、実体性に入る質料は、絶対的総体から相互に除外された「限定された限定可能態」という関係態として成立できたのである。水と燃焼とがそうであったように、実体性の交互限定に入る反立した二項――二様の絶対的総体――の遭遇と相互干渉が、そこに認められる大きな特徴であったといえる。こうした関係の完全性を批判的観念論によって基礎づけようとする立場がここで設定できる。

この立場はしかし、どのようなものとなるのであろうか。批判的観念論の自我は主観的なものと客観的なものとを互いに反立させ、しかも両者を限定可能なものとして総括し保持する。そうした自我の働きは、実体性の質料となる二様の絶対的総体を反立したまま遭遇させ、また互いに干渉させる。フィヒテは以上のように実体性を基礎づける立場を「観念論的 idealistisch」と性格づけている(353)。すでに用いた水の例を用いて説明すると、水に反立する燃焼を除外することで「不燃性を示すかぎりでの水」という限定された総体が成立し、限定可能な「燃焼」の範囲を含む包括的な範囲が保持される――しかもこの逆が成り立つ――が、このことは上記のような自我の働きによって初めて可能であると考えるのが、ここでフィヒテのあげている立場にほかならない。自我の働きに拠点をおくという、この一点だけをとりあげても、この立場が観念論的であることは分かる。しかしこれだけではこの立場の特性が明確になったとは言い難い。そこで次に、この立場の特性についてさらに考えておくことにしよう。

観念論的な立場の特性と限界

まず、作用性の分析から呈示された間接的定立の法則をより深めた法則が、この立場によって発見されていることが分かる。実体性の分析を通じて新たに発見された法則では、互いに反立する二項――たとえば水と燃焼――が「自我の一つの働き」によって、反立したまま共に保持される。この点はすでに確認した。そして、二項が反立したまま保持されることにより、水について既知のことをもってしても、また燃焼について既知のことをもってしても、まったく及ばないような、未知なる総体としての「水(?)」が自我の働きから独立に在るかのように定立される。新たに限定されて成立した主観（知る者）は、知る働きから独立で客観的かつ実在的な未知なるものに直面している、といった様相を呈していたのである。こうした構図にはしかし、決定的な重要性が認められなければならない。というのも、仮に未知なるものが知る働きにとって、まったく及びもつかないほど隔絶しているのであれば、それは未知なるものであるどころか、端的に無であるほかなくなるからである。この意味で未知なるものは無いということにもなるだろう。しかも未知なるものは、知る働きが及ばないという性格をあくまでも維持しつつ、それでも知る働きと関係していなければならない。というのも、仮に知る働きに抗する性格が維持されないのであれば、知る働きが浸透していることになり、それはすでに未知なるものではなくなってしまうからである。このように、何かを知るべきこととして、すなわち課題として引き受けることができるためには、知る働きに反立するものを反立したまま保持するということが不可欠な条件となる。そして批判的観念論の自我はまさしくこのことを保証しているのである。未知なるものが自我の働きから独立に在るかのように定立されるのは、以上のような知のメカニズムによることがここに判明したといってよいだろう。

しかし、作用性において働きが制限されること、すなわち〈制限された能動性＝受動性〉の根拠――質的実在論の限定者、および量的実在論の限定――が主観の外部に求められたのとはまったく異なり、実体性ではその根拠が徹底して自我の働きそのものに求められている。そもそも「自我は自らを限定する」という命題の分析から実体性が得られた点からも分かるように、実体性を成り立たせる根拠、すなわち能動性（独立的能動性）は自我の働きそのもののうちになければならない。

そして自我が以上のように自らを「主観」として限定すること――限定された知る働きの成立――と相表裏して、無限定ではあるが限定可能な客観が実在性を伴って成立し、しかも知る働きに反立するこの客観が、働きのうちに保持されることが明らかにされた。水を知る知り方に対して、未知なる「燃焼（?）」は〝燃えもする水?〟と結び付けられ、反立しながら保持される。フィヒテの提示した新たな観念論的立場では、こうしたメカニズムが知る働きそのもののうちに基礎づけられる。忖度するに、かれはこのメカニズムが暗黙裏にあらゆる観念論的な立場に底流する、広汎かつ基本的な特性だと考えて、質的、量的などの派生的な形態に狭く限定された修飾を行わずに、ただ「観念論的」と呼んだのではなかろうか。しかし、ともかくもこの立場において、働きに反立するものが保持されるメカニズムまでは十分自覚にもたらされたことになる。

以上のように、観念論的な立場は絶対我――知が現象する働きの場――のもとに主観と客観が互いに反立しながら保持される構図を見事に示している。しかしながら、定立の働きはあくまでも観念的で主観的な働きでしかない。自我のうちに主観的なもの――上記のメカニズムをもつ知る働き――が定立されていることまでは説明できても、主観的で観念的な働きを反省するだけの自我のうちに、未知なるものが客観的で実在的なものとなるべく除外に先立って「現存 Vorhandenseyn」している理由までは説明できない（354）。たとえば、関係の完全性において、燃焼についての知識Bが水についての知識Aとはまったく別に知られていて、そのうえで前者が除外されることにより、未知なる「燃焼（?）」Bが反立のままに保持される。そして既知の性質Aと、水に関係づけられるかぎりは未知なる性質Bとが、互いに反立したまま保持されて、いわば「燃えもする水そのもの」が解明の課題となる。とはいえ、既知のAと既知であったBは、いずれも当初は未知なる性格を何ら呈しておらず、除外されるに価するような理由をもちあわせていない。にもかかわらず、自我の知る働きのうちには除外に価する何かがなければならないことになる。このようなことがいかにして可能であるのだろうか。批判的観念論がこの可能性を基礎づけるためには、除外を行う以前から、主観に反立するものが客観となるべく自我のうちにもともと現存する理由を説明しなければならない。というのも、自我のうちにそのようなものが「仮に」現存すれば主観的なものと共に保持される（wenn-so）というだけでは、関係の完全性を基礎づけたことにはならないからである。しかし、観念論的な立場はこの「仮に」という条件つきでこれを保障しているだけで、除外されるべきもの――知る働きに反立するもの――が、知る働きに貫かれた自我のうちに何ゆえ「現に存在する」のか、この説明されなければならないことを説明できないのである（vgl. 349）。

批判的観念論を基礎づける立場

そこで次に、総合統一された実体性の側から批判的観念論を限定し基礎づける立場について考えてみよう。関係の完全性はこの立場の前提である。水が燃える現場に直面したときのように、既知の知識からすると互いに反立する本質をもった二項が遭遇し、あるいは「接触 Sichberühren」することがすなわち、自我において主観的なものと客観的なものとが総括されて保持される根拠であ

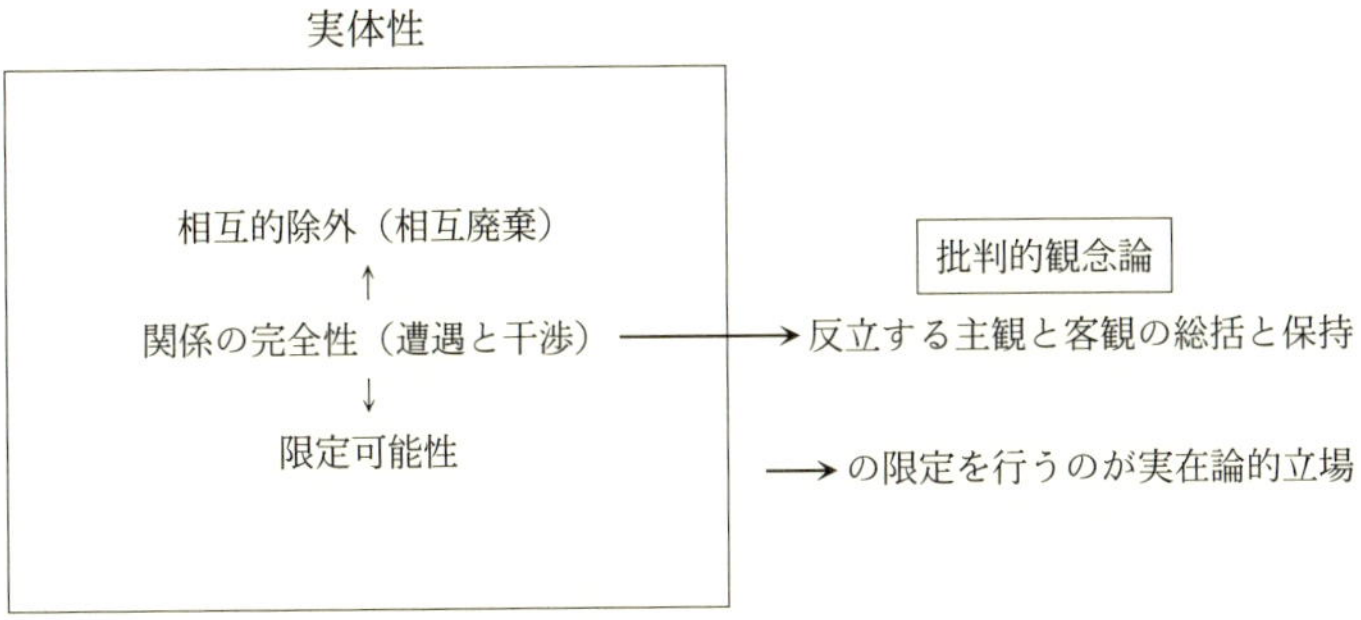

る。先の観念論的な立場においては、自我のうちに客観となるべきものが除外に先立って現存する理由が説明できなかった。これに対して、ここで登場した新たな立場においては、批判的観念論の自我の働き方そのものが基礎づけられるのであるから、客観となるものがもともと自我のうちに現存していることを要求する必要はまったくない。実体性の分析で確認されたように、実体とは関係の完全性によって維持される諸属性の総体であり、それらを超えた属性の担い手ではなかった。「総体は関係の完全性というかたちで存立するのであって、実在の完全性というかたちで存立するのではない」(349)。燃える水についても、主観は知る働きの及ばない実在や客観に直面しているわけではないのである。水についても燃焼についても、単独には未知なるものは何もなく、水と燃焼を超えた得体の知れない実在や客観が、それらと別に現存しているわけではない。ただ水と、水との関係では未限定な燃焼とが遭遇し、互いに干渉し合っていることだけが未知なのである。「燃える水」を前にして、燃焼と水との遭遇、および両者の間の相互干渉を認めうるために要求されなければならないのは、ただ奇妙な白い物体が燃えているだ

けであると見なして終わるとか、白日夢を見たとしてすまさないように、まずもって自我の知る働きがこれを素通りしないことである。そして、既存の知識に埋没していられないような或る「はどめ」が掛かれば、前記のような自我の知る働き――反立する主観と客観の総括と保持――を発動させる出発点としては十分である。フィヒテは自我にとってのそうしたはどめを指して「衝撃Anstoß」と呼んでいる（355）。この立場は、経験のもとにある自我に対して、いわば未知性を無限小にまで縮小したこの衝撃だけを要求するのである。(41)

実在論的な立場の特性と限界

この新たな立場に立つ自我は、量的実在論の自我がそうであったように、自らがあらかじめ経験の中に置き入れておいたものを謙虚にたずね歩く。鏡に写る自己の像を在るがままに受け取ろうとして経験を続行するのである。水は燃えず、燃えるなら水でない。水は火を消すときに使うものである、等々。ここで新たに登場した自我はこうした基本了解を虚心坦懐に、しかも経験の細部に至るまで素直に維持し、その場かぎりの安易な納得へと知の働きを逸らそうとはしない。批判的観念論の段階で、すでに自我が自らを限定することを自覚しているため、この立場に立つ自我は在るがままの自己像を経験から受け取ろうと努め、むしろ自らの二次的な知の働きがこの像を乱さないよう徹する。自らの知る働きをかぎりなく透明にした自我が謙虚に経験のもとに身を置く姿である。ところが、そのような自我であっても、たとえば水が燃えるのを目撃したときのように、自らの働きのうちに根拠をもたない衝撃によって、もはや従来どおりの知る働きとして進展できなくなることがある。こうした衝撃を受けて、それまでにもっていた水の知識が限定されたものではなくなり、無限定でありながら限定可能なものに変容する。そしてこの衝撃を機に自我は、知る働きとしての自分自身を新たに限定し直すよう命じる「課題 Aufgabe」を、自ら引き受けるのである（ibid.）。衝撃的な事件に直面して従来のものの見方や考え方が大きく動揺し、それまでのものの見方を根本的に限定し直されなければ従来の知識はもとより、すべてが根拠なき幻想に転落するかのように思えるときがある。ここでは、その種の深い懐疑の場面をイメージすればよいだろう。そしてこのイメージで以上の議論を補完すると、フィヒテの主張が実感につながるのではなかろうか。かくして、現実の外側に知られえぬ支え――たとえば経験世界を超えた〝燃えもする水？〟といった不可知の実体や〝ワイングラスかつ向かい合った横顔〟という知覚経験を超えた不可知の〝真相〟など――を求める動機が、実は徹頭徹尾ほかならぬこの〈現実＝夢〉の内側にあるということもまた、ついにここで自覚にもたらされたのである。

フィヒテはここにあげた立場を「これまで提示されたすべての実在論よりも、はるかに抽象的な実在論」と特徴づけている（ibid.）。忖度するに、これは自我が知る働きの能動性を可能なかぎり棚上げにして、自らを透明にした立場であることを特徴づけているものと考えられる。程度の差はあっても実在論一般に底流した広汎な姿勢であるため、フィヒテは単にこれを「実在論的」と呼んでいるのであろう。それは質的実在論のように自我の外に存在する非我を想定するのではない。また、量的実在論のように自我のうちに限定がある事実を主張するわけでもない。「それ〔限定〕は能動的な自我の自発性によって初めて完成されるべきものであり」、この立場はその意味での「限定可能性」を想定するだけなのである（ibid.）。自我がどのような仕方で自らを新たな主観として限定し、それによって当面の課題を遂行するか、その具体的な限定の仕方は経験のもとで自発的につくりだされる――当の経験的（可分的）自我にとっては発見される――ほかない。まさしくこうした、人間の有限性を率直に認める立場から、この実在論は課題があることだけを示すに止まるのである。

単なる熱が運動エネルギーに転換しうること、日常的な生産消費活動が全地球規模の温暖化を惹き起こしていること、紙でしかない紙幣があらゆる品物やサービスと交換できること、こうした事態にはじめて出会ったとすれば、自らを自発的に限定し直して事態と向き合うよう課題が課されるであろう。以上の問題については、現在その答えが知られていることになっている。そこで、答えを知る前の状況下に自分があると想定して、日常生活と地球温暖化のように異質な二つの事柄がいかに関係するのかという問題を、書物などで調べている場面をあらためて想像してみよう。すると、初めは自分にとって既知のこと、たとえば化石燃料から生ずる二酸化炭素のことなどを書物の内容に反映させながら、あたかも鏡の像を見るようにしてその書物から受け取っていくだろう。そして二酸化炭素が放射を妨げて熱を残留させるという事実に出会う。燃える水を目の前にしたときのようにである。二酸化炭素、化石燃料、現在の生産消費活動、これらすべてが限定されていたものではなくなり、限定可能な課題にまで変貌をとげる。そのようにして、この課題がものの見方、知り方を自発的に限定し直すよう促していることに気づかされるのである。

しかしながら、こうした自発性の喚起はなぜ起こり、またどのようにして起こるのであろうか。こうした問題をめぐっては、この実在論もまた、これまで分析してきた実在論の諸立場に共通する欠陥を免れてはいない。この新たな実在論の立場において、自我の限定可能性と自我が限定されるべきであるという課題は確かに成り立つ。自我が自らの働きのうちに根拠をもたないものによって、またそのような未知なるものに対して、従来の限定を改めなければならないこと、またそれが如何にして可能であるのかということは説明された。とはいえ、どのようにして「自我によって、また自我に対して」そういった再限定が可能であるのか、このことについては実在論的な立場に留まる以上まったく説明されえないのである（356）。衝撃をすりぬけて知る主体としての自分自身を少しも変えないまま「化石燃料、二酸化炭素、放射の遮断……」という文面をただ呪文のように暗誦し、あるいはそれすらしないまま終わっていくことも実際にはかなり多い。そして、そうならない可能性がいかにして保証されるのかという問題が、現段階でもまだ残されている。

構想力の動揺

では、にわかに浮上した未知なるものに向けてではなく、ほかならぬ自我に対して自らを限定すべきことを要求する、自我の自覚的な自己限定の課題は、いかにして確保されるのであろうか。これが目下の問題である。第一に気づかされるのは、実在論の自我がどれほど自らを透明な働きにしようとしても、衝撃はもっぱら能動的なものに対してのみ起こりうるということである。瑣末な例になるが、ただ単に障害物があるだけでは、誰もそれから衝撃を受けないであろう。本来は能動性をもたない未知なる非我はそれ自体としては知る働きに対するそうしたどうでもよいような〝障害物〟にすぎないのである。というのも、衝撃というものは、あえてそれを克服しようとする能動性に対してのみ起こりうるからである。「自我が能動的であるかぎりでのみ、自我にとっての衝撃は起こる」（ibid.）。逆に、衝撃をつうじてのみ自我は自らを限定しようとする。「衝撃がなければ自己限定はない」（ibid.）。これが理論的な態度をとる自我、すなわち知性我の最終的な立場である。しかしながら、互いに反立するもの同士を総括・保持すること（観念論）と、経験のなかで自我の能動性からは独立な、しかも互いに反立するもの同士が遭遇すること（実在論）とが、なぜこの最終的な立場において同一になるのであろうか。

まずもって遭遇は、互いに反立する二者の間に「限界 Grenze」が定立されることによってのみ可能である（357）。水と燃焼との間に初めから何の限界もないのであれば、そもそも反立するもの同士の遭遇ではありえない。その限界は水素を発生させる条件の在・不在として定立されることになる。この場合、水素は水と燃焼に共通したものでありながら、その発生の有無という点で境界の役割を演じており、それが発生していなければ燃えない水、それが発生していれば燃える水といったように、燃えない水と燃焼の両者を相互に限界づける。限界の定立とは、このように、すでに第三原則に伏在していた反立する二者の総括と保持にほかならない。以上から総括と保持の本質が「或る限界を定立する働き das Setzen einer Grenze」であることが判明した(ibid.)。そこで、以下ではこの限界定立と遭遇との関係で考えることにしよう。

すでに確認したように、遭遇は衝撃によって初めて起こる。もしも自我という知る働きの能動性がそれ自身に委ねられたならば、水に関する既存の知識が経験のなかだけではなく、経験を超えて無制限に妥当するかのように果てしなく広がっていくのと同様、自我の能動性は無限に進んでいく。これはというのも、もともと自我の本質は無制限な自己定立の能動性にほかならないからである。これは第一原則が示すとおりである。ところが、まさしくこの無限性によって衝撃は可能になる。もしも自我の能動性が抵抗に出会って終息してしまうならば衝撃は起こらないであろう。抵抗をどこまでも乗り越えていく能動性であるからこそ、自我に対する衝撃は起こりうるのである。しかし、自我は衝撃を受けて、これを克服するために自らを「限局 Begrenzung」しなければならない。このためには、しかし、自我は自らを定立しないという或る特殊な自己定立を行わなければならなくなる。自らを定立しないかぎりでのこの自己定立が、無限定で限界のない未知なる領域、すなわち非我を反立するのである。実はこれが第二原則の真相にほかならない。何度か用いてきた記号Bがその領域に相当する。しかし、自我は自らが無限であるために、未知なるBを限定された主観のうちに回収しなければならない。これはAによる〈A+B〉の限定に対応する。水の燃焼という衝撃的な例でいえば、自我はあくまでも水に関する既存の知識によって、未知なる総体となった〝燃えもする水？〟を限定しなければならないのである。ところが、自我が〈A＋B〉に相当する無限な能動性を、限定された自己自身（A）のうちに取り込んでしまえば、その能動性は限定されて無限ではなくなってしまう。このため無限であるべき能動性は再び〝自我の外に〟定立されなければならない。そして、まさしくこの段階で〈A＋B〉を未限定なBによって限定する課題が、自我に課されるようになるのである。

実体性における関係の完全性は、実のところ、自我が遂行する以上のような働きの動揺によって不断に織り成されるのであった。このように、動揺しながら無限と有限を総合統一する自我の自発的な能動性を、フィヒテは「構想力の〔という〕能力 Vermögen der *Einbildungskraft*」と呼ぶ（359）。それは自らの外側には何らの根拠もなく働き、むしろ自らの固有な働き方をつうじて、初めて働きの「外側」という表象をつくりだす能力である。かくして〈現実＝夢〉の〝外側にある支え〟は、結局のところ単なる仮象にすぎないものとして自覚され、その種の仮象をつくりだす知性我それ自身の働きから捉え返された。と同時に、前節で見た作用性の分析によっては最後まで解かれえなかった懸案の問題が、ここで解明されたことになる。

有限な理性存在の自己像

なにゆえ観念的なものが実在的なものと相互に転換するのか。いかにして自我の自己定立という観念的な働きが実在的な存在となるのか。これらはすべて説明される。たとえば、われわれは水素が水の構成要素であることを知っている。しかしそれは実のところ原子核と電子から成っている。そして、この知識の延長線上にある物理学の理論を応用することで、実際に水爆というものが作り出される。すると、風船の中の気体や水の成分として水素Aを知るといった、それまでは限定されていた知り方は崩れ、主観の知る働きは動揺せざるをえない。水素・原子核・電子・質量欠損・質量エネルギー……その他から成る未知なる総体〈A＋B〉が、当該の主観に回収しきれなくなり、知る働きの外側に定立されることになる。こうしてよく知っていたはずの「水素（？）」は、原子核や質量エネルギーなどの未限定なBで限定された「限定された限定可能態」という仕方で指し示され、それが本当の実在だと考えられる。このように、構想力の観念的な働きによって、われわれの知る水素は働きの外側に独立して在るという意味での――しばしば実体と呼ばれる――実在に転換される。ときにはこれと逆に、科学書に記された「原子核」「電子」「質量エネルギー」など、それ自体は見ることも触れることもできない〝実在？〟が、経験のなかで圧倒的になじみのある水や水素と比べて、単なる「観念」として理解される。このような転換もまた構想力のなせる技であることが判明した。観念的なものと実在的なものとの相互転換は、このように、現実のなかで実際にしばしば起こっていることなのである。そしてこのような相互転換が可能なのは、互いに反立するものを反立のままに保持する自我の働きが、実在性と観念性の両者をともに自らの働きのうちに保持することで、一方から他方へ注意を移すときに両者の関係が「転換」するためなのである。この点については、反転図形のことを再び思い出してもよいだろう。つまり、両者がともに保持されな

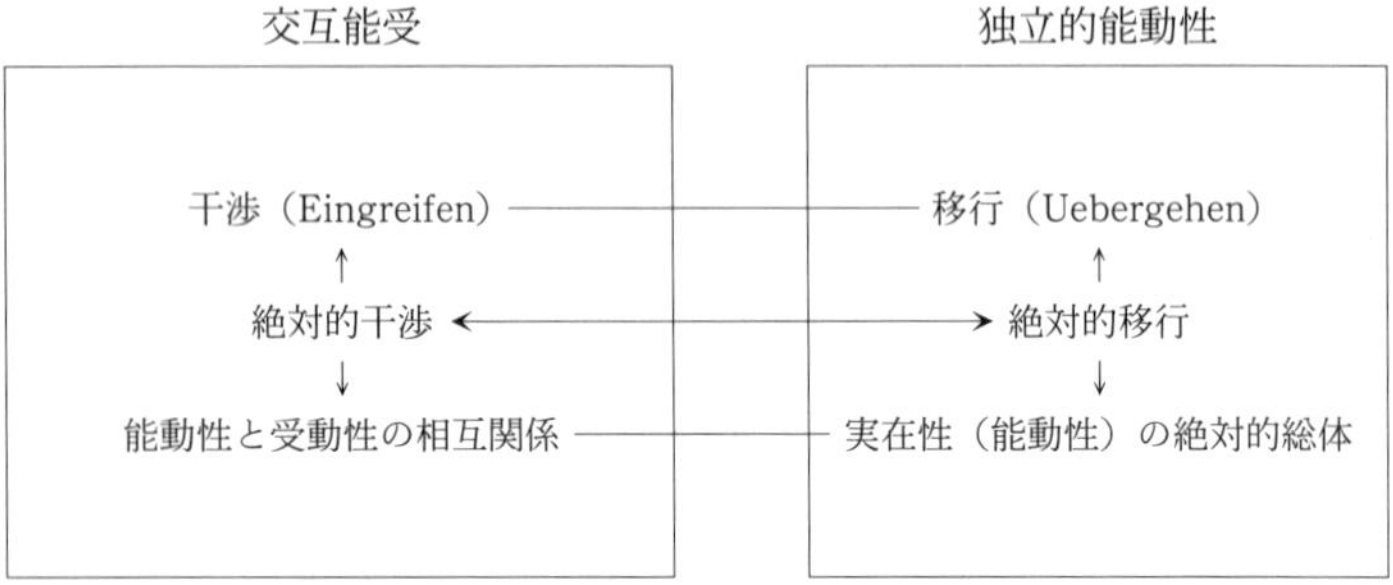

いのであれば、自我にとっては事象がただ刹那滅的に移り行くだけで、相互転換どころかそれは移り行くとしてさえ捉えられないということである。

　実は前節で検討した作用性の契機連関も、本節で検討している実体性の契機連関も、ともに構想力の自発的な能動性が特殊化されて現れたものである。独立的能動性が「実在性の絶対的総体」を導きとして、交互限定の質料となる能動性と受動性が呈していた「相互関係」を可能にし、これが交互限定の形式としてあげた「干渉」と互いに限定し合って「絶対的干渉」へと総合統一され、干渉をもたらした「移行」は実在性の絶対的総体と相互に限定し合いつつ「絶対的移行」へと総合統一された働き方をしている。四つの契機のいずれから発動が開始されても、円環的にもとの契機へと立ち返って再び発動が促される。このような「円環運動」として、どこから始まっても全体が端的に定立され、自らに基礎づけられているのが構想力である（vgl. 318-322）。「絶対的」と形容されているのは、それ自身以外あるいはそれ自身以上の根拠も支えもなく、上記のごとく独立かつ自発的に働くという意味である。様々な哲学の立場のいずれもが、自らと鏡像関係にある立場を常に呼び起こし、相互に反立しながらも互いに補完し合っていたのは、それらがいずれもこうした構想力の一面的な現れであったからである。

観念論的な立場は、いわば鏡の前に立った自我がまず自らの知る働きを反省して、自覚的に、鏡に映る自己の働きの像へと向かう立場であった。実在論的な立場においては、自我は自らの知る働きをできるだけ透明にして、鏡に映る自己の働きの像と向き合っていた。構想力の働きを自覚した知識学の知性我は、これら二つの立場の間を動揺する。そして知る働きと働きの自己像を総合統一し、自己を定立する観念的な働きとして、しかも実在的に存在する、すなわち「事行」としての自我を自らのうちに発見（自覚）したのである。ところで、構想力の一契機である絶対的移行は、作用性においては「間接的定立」の働きとして現れ、実体性では「互いに反立する二者の総括と保持」の働きとして現れる。これはすでに確認したことである。そしてこれらの働きは、いずれも交互限定において一方が定立されれば他方は廃棄されざるをえないほど、完璧に異質な視点から捉えられる、相互に反立した二つのものを総合する働きであった。さらに、第一章第二節から機軸としてきた他者の視点への自発的な「移り行き」もまた、実はフィヒテが「絶対的移行」と呼ぶ、構想力の自律的な働きの一面であったことがここに判明する。

かくして知性我は構想力という理論理性の究極的な立脚地にある自らを発見したのである。[42] すべての知が現象する場、そしてその場のもとにある有限な理性存在、といった構図が厳密に描き出されているといってよいだろう。このように知性として働く自我は完全な像となって焦点を結んでいる。それは理論的知識学という鏡に映し出された有限な理性存在の自己像にほかならないのである。〈哲学＝知識の学〉のあらゆる立場を通覧し、そのすべてを貫いている自我を浮上させたフィヒテの探究は、文字どおり「全知識学の基礎」を苛酷なまでに洗い出すものであった。かれによれば、当時まで「哲学」と呼ばれてきたものすべては、つまるところ「知識についての学」へと集約される。このため、かれは自らの学説を「知識学」と命名している(43)。フィヒテの観点からすると、かれの「知識学」とは異なる従来の様々な哲学説は、あたかも対象的な〝何か〟――さらには人知を超えた本当のモノゴト――を捉えているかのような錯誤に陥っていた。実情からすると、それらに携わる者たちは対象的な何かではなく、たかだか「何かについての知識」を扱っているにすぎないのである。この点で従来の哲学は、いわば「自らの実情に気づいていない」未成熟な哲学的諸立場の反映（産物）にすぎなかったことになる。そしてフィヒテの狙いは、これまで哲学と呼ばれていた未成熟な「全」学説が、知識についての学にすぎないという実像を示すこと、すなわちそうした未成熟な諸学説を信奉する者たちに、かれらが未知なる何かではなく、単に知識を扱っているにすぎないという自己の赤裸々な実情を自覚させることであった。これによって、フィヒテは一般の知識についてだけではなく、あらゆる「哲学＝知識学」についてもまた、その基礎には実践に身を挺する自我（わたし）を除いて、ほかには何も支えとなるものがないという、まさに危機的な《夢＝現実》の在りようを示そうとしていたのである。

ここでフィヒテに残された課題は、限定者としてであれ限定としてであれ、また限定可能性や衝撃としてであれ、構想力によって知性の働きの外に定立される「未知なるもの」に対し、知性には収まらない実践的な態度の自我がどのように関わるのかという、もはや理論を超えた問題を究明することである。

第二節　実践と反転の自己統制

フィヒテは『全知識学の基礎』第三部を「実践者という学知の基礎 Grundlage der Wissenschaft des Praktischen」と命名している（385）。前節の最後に呈示された問題を第三原則の分析に溯って解明するのがこの第三部である。これによって、自我（わたし）は「反省」という知識学の端緒において暫定的に採用していた探求の方法が(44)、いったい自我（わたし）のどのような働きによるものであったのかを明確に把握する。そして、三つの原則によって表されていた絶対我の動的構造が、有限的な人間理性の立場から究明されることになる。ところが、究明された人間存在の真相を通して、近現代の宿命ともいえる問題が、われわれ（わたし）の内奥から、すなわち自我の深淵から浮上してくる。これを扱う最終節に先立ち、以下では自我の反省について、最後の検討を試みることにしよう。

表象と衝撃の真相

第二章第一節から前節まで、第三原則からの復帰の途をたどってきたが、その冒頭で第三原則の一帰結、すなわち「自我と非我は相互に制限し合う」から次のような二つの命題が導かれていた。

［1］　自我は非我を、自我によって制限されているものとして定立する。
［2］　自我は自らを、非我によって制限されている〔働き〕として定立する。

フィヒテは後者の［2］を徹底して掘り下げ、自我に対して非我が限定可能性を呈するという指摘により、非我の「実在性」がもつ真相を解明した。すなわち、かれによると非我の「実在性」とは、知るべき課題が示す性格にほかならなかったのである。しかも、自らの知る働きが及ばない未知なるもの（非我）を、自我が実在的なものとして定立する――あたかも経験世界の〝外側〟に在るかのように想定する――可能性とその仕方は、すでに明らかにされている。したがって、いまだに知られていない何かが残されているとすれば、それは非我の限定可能性に関することである。そうした何か（非我）があるとすれば、自我はそのように定立される非我の実在性を制限（限定）する働きとして、自らを定立することができなければならない。このことを表現しているのが、実は命題［1］であった。この点を明確にするために、命題［1］と命題［2］をそれぞれ

［P］　自我は自らを、非我を限定する働きとして定立する。

［T］　自我は自らを、非我によって限定されている働きとして定立する。

と書き改めることにする。後者の命題［T］は、前節に至ってすでに解明し尽くされた理論的知識学の主要命題［3］にほかならない。実践者（実践我）に関する目下の部門ではこれに対し、前者の命題［P］が分析される（ibid.）。

前節までで自我が知性として、すなわち表象能力（知る働き）として完結していることが確認されている。あらゆる表象様式――最も広い意味での知り方一切――と、未知なるものが表象能力の外側に想定される仕方までが、知性我のうちに発見された。「しかしながら、自我が一般に表象的であること（*daß*）は自我によって限定されているのではなく、自我の外の或る何かによって限定されている」（386）。前節で検討したように、無際限に進み行こうとする自我の能動性が衝撃を被ることで、初めて一般に表象は可能であった。イメージし難いことであろうが、フィヒテの表象観を忖度すると、目の前に知覚されている一本の鉛筆でさえ、知る働きが浸透して、知性だけによってあらゆる面で意のままになるわけではない、という衝撃によって、対象的に――すなわち働きに対する抵抗として（*gegen*-und *wider*ständlich）――前に在る（vgl. 393）。このように、自らが表象的（vorstellend）である――表象する――という、ほかならぬその「こと」に関して自我は非我に依存しており、依存しているかぎりで一般に知性であることができるのである。

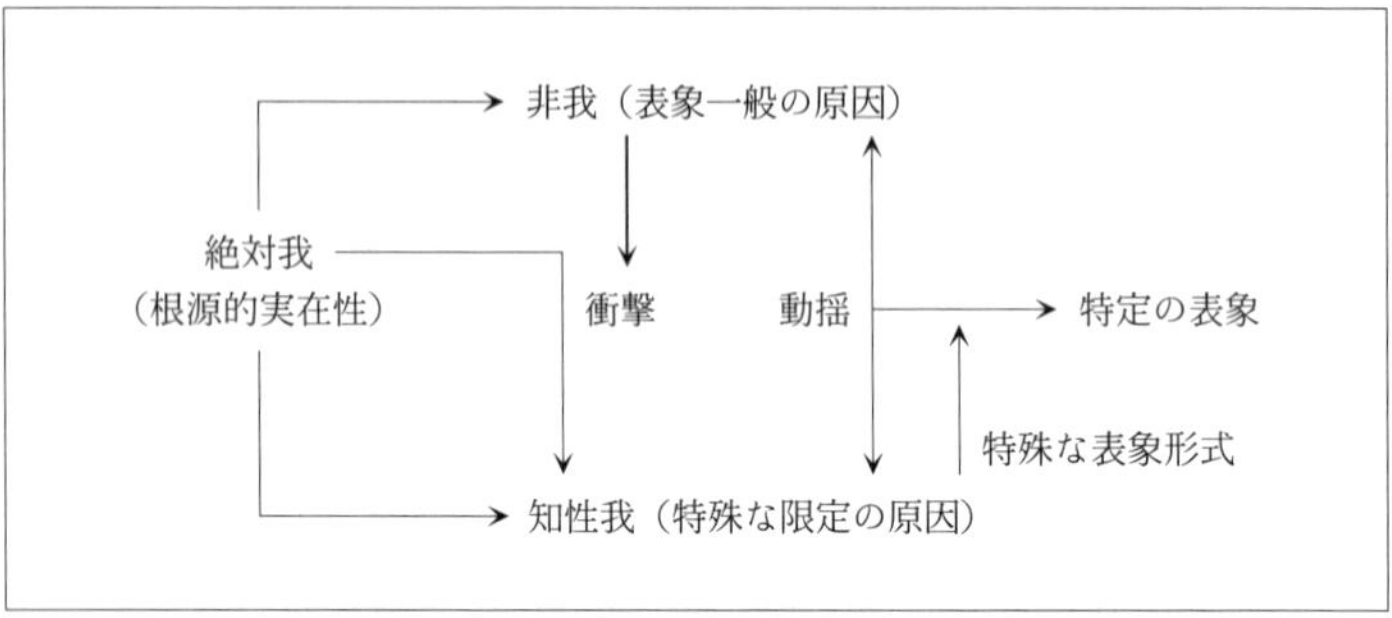

フィヒテは以上のことを次のようにまとめている。「自我の自らによる定立のほかに、なお一つの定立が存在すべきである。これはア・プリオリには単なる仮定であり、そうした定立が存在するということは意識の事実による以外は説明されえない。各人が〔意識の〕この事実を通じて確証しなければならないのである。〔……〕しかし、もしもそのような定立が存在するならば、その定立は反立でなければならず、定立されているのは非我でなければならないということ、このことは絶対的かつ端的に自我の本質において根拠づけられている。〔……〕したがって知識学の議論は端的にア・プリオリに妥当し、ただア・プリオリに確実な命題を提示するが、それでも知識学は経験のなかで初めて実在性をもつようになるのである」(390)。知識学と経験との結びつきが述べられるとともに、第二原則が「事実」を前提していることもまた、ここで明言されている。すなわち、知識学の自我は、少なくとも実在性に関して依存的な側面を持ち合わせているのである。このことが今や確認された。しかしこの点が端的に自らを定立する自我（第一原則）、すなわち知が現象する場としての絶対我と

合致しえない。というのも、実在性に関して依存的であるということは、自我の絶対的な同一性の要求と矛盾するからである。

ところがフィヒテによると、以上のような矛盾は見かけのものとして即座に解消される。たしかに自我は知性として自らを限定するときに依存性を余儀なくされている。そして自我の依存性は受動性にほかならない。ところがその受動性に反立する能動性は、非我のうちにではなく、本当は絶対我のうちに定立される。知性我にとって表象の原因であるかのように想定される非我は、むしろ絶対我によって表象の原因として限定された結果に当たるのである。「かくして、われわれは自我に対する外からの作用を有さず、ただ自我の自らに対する働きかけを有するのみであろう」(388f.)。表象から証明可能な形式をすべて捨象した後に、非我のうちに残る——と想定される——表象そのものの一般的な原因は、自我の能動性に衝撃を与える原因である。しかしそれは、実は根源的な実在性をもつ原因ではなく、絶対我の定立した二次的な原因なのである。そして個々の表象がもつ特殊な諸限定の個々の原因は、表象作用の法則にしたがう知性我である。こちらの原因もまた根源的なものではなく、絶対我のうちで知性に限定された自我がもつ、たかだか二次的な原因にすぎない。カントは叡智的原因、あるいは「自由による因果性」なるものを問題にしたのだが、それはフィヒテによってこのように捉えなおされている[45]。ところが、第一原則の「自己を定立する自我」は、あくまでも「自ら」を定立する働きであって、非我の原因ではありえない。しかし、自我の同一性が廃棄されてはならない以上、有限な自我にとっては未知なる絶対我であっても、それが自らを定立する根拠と自らを定立しない根拠を、共に有するのでなければならない、ということまでは分かる。

限定関係の再編による衝撃の克服

自我が自らを無際限に定立する能動性は、自我とは別の何ものとも無縁な、徹頭徹尾ほかならぬ自我の能動性である。このことから、それは自己自身に還帰する「純粋な能動性」として特性づけられる（393）。鏡に映し出された自己像のうちに、自らのすべてを見て取るような働きとして、これをイメージしてもよい。これに対して自我が制限を立て、自らをその制限のなかに定立するかぎり、自我の能動性は直接的に自己自身に向かうのではなく、この制限によって反立されることになる非我へと向かう。自己像とはいえ直接的には知られていない側面に働きが向かうということである。すでに身につけている知識をもとにして、何かの専門書を読むうちに、身につけていた知識そのものに疑問点が生じてくるような場合がこれにあたると考えてもよいだろう。フィヒテは非我へと向かうこの能動性を「客観的能動性」と呼んでいる（ibid.）。二つの能動性は一方が自らを定立し他方が自らを定立しない点で互いに反立するほかない。たとえば、何かを知ろうとして疑問点が生ずるのは、知ろうとして知ることができない自分（わたし）にとって、未知なる領域や対象が、わたしの外側から知ろうとする働きに圧力をかけているからだと思えることもある。つまり、そのような能動性が自我（わたし）に対抗するものとして、その種の未知なる領域や対象のなかに横たわっていると感じられるのである。ところが、そのように感じられる能動性は、自我の内側で働いている或る能動性Xに反立している。すでにあげた二つの能動性は、いずれも廃棄されることなく、自我内のこのXによって総合統一されているのである。

第二原則にしたがって端的に反立される非我は、事実上まったく自我と等しくない。しかし「それら〔自我と非我〕は等しくあるべきである」(396)。自我がすべての実在性をもつべきであり、未知なる客観——領域、対象、限定者、等々——として反立する非我は自我と一致すべきなのである。それは制限された自我の「客観的能動性」が絶対我の「純粋な能動性」と一致すべきであるとする要請にほかならず、フィヒテはこれをカントの「定言命法」と同一視する(ibid.)。反立する二つの能動性を結合する根拠として想定されたXは、知性我が衝撃を克服しようとするときの自発的な能動性に相当する。それは前節で確認したように、自らを限定し直そうとする「傾向」としてすでに現れていた。しかし、探究が実践我の側面に及んだ現段階において、Xは自己実現に向けて自らを回復しようとする能動性であるところから「努力 Streben」と名付けられる(397)。ところで、衝撃は「限定可能であることに対して〔具体的な〕限定をもって応えるべし」という課題として知性我に現れることも前節で見た。実はこの課題に対して、自我が自らと非我との限定関係を再編することで、この衝撃を克服しようとする能動性こそが「努力」にほかならず、この努力が実践我の中核なのである。そして、絶対我と知性我との合一——定言命法への応答——は実践我のこうした努力によって果されることになる。

理想の本質と当為の必然性

　さて、努力は純粋な能動性であることを要請されながらも、課題が究極的に達成されるまでの過程においては、やはり客観との関わりにおける努力である。ともかくも客観に関わるという意味で、それは「客観的」であるといわなければならない。しかしながら努力は、純粋な能動性であろうとするかぎりにおいて、直接的に客観と関わるだけの客観的能動性と反立することになる。フィヒテは絶対我の純粋な能動性と合一しようとする努力の能動性を「無限な客観的能動性」と命名し、客観と直接的に関わる後者の客観的能動性を「有限な客観的能動性」と呼びなおす。そして、両者の間に見られる矛盾の除去が図られることになる（402）。前者は「構想的 *eingebildet*」な客観に、そして後者は「現実的 *wirklich*」な客観にそれぞれ関わる。カントがかつて様相のカテゴリーとして提示した「可能性 Möglichkeit」と「現実性 Wirklichkeit」とは、こうして実践我が客観ないし非我と関わるときの、関わり方の特性として位置づけられたと考えてもよいだろう。

　自我の客観的能動性はそのものとして無限である。しかし、客観の特定の限界を定立するかぎりでは有限である。この場合、知性我にとってそうであったように、自我にとっては自らの能動性を限定する根拠も、客観の能動性を限定する根拠も、いずれも自らの〝外〟にある。もともと非我の能動性は自我の能動性と相互作用しているのであるが、この場合、自我の有限な客観的能動性によって「非我の能動性に依存した現実的世界」が成立している（403）。このようにして成立する客観は、カントのいう「現象」であると考えてよい。一般的に「外」とは、現象の外、表象世界の外として想定されるけれども、本来は自我の能動性が差し当たり浸透しない範囲のことなのである。他方、努力は「ただ自我によって定立され、非我によってはけっして定立されない理想的世界」を構想的に限定する（ibid.）。理想的世界とは自我によってあらゆる実在性が定立されるときに存在するであろうような世界のことである。このため知性我の構想力がそれを捉えようとすると、それは無限と有限のあいだを動揺し「有限性」と「無限性」の両面を同時に呈する。また「内」と「外」の間を揺れ動く性格を示す。このように、カントが現象界に対立させた「叡智界」は、実践我と知性我との関係のうちに捉え返される。フィヒテによると、これら二つの側面と二つの性格がそれぞれ矛盾して見えるのは、むしろ理想の理想たるゆえんにほかならない。というのも、理想は現に在る状態ではなく、あくまでも実現されるべき「理念」だからである。構想される理想は無限に高められるとはいえ、特定の瞬間にその限界をもち、次の瞬間にはけっして同じ限界をもってはならない。このように構想力と努力の特性が鮮明に反映している。「理想」と呼ばれるものの本質が解明されているともいえよう。ここでフィヒテが性格づけているように、「完成されるべき無限性の理念は、われわれの念頭に浮かび、しかもわれわれの本質の最内奥に蔵されているのである」（ibid.）。

フィヒテは自我の本質を「無限の努力」とした。もしも自我がこうした実践的な能動性を欠いていたならば、われわれの自我の同一性は崩壊し、決定論的な因果の支配する現象世界（現世）は諸行無常の観を呈することだろう。逆に自我が努力を超えた無限の能動性をもつのであれば、われわれはその「絶対的な因果性」によって、現象世界のすべてを意のままに創造する無限者となるであろう。フィヒテはしかし、自我をこれら両者の中間においている。無限な努力による「叡智的因果性」は、二つの因果性の中間的な特性をもった必然性、すなわち当為（Sollen）の「必然性 Notwendigkeit」を呈し、同時に自我が同一性を維持する――わたしがわたしである――ための「必要性」をも課している。かつてカントが様相のカテゴリーとして提示した最後のものが、このようにして、自我の特性のうちに改めて位置づけられている。

自我の完結性と開放性

さて、ここまでは知性我と絶対我との矛盾を解決するための議論であった。しかも以上で実際に行ったのは、あくまでも絶対的因果性の「要請」を前提にして、自我のうちに認められるべき努力を導出する論証であった。しかし、努力は客観の存在を前提している。このため、そもそも自我が自らを定立するだけでなく、なぜ自らと共に客観ないし非我を定立することができるのかという点が、改めてここで問題になる。すなわち、ここでは第二原則そのものの可能性が問い直されることになるのである。そしてこの問い直しは、第一章から議論の軸にしてきた他者の視点への「移り行き」に関連し、その秘密の最終的な解明をもたらす。他者の視点への移り行きは、知識学の議論がそれを起点として初めて開始されていることからしても、あらゆる意味での具体的な他者を前提することなく、そのものとして純粋に開かれた可能性でなければならない。フィヒテの議論はこの問題を検討するに際しても非常に難解である。しかし、直後に具体的なモデルによって理解を補うことにして、ともかくもかれの議論そのものをたどるほかない。

自我は自らを定立するかぎり、そのなかには何らの差異も現れる余地がない。しかしそれだけでは現段階で浮上した問題は解決されない。しかもここからの議論は非我の定立を前提できないのである。それでも非我の定立に先行して、自我は他のものから影響を受けることが可能でなければならず、そのための条件が自我の能動性――純粋な働き――そのもののうちに確保されていなければならない。「自我は自らによる絶対的定立を損なうことなく、他の定立に対してもまた、自らをいわば開放しておかなければならない」（405）。このために、自我は純粋なまま自らのうちで「異質な或るもの etwas heterogenes」と遭遇する必要がある。現段階では、自我の外は無としかいえないため、異質な或るものは自我の中に在ると考えざるをえない。ともかくも自我の中に在るのだから、それは或る能動性である。しかもそれは、自我の能動性と比べて、能動性であるという点では自我の能動性と同質でなければならない。にもかかわらず、ここで問題にされている能動性が、自我自身のそれとは異なる可能性として残るのは、その能動性が自我の能動性と比較して進む「方向」だけを異にするという可能性である。こうした推理をもとに、自我の自己定立に関わる能動性の方向を、フィヒテは仮に「求心的 centripetal」と呼び、これとは異質な能動性の方向を「遠心的 centrifugal」と呼んで、二つの方向を互いに区別している（406）。しかし、二つの方向は端的な自己定立という同じ仕方で自我のうちに成立している。このため双方はもともと不可分であり、反省によって初めて互いに区別される。したがって、いずれが求心的か遠心的かの区別は、自我単独では自覚されえないのである。たしかに、二つの方向が「在ること」までは、理屈だけで理解可能かもしれない。しかし、自我のうちに留まるかぎり、どちらが求心的でどちらが遠心的かの「判別」は不可能なのである。

以上のように、フィヒテの議論はここでも極めて抽象的である。そこでこの議論を再び鏡の譬えで補うことにしよう。われわれは普段、鏡を覗いて自分の姿を確認し、それで終わる。そのとき、われわれはその確認が自覚を欠いた一面的な確認（遠心的な方向）であるのか、それとも視点が移り行くことを自覚した視点からの確認（求心的な方向）であるのかを、まったく判別していない場合が大半である。この両者が判別されるのは、むしろ特別な場合ではなかろうか。たとえば、それまで気づかなかった自分の或る表情を発見したときであるとか、鏡を見てそれまでは知らなかった自分の奇妙な癖に気づいたときなど、第三者の眼差しがどうしても気になってくる場合だけであろう。判別の不可能性はこのように、特別なきっかけがない普段の状況において、自我の反省がもつ一般的な特性になっている。通常は現に鏡を覗いていながら、鏡に映っている「自分の像」――すなわち他者の視点から見える「自分」――を見ていると自覚しているのではなく、そのような自覚を欠いて端的に自分を見ているのである。では、自我はいかにして他の定立に対して自らを開放することができるのであろうか。実はこの問題の核心は、ここで確認した判別の不可能性と密接に関連している。しかし、この関連を明確化する前に、まずは二つの方向についてフィヒテ本人が語るところを確認しておかなければならない。

判別不可能な即自と対自

フィヒテによれば、自我は自我であるかぎり、両面性を呈する「生と意識の原理 das Princip des Lebens, und Bewußtseyns」(ibid.) に従って働く。「自我はただ自らを外側の知性に対して自ら定立するべきであるだけではなく、自らを自己自身に対して定立するべきである。すなわち、自我は自らを自己自身によって定立されたものとして定立するべきである」(ibid.)。もともとこれは第一原則そのもののうちに含まれていた内容である。「生の原理」とはこの命題冒頭にある「自我はただ自らを外側の知性に対して……」にあたる自我の自己定立であり、まさしくこれが自我の能動性の遠心的な方向にほかならない。鏡の比喩でいえば、素朴単純に、我を忘れてあたかも外側――の知性の身分――から眺めているかのように、さらには自分が鏡を覗いているという意識すら欠落した仕方で自己の像を受け取っている場合に相当する。カント認識論の「置き入れ Hineinlegen」に対応づけて理解するならば、これは理性があらかじめ対象世界のうちに置き入れておいた理性自身の諸形式を、もともと自分自身がそれらを置き入れておいたことを自覚せずに、理性が外側の対象世界から受け取っている状況である。すでに確認したように、これは独断的実在論の際立った側面であった。すなわち、独断的実在論では、単なる自分自身の反映 (Reflex) を見ていることに気づかないまま、その反映があたかも外側の現物であるかのように受け取るといった、ただそのかぎりでの反省 (Reflektieren) が働いていたのである。より高次の実在論においてもまた、程度の差はあれ、これと同様の反省が働いていたといってよいだろう。

他方、「意識の原理」とは、上記命題の中程にある「自らを自己自身に対して……」に相当する。自我は特別なきっかけ（衝撃）に出会うと、自らの知る自分自身が確たるものでは毛頭なく、単なる思い込みから一方的に定立されただけの、たかだか自己の一面的な像にすぎないことを意識する。このように、自己を対象化する対自的な意識が成立するのは、まさに能動性の求心的な方向においてである。他者の視点への移り行きは、この方向に沿って起こっていたのである。移り行きのもっとも赤裸々な人間的真相がここにあるともいえるだろう。そして、まさしく能動性のこの方向が「他の定立」に対して自我を「開放」しているのである。これは実体性の検討で登場した観念論の際立った特徴にほかならなかった。自らの反省的な眼差しは、見る（知る）働きの総体――知が現象する働きの場（絶対我）――からすると、その極めて限定された一部分を働かせているにすぎない。そのことに気づいた反省がここに成立し、自我はその有限性を補完するために、反省の視点をどこまでも拡張しようとする。超越論哲学の超越論的な特性は、以上のような意味における対自的な意識――すなわち未限定な他者の視点から自らを省みる意識――が成立する場を、その源泉、起点、拠点としており、したがって超越論哲学の立場はフィヒテが主張する「意識の原理」にもとづいていたことが分かる。

しかしながら、特別なきっかけ（衝撃）がない状況のもとでは、能動性の二つの方向は判別されない。こうした事情を実感につなぎとめるには、第一章第三節で保留しておいた疑問を、再度ここで呼び戻してみるのがよいだろう。すなわち、鏡を見ながら、こちらを見ている「わたし」の眼差し――働きとしての自分――に気づいたときの疑問がそれである。さて、このときに気づかれるのは果して何であろうか。見られている「わたし」の働きであるのか、見ている「わたし」の働きであるのか。それは生の原理が表現する、もっぱら「外側の知性」に向けられているだけの即自的な自分であるのか、それとも意識の原理が語る「自己自身に対して定立」された自覚的・対自的な自分であるのか。この判別は、考えれば考えるほど循環して、かえって不確かなものとなってしまうのではなかろうか。あたかも向かい合って置かれた二つの鏡が、互いの像を無際限に映し合いながら底無しの深淵を覗かせるように、両者の間の判別はわれわれの実感からどこまでも逃げ去っていく。このように、生の原理にもとづく素朴な自己了解と、意識の原理にもとづく対自的で準客観的な――他の定立に対して開かれた――自己了解との両者は、実のところ働きとして混然一体なのである。このため多くの場合、自我（わたし）は気づかぬまま自らの自己了解があたかも完結的で、しかもいかなる視点からの了解もクリアーする無限な反省によるものであるかのように、前提なし要求することになる。

実際、外出する前に鏡を少しだけ覗いてすませる場合などを考えてみると、それだけで自分の見え姿が完全に確認され、誰にとっても自分の姿がそのとき確認した通りに見えるものと、前提なし要求しているところがどこかある。しかしそうなっていながら、ともかくも第三者の視点に移り行きながら自分の見え姿を確認してもいる。この点では、やはり他者の見方からする自分、すなわち他の定立に対して自らを開放してもいるのである。このように、遠心的な方向と求心的な方向は、もともと第一原則そのものに内在していたのであり、自我は他の定立に対して開放されていながら、それでも自己定立として損なわれてはいない[46]。鏡を覗く日常的な体験は、まさにこうした事態を雄弁に物語っているともいえよう。およそ以上のように、自我における自己完結性と開放性との両面的な保持を表現しているのが、先程の命題の後半部にあった「自我は自らを自己自身によって定立されたものとして定立……」という箇所である。

フィヒテの表現を藉りると、われわれは根源的に「二様の配視において in zweierlei Rücksicht」自我（わたし）である（407）。両配視における自我は互いに共通な「第三者」にあたる「自我のうちに全実在性が存在すべきであるという要求」によって関係づけられ、かつまた方向として区別される（ibid.）。しかし、鏡の譬えからも理解できるように、どちらが求心的な方向でどちらが遠心的な方向であるのかという自覚は、この要求だけからは成立しない。そしてフィヒテはむしろ、こうした自覚の危うさを極限的に強調しているのである。そもそも全実在性の要求はどのようにして生じたのであろうか。かれによると、知性我に対して非我による——と想定される——衝撃が生じ、実践我によってその衝撃が課題とともに受け取られ、自我（わたし）が自らの努力によって自己を回復しようとする、まさにそのときに全実在性の要求は努力の根底におかれるのであった。しかもこれは、知性と実践の二つの側面から反省的に分けて捉えられた、自我（わたし）にとっては同じ一つの事柄である。こうして全実在性の要求に駆り立てられる自我（わたし）の働きは、遠心的な能動性と化して無差別かつ無際限に拡大していく。しかし自我（わたし）の働きはその途上で衝撃によって衝き返され、求心方向に差し戻されてくる。そしてまさにこのとき、自我（わたし）は初めて能動性双方の差異を具体的に判別することになるのである。これが先程の命題後半部の語る積極面にほかならない。こうした積極面を逸して作用性や実体性を無差別に適用し、それらを経験の〝外側〟にまで拡張して考える自我（わたし）の傾向は、能動性が衝撃も課題も受け取れないまま、そして求心方向と遠心方向とが判別できずに、あたかもそのとき自分の知ることが一切であるかのように自認し、知性我だけが一人歩きするときに生じる。それは努力による実践我との結び付きを忘却した知性我の一人歩きであり、衝撃を衝撃として受け取れない点で、自らの有限性の自覚を欠いた自我（わたし）の野放図な進展でしかない。書物から或る一定の観点を獲得しただけで、あたかも世の中のすべてを掌握したかのように考える傾向などは、まさしくこれに当たるといえるだろう。あるいは、すでに身につけた知り方に閉じこもり、その一面的な知り方が通用しない事柄に遭遇すると、看過、黙殺、そして排除の姿勢で臨むといった傾向などもこれに含まれる。

自我の内なる無の深淵

自覚とは衝撃を受け取るのと相表裏して努力が発動していることにほかならない。それは衝撃を介して能動性の遠心的な方向と求心的な方向とがせめぎあう、まさにその間にだけ具体的に成立する。同時にそれは、限定による自己実現を求めて、あくまでもこの経験世界に留まる自分自身の自覚であり、またそのような実践であることが分かる。何よりも重要なことは、互いに反立する二者の遭遇と直面した際に、衝撃をもってその事態をうけとめ、自らその衝撃を克服していくそのときにしか、自分が他の誰でもない、他ならぬ「わたし」であるという本当の自覚は成立しないという点である。この自覚が成立していない段階では、自分（わたし）は誰であってもよいような単なる「或る者」、すなわち何ら非我と区別することのできない匿名の〝誰か？〟に、事実上なっている。異なる方向をとった二つの能動性が互いに抗争することで、初めて現実的な反省が働き、能動性が求心的な方向に傾くときに視点の移り行きが起こることも解明された。ちなみに自我の働き（能動性）に認められる求心性（意識の原理）と遠心性（生の原理）にそれぞれ対応させて、超越論的であることと経験的であることとの動的な均衡点、ないしは合一点として自我を特性づけることもできる。そしてこの意味で、知識学の呈示している自我の立場を「超越論的経験論 transzendentaler Empirismus」[47]と呼ぶことが許されるかもしれない。

ところで、知性我が衝撃を介して主観としての自己を立て直す課題をもつのに対し、非我の反立も衝撃も前提しないのが現時点で問題にしている反省の発動様式である。むしろ一切の非我の反立に先行してこの反省が発動することで、初めて視点の移り行きは起こる。そして移り行くその先の視点から自我が自らを省みたとき、自らの自己像のうちに未知なる側面——すなわち非我——が浮上してくるのである。フィヒテはこうした反省の発動を「超出 Herausgehen」と呼ぶ（410）。すでに反省の法則が能動性の二つの方向の対立拮抗から生ずるものとして発見されている。自我はこの法則にしたがいつつ、しかも経験のなかで起こる特定の衝撃に先立って、自らが全実在性を保有するべきであるとの要求から、単独でこの超出を果たすのである。では、自我（わたし）が衝撃に先行して自らを反省したときに捉えるのは一体何であろうか。「自我は一切であり、かつ無である」（399）(48)。先程の合わせ鏡が覗かせる深淵をここでイメージしてもよいだろう。自我（わたし）は一切であることを望み、そう望むがゆえに実際には無――底無しの深淵――でしかないことを自覚する。こうした（一切から無への）反転の自覚によって、実践我の努力は実在性を獲得する要求に促され、純粋で空虚な絶対我から現象世界へと向かう因果性一般を求めたのである。

さて、以上で第一原則を含めた絶対我の全構造にまで反省が到達したことになる。自我は端的に自らを定立する。これが出発点に置かれた第一原則であった。しかしながら今や、全実在性を保持したこの自我は、現実的な意識に与えられるような自我ではありえず、自我（わたし）の実践的な努力の根底に置かれた「要求」であり、無限なプロセスを通じて実現されるべき「理念」であったことが判明する（410）(49)。われわれ人間は多くの場合、経験のなかでどのようなものごとと向き合っても、そこから自らの像を受け取るのみである。第一章第二節でいくつかの事例をあげて述べたように、われわれ（わたし）はすでに身につけているものの見方、知り方を、あたかも鏡に映る自己像を眺めるように受け取って終わる。何も分からない、というような場合でも、自分の見方や知り方がその程度にすぎないことを示す自己像を受け取っているのである。

われわれ（わたし）はどのような場合でも、そのかぎりでの自己像が一切合切である、という割り切りをどこかで行っている。普段、鏡で自分の姿を見るときなどは、そうした割り切りの典型になっているのではないか。ところが、そのようにして本当にすませることができるのは、ありとあらゆるものの見方、知り方を、すべて我がものとした究極的な自分（わたし）でしかない。そうした到達不可能な自分自身の理念を、自分でも気づかぬままどこか拠り所にして生きているというのが、われわれ人間の実像である。それが有限でしかない人間の赤裸々な姿であることを、われわれ（わたし）は率直に認めなければならない。そうでなければ鏡を見ることには何の意味もないことになるか、あるいは逆に不安のあまり鏡を見ることができなくなることであろう。すでに解釈を開始した時点で性格づけておいたように、第一原則は、絶対我という、われわれ人間の未知なる根底を暗示しており、それ以上の背景をもたない、すべての知が現象する場の一面である。その深遠な人間的真相がここに判明したといってよい。

三原則と「わたし」の人間的真相

以上をもって、絶対我の動的な構造が三つの自我の有機的な連関として解明されたことになる。

「自我のうちに実践的能力がなければ知性は不可能である。自我の能動性がただ衝撃点まで進むだけで、あらゆる可能的な衝撃を克服していかないのであれば、自我のなかに、そして自我に対して衝撃を与えるものも非我も存在しない。〔……〕さらに、自我が知性でないとすれば自我の実践的な能力の意識は不可能であり、またそもそも自覚ということが不可能である。なぜなら衝撃によって成立した異種的な方向により、初めて互いに異なる方向の判別が可能になるからである」(ibid.)。われわれにとって、もしも実践がなければ知性はなく、また知性がなければ実践はない。そして自我（わたし）のこうした両側面を架橋するのが実践我の努力であり、それは知性我――知る者としての「わたし」――とともに自我の無限性、全実在性の確保という「要求」によって衝き動かされている。このように、絶対我が端緒であるとともに実現すべき理念として、自我（わたし）の根底に存しているのである。

自我――わたしがわたしであること――は、そのものとしては無限の実在性の要求である。しかし自我（わたし）は、その本性に備わる反省の傾向にしたがって自らを超出し、そのことによって絶対我と区別される。しかも自我（わたし）は絶対我の理念に衝き動かされて、またそれを目指して、実践的かつ知性的にこの現実世界に内属する。超出とはしたがって、純粋でしかも自足した自我本来の在り方から離れ、自らの理念を実現するために唯だ一つのこの〈現実＝夢〉の中にある物事の間、人々の間、そして問題情況の間へ向けた超出にほかならない。「人間（したがってあらゆる有限な存在者一般）は、人々の間でのみ一人の人間となる」(50)。この「間」とは第三原則が呈示していた限定の法則から、束の間ごとに再編されて成立するほかない相互主観性である。

第一原則の反省によって「自我は一切であり、かつ無である」という真相、すなわち自我は一切から無へ、無から一切へと反転することが認められた。まさしくこれが存在と働き、能動性と受動性、実在と観念、実在論と観念論、根拠と根拠づけられるもの、現実と夢、諸他一切の反転をもたらす原点にほかならない。そして第二原則の反省からは、自我の求心的な能動性による視点の拡大と非我の反立ということ、すなわち異質な視点への移り行きという人間的な真相――反省の働きそのものの起点――が認められた。さらに、二つの原則の総合統一である第三原則の反省からは、自我の超出と限定を介した自我の自己回復ということ、すなわち第一原則の反転に対し、自我は自らを統制しつつ経験世界のもとにある、という真相が認められた。三原則が有機的な連関において表現する絶対我の動的な構造とは、およそ以上のようなものであったと結論づけられる。『全知識学の基礎』第三部の標題とされていた「実践者という学知の基礎」は、こうした動的な構造のもとで自発的に課題を遂行する、実践的な自我の実像にほかならなかったのである。それは有限な理性存在の「実践と反転の自己統制」という特性によって最終的に総括することができるであろう。

フィヒテの透徹した探究はこうして、ついにその極点に至った。現実が夢かもしれないという疑いは、反駁されるというより、疑いとしての意味が解体される方向で葬られている。その疑いから不完全に逃れようとする様々な立場はすべて回収され、しかも〈現実＝夢〉に対して実践的に臨む立場へと例外なく差し戻される。いかなる理論的立場を標榜しようと、その立場設定はどこまでも自由である。しかし、知識学はあらゆる立場設定の背後に潜む自由の真相を、すべての立場に対して突き付けていたのである。自我（わたし）というものは、通常、われわれにとって理屈以前の基盤である。とはいえそれがいかに危うく存立しているのか、ほかならぬ自分自身であるという自覚がどのように成り立ち、またどのようにしてしか成り立ちえないのか、フィヒテはこうした究極的ともいえる難問に一定の回答を与えていた。

以上で検討した『全知識学の基礎』の冒頭でフィヒテが主張していたように、A＝Aという同一律を何らの留保もなく認めるのでなければ、われわれのもつ知識はおよそ成り立ちえないであろう。この同一律が崩壊すれば、一切の知識は即座に混沌へと堕してもおかしくはない。フィヒテはしかし、同一律の妥当性さえもが、自我の絶え間なき実践行為による、自らの危機的な再限定を躊躇なく引き受けるかぎりでのみ、そのつどかろうじて裏打ちされるといった人知の真相を、われわれに余すところなく見せつけていたのである。かれの議論は全知識およびそれを基礎づけようとする「哲学＝知識の学」すべての人間的な最終根拠――自我すなわち「全にして無」――を白日のもとに晒している。この点で、かれの著作は『全知識学の基礎』という名にふさわしいものである。現実が夢かもしれないという疑いは、自我（わたし）が唯一つの、いわば「現実にして夢」と向き合っているという応答によって、われわれ人間の赤裸々な有り様へと突き返されていた。以下ではこれを現代の観点から見直すことが課題となる。

第三節　現世＝夢と知りしかば

本章の第一節で「燃える水」の例を検討しながら、あえて簡単に素通りした問題があった。しかしその問題は、実体性の交互限定に一種の論理的飛躍が潜んでいることを暗示している。また、すでに実体性の質料が独特の反転性格を呈する点に論及したが、素通りした問題を改めて検討し直すことは、反転する質料という実体性の謎に迫るための有効な第一歩となる。さらに、この再検討によって、質料の反転を貫く普遍的な法則、すなわち関係の完全性がその実像を浮かび上がらせることになる。そこで、まずは素通りした問題に立ち返り、それを改めて検討し直すことにしたい。

部分的な調停の落とし穴

さて、実体性の総合を通じて発見された「関係の完全性」においては、燃える水を水とは考えない立場が議論から外されていた。というのも、その立場に立つ者は、燃える水を従来の水Aとは考えず、燃えているのは水でないものか、たかだか水の類似物A′にすぎないと主張して、実体性の交互限定から完全に距離をとっていたからである。このように、A≠A′とする立場からは、水Aは現に燃えているA′ではなく、従来どおりの水Aにほかならず、あくまでもA＝Aであると一貫して主張される。そして、そもそも〝燃えもする水？〟などというものは、この世には存在しない架空のものか、あるいは水とよく似た別の液体として理解されるのである。このため、燃焼Bを水に本質的なものとするか否かという問題は、もともと何ら議論に価しない。水は燃焼と無関係であるのだから、本質論議にいたっては、まったく無用の長物である。一見すると、このような立場は単に理解力の欠如や鈍感さにもとづいているかのように、それゆえ取るに足りないものであるかのように思える。しかし、果たしてそうだろうか。

たとえば、ある化学者が金属ナトリウムを投げ込んで、水が燃える事実を突き付けたとしよう。この場合、眼前で燃えているのは水によく似た別の液体ではないかと疑われても、けっして不思議ではない。しかし、化学者がこのような疑いを晴らすために燃えた後の液体を飲んで見せるかというと、かれは水酸化ナトリウム水溶液となったその液体を、やはり毒物として扱うのみであろう。仮に化学者が順序を変えて、金属ナトリウムに触れる前の水を飲んで見せた後に、金属ナトリウムを投げ込んで燃やして見せたとしても、問題は一向に解決されない。というのも、この説得に応じない者が、奇妙な物体を投げ込んだためにそれはもはや水ではなくなったと考えることも、あるいは奇妙な物体が燃えたと考えることも、考え方としては首尾一貫しているからである。また、すでに述べたように、化学者が水の電気分解によって実際に飲める水の燃焼実験を行ったところで、燃えているのは電極から生ずる泡であって水ではないという反論があれば、むしろ化学者はこの反論を受け容れることになる。もちろん、化学者は水の構成要素に由来する水素が燃えているという意味で、この反論を受け容れるのである。しかし、反論する側にとって、そのように特殊専門的な意味は、もともと問題にならない。水の燃焼を認めない者たちはこのように、化学の知識と関わろうとしない自由を行使して、A＝A′とする判断とかみ合うことなく、それを取るに足りない戯言として却下するであろう。かれらは首尾一貫した立場から、戯言は戯言のまま放置することにして、どこまでもA≠A′を主張できるのである。

では、以上とは逆に、関係の完全性が普遍的な規準として貫かれるとき、A≠A′を主張して調停そのものを無用とする自由は、はたして確保されるのであろうか。もしもこの自由が保全されないのであれば、フィヒテの「関係の完全性」は完全性の名に価しないような傷をもつように思われる。しかし、A≠A′を主張する自由の保全という課題に対しては、第三原則による「部分的」な調停は無効である。なぜならば、ここで問題にしている立場は、あくまでも調停以前に留まり、調停を終始まったく要求しないことになるからである。すでに検討したような、相対主義とパラダイム論の間の権利闘争も、あるいはまたこの闘争を本質論議として終結させた調停も、一貫してA≠A′を主張する立場からすれば「水」とは無関係な問題をめぐる空理空論でしかない。ところが、フィヒテの理論構制において、A≠A′の立場をとる自由は実にあっさりと切り捨てられていた。この立場からの訴えは、燃焼を水の本質とするか否かをめぐる論議から当初より黙殺され、理由も告げられぬまま「それでは問題が始まらない」ということで遺棄されたのである (*Salus extra ecclesiam non est!*)。しかもこの場合の遺棄は、単に戯言を戯言のまま放置するのとは異なった、一種独特の処置になっている。次にこの点を明確にしなければならない。

関係の完全性では、A≠A′の立場をとる自由が差し当たり放置される。この点は、逆にA≠A′を主張する立場によってA=A′という申し立てが却下されるのと同様である。ところが、関係の完全性を普遍的な規準とすることによって、A≠A′の立場が放置された後は、逆の場合と比べて事情がかなり異なってくる。というのも、権利闘争の末にA=A′と考える諸立場が第三原則による部分的な調停によって終結すると、本当は「燃えもする水」こそが水の真相にほかならず、たまたまそれが燃えない条件下にある場合においてだけ、それは既に知られていたとおりの「水」である、ということになるからである。たしかに、この調停によってA≠A′の立場には特定の有効範囲が改めて与えられ、しかもその範囲を占有する権利が正当なかたちで認められたかのようである。しかし、A≠A′の立場からすると、まったく与かり知らないところで勝手に進められた、A＝A′と考える諸立場の権利闘争によって、結果的に自分たちの領分が囲い込まれ、それ以外の範囲はA≠A′を申し立てる新参の立場へと割譲されるのである。しかも、それだけではない。割譲がなされた後、A≠A′を主張する立場に立つ者もまた、いずれ事実上はA＝A′と考える飛躍に馴らされることになる。A≠A′がA＝A′となるのであるから、これはとてつもない飛躍だというほかない。にもかかわらず、誰もがこの飛躍に馴らされることになる。

闘争の回避と自由の返上

フィヒテの部分的な調停においては、結果的に闘争のエネルギーが第三者＝Xの発見——知識としての創出——を介して経験的（可分的）な自我とは別のものへと回収されるのであった。すなわち、Xは結局のところ、可分的な自我（このわたし）の働き方ではなく、このわたしを初めて「このわたし」とする〝絶対我の働き方？〟であったということにされるのである。たとえば、水は燃えるのか燃えないのかという意見対立に向けて、水と燃焼の結合根拠となる「水素」が第三者＝Xとして発見——知識として創出——されたとしよう。この例では、水素が発生しないかぎりでの

「燃えもする水」〈A―〈A＋B〉〉、すなわちAこそが、実はそれまで燃焼とは無縁のものと信じられ、信じられるままに扱われていたAである、という決着になった。しかしこの決着によって、もしも従来の常識が押し切られてしまえば、この問題をめぐって特定の意見をもとうがもつまいが、またどのように意見対立しようがどうでもよくなる。むしろ意見の対立が深刻さをきわめるほど、新たな知識がもたらす御利益が強調されることになるだろう。そして、可分的な自我（このわたし）が御利益だけを期待するようになり、これと表裏して自らの領分が囲い込まれていくことに無関心になるのは、やはり自然の成り行きというものである。その背後ではしかし、部分的な調停の権限を掌握した第三者だけが、あたかも真理真相を全面的に知る例外的な視点の体現者であるかのように、その地位を固めることになる。かくして専門知識は特権化され、関連する知識の活用は事実上、いわば〝絶対我の働き？〟を代行する特定の個人や専門家集団の専売特許となっていく。ここに見られるのは、わたしがわたしであろうとする権利闘争どころではなく、その回避に向けた馴れ合いの常態化である。これは闘争をそのつど回避する代償として、互いに反立する諸立場が本当の意味で連帯し、わたしがわたしであることを不断に追求しつつ協働する自由を、あらかじめ第三者に返上する姿勢にほかならない。

かくして、調停作業（理論闘争）は第三者に委託され、部外者にとっては闘争と無縁にすべてが結果論としてもたらされることになる。このため、自分自身の努力なしに与えられる御利益としての結果に期待してしまうわれわれ（わたし）は、闘争と関わらないですむ部分的な調停に希望を託し、闘争への関与をできるだけ回避しようとする——いわゆる「やさしさ」を選択する——であろう。このような傾向にも助けられて、調停の権限や理論闘争の場はすすんで第三者に譲渡され、すでに指摘した「遺棄」がまさしく合法的に進行するのである。とはいえここで、A≠A′のような立場が完全に保全される全面的な調停は、そもそも達成不可能であり、部分的な調停こそが現時点における最善の策だと考えてはいけないのだろうか。実際、このような意見があるかもしれない。しかし、そのように判断して終える、すなわち第三者に責任を転嫁して安堵するのは、特殊フィヒテ的な——かれの意図を裏切った——「関係の〈疑似〉完全性」にそっくりはまり込むことを意味している。しかも、かれが呈示した「関係の完全性」には、ある決定的な死角が伏在している。ところがそれは、議論としての一貫性が損なわれているにもかかわらず見えない、という意味での死角ではまったくない。関係の完全性はむしろ、上記のように部分的な調停を現時点における最善の策とし、その続行によって全面的な調停が未来に期待されると考えたときに、完璧に一貫してしまうからこそ見えない、まさにこの点で実にやっかいで重大な死角を伴っているのである。

たしかに、水が燃えるという発見とその理論的な解明は化学史上の大きな功績であろう。しかし、そうした理論の普及によって、かつて燃焼とは無縁に理解されていた「水」の意味は、事実上どこまでも相対化される。なぜならば、水にとって燃焼は単に偶有的な属性でしかないと考える立場も、さらには「燃える水（?）」を、生活のなかで親しんでいる水とは異なった単なる理論的な仮構と考える立場さえも、結果的に自由な選択の一選択肢となるからである。そして〈選択の自由を背景とした水についての理解〉がいずれは優位を占め、かつて水がもっていた歴史・文化的に固有な意味は次第に失われていくにちがいない。そうした意味変様は、われわれの意図とは無縁に余儀なくされるのである。選びの自由の絶対的強制という逆説的な事態が、こうして事実上、不可逆的に進行することになる。燃える水を「水」とは見ない立場は、立場選択の自由として事後的に承認されながらも、いつしか問題なく抹殺されていく。この立場が期待した未来の全面的な調停の希望は、逆説的にもそれが次第に忘却されていくという仕方で、着実に実現していくのである。フィヒテはこのような「選びの自由」の絶対的強制に向けて歴史を駆り立てる、そのいわば起点に立った近代の思想家であり、哲学の巨頭であった。あるいはかれの意図しない方向で、歴史はこの思想を実現していったのかもしれない。

交互限定の現在

異質なもの、あるいは反立する二者の交互限定という理論装置が、知識学の強力な武器であった。それは知識学に固有のものともいえる。しかし交互限定は、われわれ現代人にとって実は非常に馴染み深いものになっている。たとえば、レストランで食事をすることと書店で何かの本を購入することとを比べてみると、この二つはまったく異質な行為である。本質的な点については何ら共通するところはない。フィヒテの用語でいえば本質の上で反立し実在的に廃棄し合う二項である。両者はしかし、クレジット・カードの使用という面で結び付けられている。鉄道を利用して移動すること電話をかけること、これらはプリペイド・カードの使用という面で結びつけられている。と同時にそれらの共通面を基準にして、われわれ諸個人がその使い方を「自由」に選ぶ。選択可能な範囲で自分のしたい様々なことを互いに区別して考えるのである。努力と主体の再限定とを余儀なくされる「限定可能性」ではなく、ただ単に選ぶだけの「選択可能性」が、世の中をほとんど埋め尽くしている。まさにこれが現状ではなかろうか。われわれはそのような仕組みにつくられた社会で現に日々生活している。そして現在、このように反立する二者を第三者によって結び付ける新機軸の開発は、多くの企業活動にとって差し迫った課題となっている。

いかに異質な情報であろうと無差別的に処理するコンピュータ、いかなる事情からの解約も一律の仕方で処理するキャンセル制度、個別の資質や目的の違いをすべて許容して学力レベルだけを示す偏差値等々。そしてマルチメディアやインターネットはそうしたシステムの最先端である。現代では従来のものに反立する画期的な商品の開発ではなく、何であってもおかまいなしに結び付ける媒介物の開発が中心課題になっているといってもけっして過言ではない。これによって、ある見方からすると想像を絶するほど反立するもの同士がすでにして交互限定され、互いに調停済みになっている。フィヒテ流にいうと文字どおり「量的な限定」によって扱われ、最終的にはすべてが貨幣換算で処理されているといってよいだろう。そして自らの再生産によってしか維持されえない資本主義体制は、以上のような媒介物の開発に血路を求め、現代の社会を絶え間なく再編成しつづけているのである。

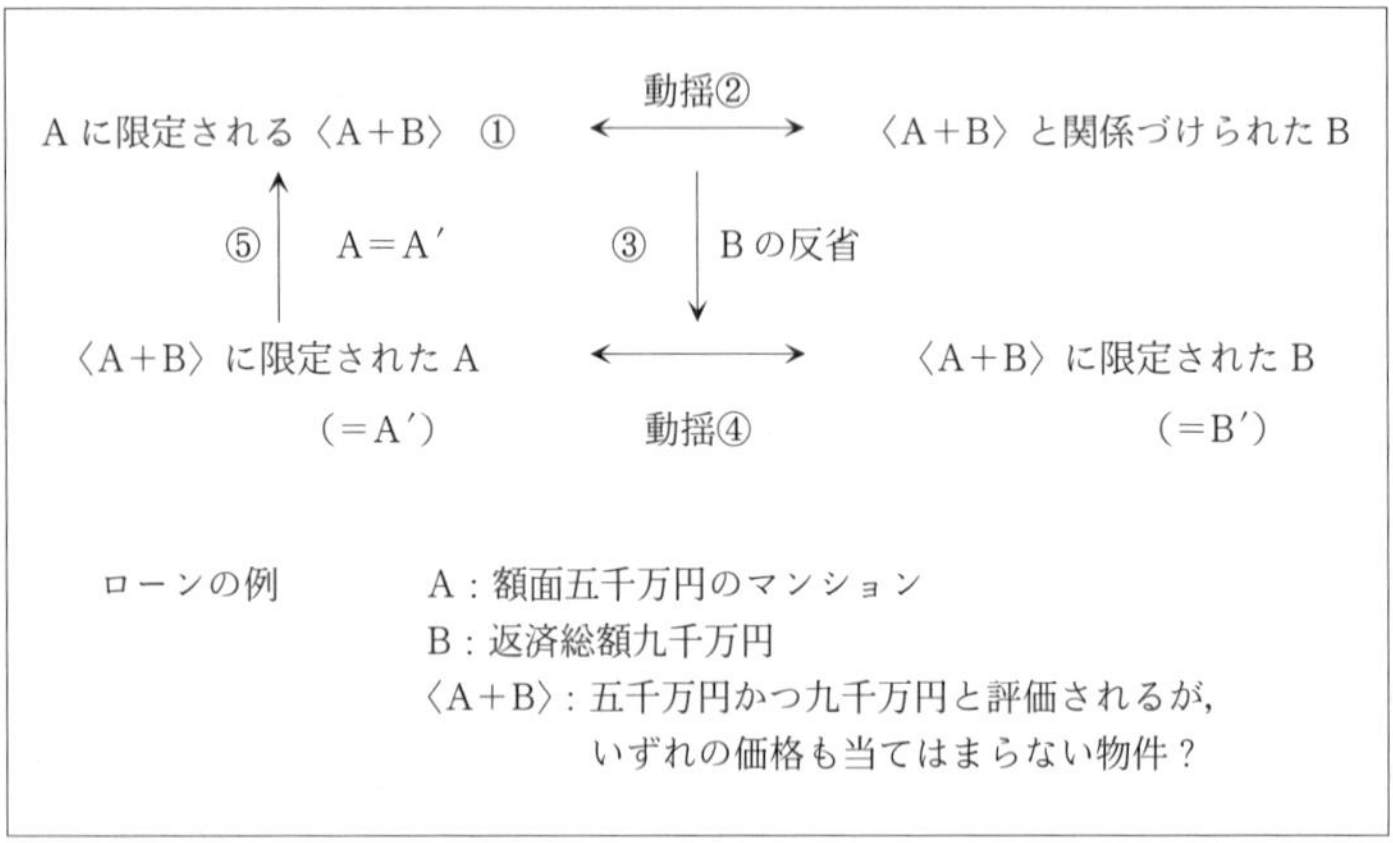

話を分かりやすくするために、一つの例で考えてみよう。いま、生活のために或る不動産物件の入手を考えているとする。そして額面五千万円のマンションがその候補になっている。が、よくあるケースとして、現時点でこの五千万円を一括払いするだけの余裕はない。このため、住宅ローンの利用が唯一可能な選択肢になっているとしよう。ところが、このマンションを三五年ローンで購入すると、返済総額は都合九千万円になる。「関係の(疑似)完全性」にもとづいてこのことを理解するとどうなるだろうか。

現に存在しているのは、額面五千万円の、文字どおり実在的なマンションである。価格五千万円とは、したがって、この即座に入居可能なマンションに対応する実在的——実効的——な価値(A)のことである。ところが、その物件が完全に我がものとなるのは、都合九千万円を払い終える三五年後である。九千万円という額は、着実に返済がなされると仮定して三五年後の未来に帰属する貨幣価値であるから、現時点の自分にとってはたかだか観念的な価値（B）にすぎない。このように、五千万円の価値をもつこのマンションが、九千万円という、Aとは反立する未限定の貨幣価値Bと遭遇していることになる。しかし、実在するこのマンションそのものをどれほど詳細かつ正確に査定しても、貨幣に換算して五千万円以上の価値は認められない。これは当然のことである。にもかかわらず、それが九千万円の担い手（実体）でもあると理解できなければならない。つまりAとの関係では、貨幣価値Bは未限定であり、AでもありBでもあるマンション〈A＋B〉を、既知の貨幣価値Aで限定しなければならない（①）ということである。仮にローンのことも商取引のことも知らなかったとすると、この限定による納得は至難の技であり、非常識きわまりないことであろう。ローンによるマンション所有の義務とされる九千万円の支払ということで、単純な貨幣換算の価値尺度からすると未限定なBは、いわば「五千万円でも九千万円でもある何か（？）」〈A＋B〉と関係づけられて、目下のところ理解可能な範囲から除外され、分かりやすいAと反立しながらも、どこか腑に落ちない価額として背景に保持される。この理解はまさしく、Aによる〈A＋B〉の限定と、〈A＋B〉に関係づけられたBとの間で動揺しながら成り立っている（②）。

ところが、既知の貨幣量で表されていながら、いまや未限定となったBに対する反省が始まると（③）、事情はかなり異なってくる。Bは未知なる〈A＋B〉に限定されたものとして了解されるようになり、十分に理解していると信じていたマンション価格Aは、むしろ同じこの〈A＋B〉に限定されたものではないのかという、次なる動揺が起こることになる（④）。そして、ローンの仕組みが何とかイメージされ、その仕組みによる不動産物件の価格限定条件などが分かってくると、もともと理解できていたはずの五千万円という価格Aの意味が、ローンのシステムによって限定されたA′として了解されることになる。すなわち、今後三五年の将来にわたって、文字どおり身を削りながら支払うことになる「実在的」な額Bとの対比で考えると、数値五千万とはいわば現時点におけるこのマンション所有という夢の価値を記した「観念的」な指標にすぎない。こうした正確な了解に至るのである。しかも、何らかの事情で今後の返済に滞りでもあれば、即座に物件の差し押さえが待ち構えている。この可能性をもここで実感すると、現時点の査定で五千万円の価値があるとされる当該マンションの〝所有〟が、実際には観念的なものでしかないという真相まで浮上する。それでも、ここで判明したA′を出発点のAと同等視するのであれば(5)、観念性と実在性とが見事に相互反転し、夢は現実に、そして現実は夢に反転することになる。ローンを引き受けるかぎりは、所有されたマンションという具体的なかたちをとった五千万円の価値が実在で、返済総額九千万円は現時点で実在しない単なる観念だと信じてもかまわないし、その逆だと考えても差し支えない。それは個人の反省の自由である。また、現に所有しているマンションの実質的な価値はもとより、義務づけられている返済総額もまた実在すると主張しようと、古くなるほど目減りするマンションの価値も不確実な将来に関係する返済総額も、いってみれば夢の中にある観念にすぎないと信じようと、マンション生活という夢のような現実のもとで着実に返済を遂行するかぎり、そのように信じる権利は何ら毀損されない。すべては個人の内面の自由であり、立場設定の自由である。しかも、このローンに乗るか否かの選択に対しては、ともかくも形式上は完全な自由が保障されているのである。かくしてローンの機構は、契約を通じて「関係の完全性」が成り立つ事例を一つ追加することになる。

ローン機構は実に巧みにできている。たしかに、返済が進むにしたがって第三者による搾取が減少していく「かのように」錯覚され、契約関係は理に適っているように理解される。しかし実際には返済をつうじて恒常的に人生の時間が捧げられることになる。しかも、月々の返済額は基本的に一定であるとはいえ、インフレともなればその利率が普遍必然的に上昇する。そして精魂を費やして完済した三五年後の時点で、ほとんど無価値になった現物のマンション所有をもって、全面的な調停――第三者＝Xからの解放――が〝見事に〟達成されるのである。われわれはこうした、微妙でありながら決定的な時間差攻撃の真相を実に簡単に見逃してしまうため、ローンのように巧妙な搾取・支配の例が、あたかも諸個人の完全な自由を保障しているかのように錯覚している。現代社会にはこの種の錯誤がいたるところに蔓延《まんえん》しているともいえよう。

われわれは以上のような仕組みで成り立っている社会のもとで日々の生活を送っている。そして、自然にその仕組みに馴らされながら、行動様式としても思考様式としても、自分たちの生活にまったく違和感を覚えなくなっている。われわれ（わたし）にとっては、現にこの社会が夢を即座に〝実現〟してくれるのであるから、たとえば分譲マンションでの生活が、生涯を担保に入れることで実のところ「夢のまま実現する」にすぎないとしても、やはり便利このうえない世の中である。

今は無い五千万円とマンション所有（無と一切との相互転換）、いずれ完済すべき九千万円と現時点で五千万円の価値をもつ現物のマンション、こうした反立する二者を調停している第三者＝Xは、ほとんど理屈と論理を絶して時間的に機能する「関係の疑似完全性」の一例、すなわちローン機構であることが明らかとなる。三五年といえば、ローンという恩寵の光の下で、マイホーム所有に向けて眼が開かれる年齢から数えると、かけねなしに一生涯である。にもかかわらず、われわれ一般大衆の多くはささやかな夢を疑似実現する代償に、喜びに涙しながら終身的債務奴隷となる道を選び、虚を衝かれたことに終生気づかぬままその道を歩みつづける。光あるうちに、われわれは光の中を歩まなければならないのであろう。なぜなら、高額の長期ローンともなると、それは将来が期待される者のために用意されているのであって、高齢になるほど利用しにくいシステムになっているからである。

衝撃の克服と克服ずみの衝撃

ローンの例にかぎらず、ほとんどすべてのことが調停済みになっていく世の中の進展を、人々の多くは便利さの増大として評価することであろう。現在においては、自分がそれまでの自分ではないものへと変わっていく、そうした危機的な自己実現の努力などあまり必要とされていない。ただ単に選ぶだけですむ「自由」――実はこれと表裏した「返済の励行」その他の半ば自然な「わたし」の変化――の領域が、社会生活のすみずみにまで拡大しているのではないだろうか。これはどう考えても便利で〝よいこと〟であろう。たしかにこの評価は当たっている。しかしながら、これによって異質なもの、本質からして反立するものは実生活のなかに無数といえるほど存在しながらも、どこかまったく異質さを意識させない。かつてウィルスは人間の大敵だと印象づけられていた。ところが、ウィルスの一種が実は不治の病の治療に利用できることが判明し、そのことが広く報道されたとしても、ものを考える主体として克服困難な衝撃を受けることなどまずない。ましてやこのことをもって、主体としての自分を新たな視点から再限定する課題など、自ら引き受けようとする部外者の一般人が、はたしてどれほどいるだろうか。今日の社会においてはこのように、自分がほかならぬ自分であることを自覚する機会は、事実上ほとんど根絶やしにされている。自分がどのような見地に立とうとも、それは反省の自由である。その自由は選択可能な範囲で行使される「選択の自由」として、ほぼ無差別的に承認される。それゆえ、自我の絶対的な自己定立は難解な哲学書に学ぶまでもなく、初めから当然のこととして行使されているのである。フィヒテが、たとえ夢であったとしても生きる意義を認めようとしたこの現実世界において、自我の〝自由?〟は今やほぼ極限に近いところまで実現されている、といえるのかもしれない。

現代においては、衝撃の克服と呼べるほどの営みは大小様々な組織の一部門に結集され、選ばれた者たち（cognitive and imaginative *elite*）がそこで交互限定の新機軸を開発する課題に追われている。残された者はというと、組織の各部門に絶えず転属されることで、主体としての疑似的な再限定を繰り返しつつ、初めから結果のきまっている、いわば決定論的な〝自己実現?〟を遂げる。

たとえば「企業」という名の絶対我が働く様式を、われわれの自我はそのつど部分的に担い、段階的にその部分を拡大しつつ、誰もが結果としては一にして同一の〝自己?・実現?・〟を自己統制的に目指しているともいえる。フィヒテにとって、あらゆる立場設定の根底に、一にして同一の絶対我（わたし）があったのと同様の形式で、われわれは企業という働きの場で〝自由な?・自己?・実現?・〟に向かっているのである。

ときには自分のなかに無でしかない自分自身を覗き込むこともあるだろう。人々の間へ超出して生きる自分（わたし）は、誰であっても一向にかまわないような匿名の〝わたし?・〟でしかないのかもしれない。しかし、われわれの自我は衝撃不在のもとで即座に反転し（第一原則!・）、無差別的な選択的自由の主体である自分が一切であるといった、およそ夢でしかない究極の自覚に支えられることになる。むしろ〝わたし〟こそが絶対的なのであって、まさにこの点からすれば、逆に経験世界のほうが取るに足りない夢ではなかろうか。このように思えることもある。選択可能性が拡大する〈夢＝現実〉の中にあっては、誰もが自己の変容を迫る衝撃を忌み嫌い、むしろ自分をいつも未限定に保ち、外から与えられる選択肢のほうは際限なく多様でしかも確実に限定されていることを望む。われわれ（わたし）はむしろこの現実が選択の幅を際限なく拡大していく一つの夢であることを願っているのではないか。たしかに極端な話かもしれない。しかし、こうした傾向は、今日の社会生活の至るところに見受けられるのではなかろうか。「選択の自由」は現代人の自我の究極的な要請であり、それを完全に保証するものがあるとすれば、それは現代人にとっての神である。

以上のように、知識学の構想は歴史の中で忘却されたというより、その意義があらためて問いなおされる必要がないほど、現代の社会において実現されてしまっている。少なくともそうした感がある。ただしフィヒテの意図を完全に形骸化させる方向においてであった。こうした方向性は、しかし、知識学そのもののうちに少なくともその一部は孕まれていたのではなかろうか。

永遠なる自由の獲得に向けて

『全知識学の基礎』を完成させたフィヒテは、そこで達成された成果を逸速く法と道徳の領域に応用する。純粋で絶対的な自我は一切と無との間の反転から経験世界へと超出し、そこで自らの実在性を獲得する自己実現に向けて実践を開始する。自我は他者との間で織り成される相互主観性の〈現実＝夢〉へと超出するのである。そして、フィヒテにとってそこで即座に問題になるのが、身体を伴って現実存在する自らと他者たちとの間柄であり、互いの関係を規制する二つの互いに反立する規範であった。一方が法、そしてもう一方が道徳である。

絶対我は実現すべきその理念として、身体を伴った自我主観の働きが反立された客観と一致すること、つまり客観が主観の働きそのものであることを要求する。このためにはしかし、外的に与えられる客観は単なる事物のように、主観の働きに必然的な強制だけを与えるものではなく、自らの自己限定を誘発する特別な客観でなければならない。そうした「促し Aufforderung」(51)によって自我を自由な自己定立の働きへと導く客観、すなわち他者の存在が現実世界における有限な理性存在の成立要件となる。「有限な理性存在は感性界における自由な実働性を自らに帰属させることができるために、それを他の理性存在にも帰属させなければならず、したがって自己の外に他の理性存在をも想定しなければならない[52]」。すでに自我そのものの探究によって、自我が能動性を委譲する働きや、働きの外部からの衝撃が自我の努力に対して自己限定の課題を自覚させるメカニズム等々を解明した。しかし、こうしたことの原初的かつ具体的な場面は、自らと同様な他の理性存在からの自由な働きかけであることがここに判明する。感性界（経験世界）は、身体を備えた個体としての自我同士が自他の反立と交互の実働によって、互いを自由な主体として認識しつつ行為する、そうした関係によって初めて成り立っている。「理性存在は自らの自由な実働性（Wirksamkeit）を実現すべきである」。促しはこの実働性の概念のなかに含まれており、それをまず「第一に、実際に行為することによって実現する」。主体は可能な行為の範囲内で一つの行為を自由な自己限定によって「選択」すべきである。また、「第二に、行為しないことによって実現する」。主体は促しが要求することに反して行為をしない場合にも、やはり行為するかしないかを自由に「選択」するのである[53]。

かくして個体としての自我が現実の中で自らの統一性——自分が自分であること——を確保するためには、交互限定によって他者の自由が可能であるように、自己の自由を制限すると同時に自己の自由が可能であるために他者の自由を制限しなければならない。そして「有限な理性存在は、自らの外になお別の有限な理性存在を想定しうるために、自分自身がかれらとともに権利関係と呼ばれる特定の関係にあるものと想定しなければならない」[54]のである。このようにして『全知識学の基礎』の原則から権利関係と法の概念が自我の統一性の条件としてア・プリオリに演繹される。他方、一般に権利関係が成立する条件として、身体・財産・生存の権利からなる「根源的権利 Urrecht」があげられる。[55]そしてこの権利は、いかなる場合も侵害されてはならない。しかしそのためには、権利侵害を防ぐ強制力が不可欠であり、これが不在であれば有効な権利関係が実現する余地は失われる。そしてフィヒテによると、権利の毀損を防ぐための強制権は、当事者とは別の「第三者（＝X）」におかれなければならない。[56]すなわち、各個人は各人の意志ではなく「実定法」にもとづいて行為すべきであり、それに絶対服従しなければならないのである。[57]そもそも単なる概念にすぎない法律は、実効性をもつためには同時にまた権力でもなければならず、その権力は法律による意志、つまり多数の個人が結合することによって生ずる一つの意志でなければならない。そうした意志にもとづく共同体が法律の実現に向かって働くときにのみ、権利関係は保障の力をもちうるのである。このように、共同体の活動それ自体が法律であることが、権利関係の基礎とされている。ここではまた、絶対我に共同体という現実性が賦与された、と考えることもできるだろう。そしてフィヒテによると、その共同体とは国家にほかならない。しかも、かれがここで主張する国家は、自然法の廃棄を伴うものでも、それと背反するものでもない。というのも、フィヒテがここで提唱している「国家の諸法は、実現された自然法以外であるべきではないからである」[58]。

以上のような議論は知識学のいかなる原理にしたがっているのであろうか。この点はフィヒテの道徳観と対比することで明確になる。法はあくまでも感性界において理性的な存在が相互に実働し合う、行為の「合法性 Legalität」に関わる。そしてそれ以上のものではない。それはしたがって、われわれの自我の内的な心情に関わる「道徳性 Moralität」から、はっきりと切断されなければならない。(59)「人格間に権利関係が成立する可能性は、自然法の領域では相互の信義誠実（gegenseitige Treue und Glaube）に制約されている。しかし相互の信義誠実は、権利法則には依存しない。それは強制されるものではなく、またそれを強制する権利も存在しない。心からのわたしの誠実さを信用することは誰にも強制されないのである。というのも、そうしたことはおのずから外に顕れるわけではないため、自然法の埒外にある〔事柄だ〕からである」。(60)以上から推察されるように、フィヒテは合法性の領域から道徳性を完全に「除外」している。察するに、たとえば反転図形を初めて見たときに、ワイングラスと二つの横顔という、まったく異質なものが紙面上で反転しつつ「遭遇」していることを「衝撃」とともに受け止めるのと同様、かれはここで同じ一つの行為における合法性と道徳性との遭遇を衝撃とともに受け止めている。そして実体性の質料が呈する反転を衝撃とともに受け止め、そうした反転を貫通する普遍的な規準、すなわち「関係の完全性」をもってこれに応えていたのと同様、フィヒテはここで権力を背景とした普遍的な実定法をもって応えているのである。これによって、道徳的な心情から権利関係を遵守する立場に対しても、また単なる合法性にだけ訴える立場に対しても、実定法を遵守するかぎりは同等の自由を承認し、それでいて結果的には権利関係が無傷に保たれるような調停策を、かれは提示していたのである。

地上における神の国

フィヒテが構想した法は、道徳性の有無や程度を選択するにあたって無際限な自由を許容するという、まさにその強力な論拠を背景とした、それ自体は鉄の掟ともいえるものであった。「機械的必然性をもって実効的に働く手立てが施され、これにより、法に反するいかなる行為からも、その目的とは反対のものが結果するようになるとすれば、こうした手立てによって意志は法にかなったことだけを欲するよう強いられるであろう。この措置によって、信義誠実が失われた後でさえ安全が回復され、法を外面的に実現するには善〔なる〕意志がなくともすむようになるだろう[61]」。この措置はまさしく自我の自由な道徳行為の余地を、この〈現実＝夢〉のなかで永遠のものとする一案であったことが分かる。しかもこれによって、国家は各部分の存立が全体の維持のもとで可能な有機的組織体となる。曰く「そして万人はもはや合成体（*compositum*）としての抽象的な概念のうちで合一するのではなく、実際に全体（*totum*）として合一している。このように、自然は多数の個人を創造するときに分離したものを、国家において再び結合する。理性は一つであり、感性界におけるその現れもただ一つである。人類は理性の全体であって、しかも組織されつつ組織していく一なる全体である。理性は多数の互いに独立な分肢に分離されているが、国家という自然的制度はこの独立性を暫時的に廃棄し、ついには人倫が全種族を一なるものへと改造するに至るまで、個々の多数を一なる全体に融合させるのである[62]」。

他方、除外され再限定をもって応えられた道徳性についても、その様相が一変するのは当然である。「誰もが社会のなかで生き、そのなかに留まるべきである。というのも、その外側では〔実践理性が要請する〕自らとの一致などありえないからである」[63]。この唯一の〈現実＝夢〉のなかにしか道徳的な自己実現の場はないということである。「他者と共に国家において結合することは絶対的な良心の義務である」[64]。道徳法則の理念となる絶対我、すなわち理性一般はこのように「理性存在の全体」として、また「理性存在の共同体」として捉え返されている。徳は短絡的な自己完結においてではなく、共同体のもとにおける、かつまた共同体に対する道徳的な実践というかたちでしか成就されえない。「自らに対する義務」は、共同体の道徳的な究極目的にとって、たかだか間接的な条件であるにすぎない[65]。直接的な義務は人類全体との関係で成立し、他者の道徳的行為が自らの目的であるべく図ることである。こうして人類全体に向けた共同体の道徳的な向上が、道徳実践の究極目的とされる。これは経験的〔可分的〕自我の背景に絶対我を立てるフィヒテの基本図式からすると、一つの必然的な帰結であるともいえよう。

以上のような究極目的の追求は、国家制度とのかかわりでは教育をその中枢におくことによって具体化される。その前提条件として、前記のような意味での「自由」は、感性界の権利関係において鉄の掟のように働く実定法によって保障されることになる。そしてこれに守られた「道徳的実践の自由」への促しは、自我の「教育」によって初めて果されうる、とフィヒテは考えているのである。「すべての個体は人間にまで教育されなければならない。さもなくば人間にならないであろう」[66]。ここにはフィヒテ固有の「自由」の実現に向かう自我を、いわば自己再生産的に生産する国家体制の構想が、すでに芽生えているといってよいだろう。ナポレオンのドイツ進攻という「衝撃」に際しては「ドイツ国民協働態」という民族共同体の再限定によって応え、強力な教育体制でこれを達成しようとした発想の原像が、早くもここに顕在化しているのである。交互限定によって「選びの自由」をどこまでも拡大しつつ、しかもその一方で現世を鉄の掟で張り巡らせるフィヒテの学説は、さながらプロテスタンティズムの教義として強化された「予定説 Prädestinationslehre」の近代版である[67]。さらにフィヒテ晩年の国家論では、教育は国家的な任務の位置にまで明確に定位され、理性国家の実現に向けた綱領とされることになる。すなわち、各人が神の像として顕現する「自由」を発展させることにより「理性の国 Vernunftreich」が次第に実現するであろう[68]、ということである。フィヒテはこのように、国家の存続とその成就として、道徳の国を定位している。「自由の国」をその発展のうちに実現しつつ自己再生産する教育国家体制[69]、フィヒテによると、それは「地上における神の国 das Reich des Himmels auf der Erde」にほかならなかった。かれ曰く、「理性によって要請される法の国と、キリスト教によって約束された地上における神の国とは一にして同一なのである[70]」。

近代化の夢と夢の近代

近世から近代へと脱皮しようとするドイツの一時代を生きたフィヒテは、選びの自由が無際限に人類を侵食する救済のシナリオを遺し、激動するヨーロッパの歴史を駆け抜けていった。そのシナリオにおいて、教育機構がマスコミを介した世論操作・形成装置——諸個人の内面を支配し統制する機構——にまで普遍化を遂げると、ほぼそのまま現代社会が姿を現しそうである。すでに述べたような「選びの自由」の現状と併せ考えれば、フィヒテは顚倒した近現代の縮図——何もかもが「選ばれているとしてそのようになっている Sosein als gewählt」——を描いていたともいえる。逆にまた、われわれがかれの構想を顚倒させた〈夢＝現実〉を現在において生きているのかもしれない。

フィヒテのシナリオでは、国家権力を背景として鉄の掟のように張り巡らされ発展していく実定法に護られて、われわれは主体的な道徳実践に対する自由の領域をどこまでも拡大するはずであった。内面的で道徳的な意味の付与を常に許容しながら自己増殖的に発展する実定法秩序の下で、われわれ人間は自らの信仰の自由を着実に実現していくに違いないと考えられたのである。そう信じられたからこそ、フィヒテは各人がもつ意味付与の主体性と独自性、そして多様性に向けて限りなく可能性を切り拓こうとしたのであろう。そしてかれはそれ自体として見れば、意味が完全に奪い去られている（sinnennackt）ため、逆にどのような意味付与に対しても開かれた実定法によって、秩序の形成と維持を図ろうとした。混乱するヨーロッパ情勢のもとで、フィヒテはこのように、意味付与に対して開かれ、また自由にもとづく道徳的な実践を極限的に許容しながらも、無差別的かつ必然的に機能する法（法則）が国家共同体のもとで再生産的に発展する体制を考案していたのである。ところが、まさしくここに最大の誤算があった。

近現代人は、そもそもこの道行きに耐えるだけの主体性と各人固有の意味創出能力を持ち合わせてはおらず、また各人が個人の立場からそれを限りなく開発していくこともなかったのである。交互限定による「第三者＝X」の追究が、ひとたび経済合理性を追求する手段のうちに呑み込まれ、関係の完全性が近代的パラダイムのハードコアを形成する道筋ができてしまうと、諸個人の行為を規制する没意味的で必然的な法則の発展は、瞬く間に諸個人の主体的な意味創出の営みを追い越す。そしてどこまでもわれわれを置き去りにしていったのである。その後には、いわばノッペラボウの対人諸関係、社会関係、対自然関係、そして歴史とも風土とも無縁な匿名の科学技術文明が、あらゆる色彩を失った廃墟のごとく遺された。そしてわれわれは、にわかに個性豊かな自由の具体化を内面に要求されても、もはや廃墟を彩る意味創出の源泉をどこにも発見することができない。そこにはただ空白が広がっているだけである。人々の大半は、もしも内面の自由に向けて本当に解放されようものなら、むしろ底無しの不安に駆り立てられる不自由に苛まれることであろう。そもそもフィヒテ当人なみの強靱な創造力と想像力は、近現代人には期待できないものであった。知識学が難解な哲学説の典型とされているということは、むしろこの実情の一つの証しだということにもなろう。まさしくこれが、われわれの目の前に広がる〈夢＝現実〉である。しかしながら、以上はあくまでも現代のわれわれが知識学に対して下す一方的な評価にすぎないのかもしれない。フィヒテにとって、かれが行った理論構築は、当時の情勢のもとで不可避となった課題に対する、かれ固有の遂行結果にほかならなかったとも考えられる。

キリスト教世界＝ヨーロッパの再生

われわれにとって、身体を伴う以前の純粋な自我（第一原則）が、他者の視点に移り行きながら自らのうちに無の深淵を覗き込む（第二原則）ということは、どう考えても理解しがたい。しかしそうした純粋な自我というものは、ヨーロッパの思想伝統のなかで把握すると、肉体を離れた人間の純粋な霊魂に相当し、むしろ普通の信仰信条に根差していたともいえる。感覚をもたず、感性界を経験したこともない純粋な霊魂に、自らの無を覗かせるもの、それは絶対的他者としての絶対者、すなわち神である。そして、純粋な霊魂はたとえ救済される運命にあったとしても、そのままでは救われるべき自己を認識することがない。フィヒテにとって、おそらく〈現世＝夢〉は神の恩寵によって、この自己認識を果す（第三原則）ために遣わされた唯一の生きる場であったのだろう。[71] 神の世界創造の後を引き受け、地上を恩寵の国へと改造していくこと、[72] かれにとってはこれこそが人間の使命にほかならなかった。

われわれ人間は現世が夢かもしれないという徹底した懐疑を、むしろ神の啓示として受けとめ、信仰に生きる敬虔な民として〈現世＝夢〉を自由の国につくりかえていく営みに参与しなければならない。これはキリスト教徒フィヒテにとって不退転の信仰実践であったともいえる。いたずらに現世の外に支えを求め、あるいは現世が夢かもしれないと疑って自足するような立場を、かれは自らの使命をまっとうするために、どうしても解体しなければならなかった。そのためには、しかし、有限な理性存在にとっても、これまで見てきたような自我を、わたし個人が自らの立場において確信できるのでなければならない。かれが神との直接的な関わりを信ずるプロテスタントであってみれば、それは背水の陣で守らなければならない貴重な信条であった。そのため、かれは自我の事行という、感覚を介さない知性だけの認識が、われわれ有限な理性存在の根底で働いていることを論証しなければならない。しかも有限な理性には、現世から離脱して自らと現世の真相を見据える道は閉ざされている。人間のささやかな理性にとって可能なのは、現世における生からの離脱や超越とは異なる、カント以来の超越論的な反省にかぎられていた。その徹底によってフィヒテは、自我と生の実像を現世の深淵から浮かび上がらせなければならなかったのである。そしてこの課題を遂行する途上で判明した、関係の完全性を背景とする交互限定によって、自由を現世の隅々にまで張りめぐらせなければ、かれの自覚した人間の使命はまっとうされない。その使命は、まさしく神の国が地上に実現する生きた秩序（*ordo ordinans*）に参与することであったのだろう。と同時にまた、自己の内なる絶対我の働きを絶え間なく自覚にもたらそうとする実践は、いずれ自らが死を迎えて肉体から離れ、感覚的・物質的な現世的側面を一切失った後も、救われるべき自己を認識する純粋な知性――他の何ものでもない純然たるこの「わたし」の働き――へと、自らの魂が完成されるために遣わされた、現世における唯一の道行きであったのではなかろうか。そして、その道行きは「知性認識 *cognitio intellectualis, intelligere*」というヨーロッパの哲学を貫通する伝統への反逆と、キリスト教世界＝ヨーロッパの再生に向けた精神的聖地の奪還をも意味していたのである。[73]

我が内なる信仰のみ（sola fide!）

カントは――その主著『純粋理性批判』につながる思索活動を開始した――いわゆる批判期の初めに、知性の直観知を人間の認識能力から完全に締め出していた。かれは形而上学の歴史に対して人間の理性が有限であることの自覚を訴え、われわれ人間の有限な理性のうちに論証的な知性（悟性）の働きだけを認め、直観を感性だけに限定したのである。[74] これによって、理性が思弁的に神を認識する能力は棄却され、現世における信仰実践の貫徹を信条とする敬虔主義（ピエティスムス）の理論化が図られた。カントの批判哲学はこのように、ピエティスムスの一発展形態でもあり、知性認識の否定はその発展を稔りあるものとするための大規模な戦略と相即していたのである。カントのアプリオリスムス（先天主義）をこの観点から大胆に性格づけるならば、それは自我（霊魂）の尊厳を膠着化した既存の制度的・宗教的な権威の下へ引き渡す惰性的傾向に抗い、また現世での信仰実践を軽視して空虚な思弁へと信仰を萎縮させる悪しき伝統と対決しつつも、すべてを感性的経験の戯れへと解消させる動向からは断固として距離をとり、その上で個人霊魂の尊厳を経験世界の実践領域に確保しようとする極めて困難な課題遂行の試みであった。カントによる独断的経験論と独断的懐疑論との調停（演繹論）、そして合理論と経験論との調停（弁証論）は、まさにこの課題遂行が具体的なかたちをとったものにほかならなかったのである。[75]

フィヒテもまた、ルタートゥム（ルター主義）をその基調とするプロテスタント的な信仰実践の立場から、カントと自らの時代を席巻していた理論闘争に最終的な決着をつける戦闘を遂行していた[76]。信仰と理性をめぐって闘われた、以上のような精神史のなかで創りあげられた最終兵器、それがほかならぬフィヒテの自我哲学・知識学であったともいえる。しかし、かれは同時代の哲学論争に正面から挑みつつも、その論争を遥かに凌駕する歴史の次元へと足を踏み込んでいった。そして終にかれは、信仰と理性をめぐって全ヨーロッパ史を貫通した絶え間ない闘争に身を投じ、その遠大な伝統によって醸成されたヘブライズムの「選びの神」を、歴史の暗黒から呼び戻していたのである。この禁断を犯した知識学は「関係の完全性」と「交互限定」という圧倒的な〈破壊＝創造〉力をもつ理論装置によって、暗黒の絶対者に秘められていた無限の威力を近現代的な「選びの自由」に改鋳し、この地上に甦らせている。フィヒテはまさしくこの意味で、近代への突破口を切り開いたのである。「霊魂はある仕方において総てである *anima quodammodo omnia*」[77]。かれはアリストテレス＝トマスのこのテーゼに対して一種独特の仕方で応えていたことが分かる。そして、かれのつくりあげた自我の学説は、哲学の歴史からすればピュタゴラス教団・プラトンの「魂の気遣い *ἐπιμέλεια ψυχῆς*」の近代版であり、教育によって国家秩序への絶対服従と自由の内面化とを同時に達成しようとする、プラトン的な構想の復活だともいえる。

　わたし＝魂にとって現世がたとえ夢であったとしても、それが唯だ一つの夢であるならば、夢と知りつつその夢を生きぬくのみ（Tathandlung）。経験世界＝現世を生きる者には、その基盤となる〝真理真相の世界？〟が仮に存在したところで、そこへ至り着く道も、それを推理する手立ても、またそれについて何かを垣間見るささやかな望みさえも、完全に断たれている。この現世に生かされる「わたし」は、唯だ信仰のみを現世の基盤かつ〈来世＝真相世界〉への道しるべとし（*sola fide*）、自らが有限な存在者として徹頭徹尾この経験世界のうちに留まっていることを率直に受け容れなければならない。しかし「わたし」には、聖書に記された神の命令に服して（*sola scriptura*）、現世における神の国の建設に向けた実践活動に、迷うことなく身を投じる自由が与えられている。しかも、そうした良心の自由を実践することは、現世のうちに確かな秩序を形成するのである。

いかなる知識であろうと、否むしろ知識であるかぎり、それは〈現世＝夢〉の支えとなるものをけっして与えてくれはしない。そうである以上、あたかもそうした支えを提供しているかのような知識の全形態を、例外なく根こそぎ粉砕しなければ、真の人間的自由は実現しないであろう。そのためにはしかし、いかなる知識といえども、現世に生かされ死とともに消滅する――それ自体は無でしかない――他ならぬこの「わたし」が担保する道行き以外、どこにも逃げ場は残されていない。これがフィヒテの根本的な確信であったと推察される。そこには背筋を凍らせるような諦念と、凄絶な闘いに臨む決意とが、あたかも反立したまま保持されているかのようである。

思想とはレトロウィルスの別名である。それは破壊的＝創造的であるほど、宿主である歴史の伝統から激しい免疫排除の攻撃を受け、幾度となく突然変異を繰り返した後に、宿主＝歴史の核の奥深くに影を潜めることになる。そして、その長い眠りが経過した後に、歴史はもはや引き返すことのできない決定的な変容を余儀なくされているのである。フィヒテの知識学は自我の反転性格を徹底して解明し、その意図とは無縁に、かれの構想を顚倒させた近現代の〈夢＝現実〉をもたらした。反転の徹底した克服を目指す果敢な思想が、自ら反転してしか実現しない歴史のこの力動性を、ここでは「複合反転態勢 *μοῖρα*」と表現しておこう。フィヒテの事行はまさしくそうした歴史性を貫いたのである。かれ曰く「あらゆる反対者は、おそらくは目隠しをしたまま知識学の領域で、しかも知識学の武器をとって闘わざるをえない。そして、かれの目隠しを取り去って、かれが立っている戦場を見せてやることは、いつでも簡単であろう」(415)。カントが形而上学の戦場を理性的な権利闘争の法廷に変容させようと構想した直後、終結するかに見えたのも束の間、規模を数桁上げて再開された最終戦争の最前線で、フィヒテは闘いに臨む。そこでかれはけっして戦争の終結を訴えはしない。現在の戦闘が一体いかなる戦争の局地戦であるのか、ただそれを見きわめることができるように、時代の目を見開かせようとしていたのである。

結　語　古典としての知識学

古典とは何か。これはかなりの難問である。しかし、古典と呼ばれるものは現在まで残りつづけている。これは事実である。この事実に注目すれば、古典とはさまざまな時代情況のもとで、その時々の重大な問いかけにそのつど深遠な回答を投げ返し続けたもののことだとはいえそうである。同じ文学作品でも、人生経験を重ねるにつれて、その読みごたえは変わってくる。作品の中に発見する内容までが、以前とは別物になることさえある。しかし、そうした変容の経験があるからこそ、われわれは同じ一つの作品をくりかえし読む価値を認めるのではなかろうか。いつ読んでもまったく変わりがないのであれば、一つの作品を繰り返し読む気にはならないものである。

作品は同じ一つのものであり、変わることはない。この点からしても読み取られ、発見される内容が以前と比べて異なってくる原因は、作品そのものの中にはないことが分かる。変化するのは作品ではなく、それを読むわれわれである。われわれ自身のものの見方や考え方が変わるのである。同じ作品から、より深遠な内容を受け取ることがあるのは、そのような問いをどこかでなげかけている自分がいるからであろう。おそらくは自分自身でも気づかないまま、作品に対して以前よりも深い問いかけをしているのである。そしてわれわれは、自分たちの投げかける問いに応じた回答を、そのつど受け取っている。同じ作品を前にして、読み手であるわれわれは、このことをあらためて知る。また、受け取る内容の変化をつうじて自分たち自身の変化を知るのである。作品をくりかえし鑑賞するときに経験する変化は、いつもこうしたものであると言えそうである。

専門家の読み方は素人の読み方とはちがう。これは確かである。専門家が評価するものが古典であり、それ以外は古典でない。実際このように思えることもよくある。なるほどこの説明は説得力をもっている。古典と呼ばれる作品は、専門家以外の者にとっては無味乾燥で解かりにくいことが多いからである。しかしながら、仮にそれが正しかったとしても、専門家もはじめは素人であり、かれらもまた、かれらなりに自らの変化を経験しながら、かつてとは異なったものの見方や問いを幾度となく積み重ねたのではなかろうか。自分自身が変化する経験ということに関しては、専門家も素人も同じである。神のように完璧な専門家もいなければ、ものの見方や問いが一切欠落した素人もいない。誰がどう語ろうと、これは事実である。とすれば、完全に正しい解釈も完全に誤った解釈も本当はどこにもないことになりはしないか。誰もがものの見方や問い方を変え、経験のなかでものの見方を深めていく。現実にはただそういう変化があるだけのことである。

古典文学の作品は、あるときは演劇化され、またあるときは映画化されながら継承される。そのようにして創られる作品群は、それぞれの時代情況を生きた劇作家や演出家たちが、自分たちの力量で新たに創り出したものだといえるだろう。が、同時にまたそれらの作品群は、かれらが自らのセンスを総動員して古典作品に立ち向かったときに、まさにその古典から投げ返された回答なのではなかろうか。古典は同じ一つの作品でありながら、様々な時代の数しれぬ問いに対して、いつも応えつづけている。思うに、この強靭さこそが古典を古典たらしめる大きな特徴だといえるだろう。もしもこの見方がまったくの的外れでないとすれば、古典からの回答は、いずれパズルの答えのように、全面的に決着がついてしまうようなものではないはずである。いつでもそれは、そのつどの問いかけに応じて、問いの深さに相応なかたちで投げ返されてくる回答でしかない。それは「解答」ではなく、常に「回答」ないし「応答」でありつづける。問う者が誰であれ、問題意識がどのようなものであれ、問われたことにふさわしい姿形だけを頑なといえるほど忠実に映しだす鏡があるとすれば、その鏡こそ古典であろう。けっして自らを語らぬまま歴史を貫いた透明な装置。これこそ古典の名にふさわしい。そしてわれわれは哲学におけるその典型を知識学のうちに見るのである。

しかし、もとより『全知識学の基礎』が以上のような意味での古典であるならば、パズル解きをするような態度でそれに臨むことはできない。打ち止めとなるような解釈を与えようとしても、そうした企ては古典に対してほとんど意味をなさないからである。古典のもつ性格からして、そもそも解釈の正しさや誤りという評価さえも、最終的には問題にならない。こうした事情に鑑みると、フィヒテの哲学に接近する道は、あまり多くないように思える。いくつかの問いを仮設して、想像力を働かせながら接近する道だけが残されている。そして本書の試みもまた、そうした一つの、ある意味では無謀な道を歩もうとするものであった。

以上のことを自覚したうえで総括すると、フィヒテの構想は、かつてコペルニクス＝カント的な思考法の変革により達成された調停を、暗黙のうちに標準モデルとして「関係の完全性」を打ち立て、交互限定による第三者＝Xの追究を不可逆的に推進させるものであったといえる。そこには地動説と経験的事実との対立のように、全面的な調停に至った特別な事例群をハードコアとし、ありとあらゆる価値体系、すべての意味体系の間の対立を、いわば空振りに終わらせながら呑み込みつつ普遍化を遂げる近代のパラダイムが映し出されている。それはいわば、天界という未知なる領域（das Reich des Himmels）を理解するために採用されたコペルニクス主義（思考法の変革）の境地を、この地上に（auf der Erde）現出させて、至福千年を実現しようとする壮大な試みであった。そして知識学の理論構制のうちには、不完全ながらも第三者＝Xの追究、すなわち調停作業とそのための討議に参加しない自由をも疑似的に保障することで、事実上は一般大衆を文字どおり合法的に遺棄しつつ、関係の疑似完全性を実働させる底辺の動力源とする方向性もまた顔を覗かせている。が、それだけではない。総てであるべくして無でしかない自我という体系原理のうちには、選択的自由という、形式の上では万能で内容としては完璧に空虚な、そのかぎりで精神の内面に対してだけ無限に開かれた空虚な近代的自由の一祖型も垣間見える。「物の豊かさと心の貧しさ」という、今ではとうの昔に言い古された近代批判の決まり文句がある。しかし、それでもまだこの決まり文句に何らかの説得力が残っているとすれば、上記のように、空虚な自由だけをあてがわれたまま合法的に遺棄された近代人の真相を、どこか射当てているからかもしれない。古典としての知識学。それは現代社会の実像と現代人の自我像を、冷徹なまでに映し出しているのである。

しかし、知識学が難解であり、そうでありながら近付こうとする者に対して桁外れともいえる強靭な想像力の発揮を迫ってくるのは、この哲学が〈古典＝鏡〉であることをさらに超えているからなのかもしれない。フィヒテが遺したこの鏡は、われわれの自我という、それ自体が鏡であるものの、さらなる鏡であり、いわば「鏡の鏡」だからではなかろうか。いずれにせよ、知識学は歴史を貫く古典であるとはいえ、思想一般がそうであるように、固有の背景のもとでのみ、自らの実像を結ぶことに変わりはない。哲学思想を故郷へ送り返す。このことは逆に、それを徹底したかたちで、われわれの生きる現在に取り戻すことをも意味するのである。

註

フィヒテの著作等からの引用にあたっては、次の全集を利用した。

① *J. G. Fichte-Gesamtausgabe der Bayerischen Akademie der Wissenschaften*, hrsg. von Reinhard Lauth, Hans Jacobs und Hans Gliwitzky, Fromman-Holzboog Verlag 1962ff. ――このアカデミー版全集からの引用を示すために、全集名を*GA*という略記号で表し、たとえば*GA* III 2, 16のように、系列番号をローマ数字、巻数をアラビア数字でそれぞれ表記したうえで、該当ページ数を示すことにする。

② *J. G. Fichtes sämmtliche Werke*, 8 Bde. hrsg. von I. H. Fichte, Berlin 1845-46, Walter de Gruyter Verlag 1965-66――この小フィヒテ版全集から引用する場合は、全集名を*SW*と略記し、巻数をローマ数字で添えた後に、該当するページ数を記す。

③ *Nachgelassene Werke*, 3 Bde. hrsg. von I. H. Fichte, Bonn 1834-35, Walter de Gruyter Verlag 1962――*NW*と略記し、この遺稿集から引用する場合は、略記号の後に巻数をローマ数字で添え、該当するページ数を記す。

④ *Nachgelassene Schriften*, Bd. 2, hrsg. von H. Jacob, Junker und Dünnhaupt 1937――*NS2*と略記する。

なお、本文および註のなかで言及する、フィヒテの主要な著作等の題名は、次のような省略記号で表す。

BWL: *Ueber den Begriff der Wissenschaftslehre oder der Philosophie, als Einladungsschrift zu seinen Vorlesungen über diese Wissenschaft*, 1794, in: *GA* I 2, 107-172［山本饒 訳『知識学の概念 並びに第二序論』（岩波書店、一九三四年）; 隈元忠敬 訳『知識学の概念』、R・ラウト、加藤尚武、隈元忠敬、坂部恵、藤澤賢一郎 編集『初期知識学』フィヒテ全集 第四巻（哲書房、一九九七年）九―七五ページ所収］.

GWL : *Grundlage der gesamten Wissenschaftslehre*, 1794/95, in : *GA* I 2, 249-461［隈元忠敬 訳『フィヒテ全知識学の基礎・知識学梗概』（渓水社、一九八六年）；隈元忠敬 訳『全知識学の基礎』、上掲フィヒテ全集第四巻、七七―三五三ページ所収］.

Wnm : Wissenschaftslehre nach den Vorlesungen von Hr. Pr. Fichtes, ca. 1796-99, in : *GA* IV 2, 17-267 ; Die Wissenschaftslehre nova methodo (1797-1799), in : *NS*2, 341-611［藤澤賢一郎 訳「新たな方法による知識学」『イェーナ時代後期の知識学』、上掲フィヒテ全集 第七巻（一九九九年）一―三五七ページ所収］.

ZEW : Zweite Einleitung in die Wissenschaftslehre fur Leser, die schon ein philosophisches System haben, 1797, in : *GA* I 4, 209-268［山本饒、前掲訳書、および鈴木琢真 訳「知識学への第二序論―すでに哲学体系をもつ読者のために―」上掲フィヒテ全集 第七巻、三九七―四七二ページ所収］.

VDW : Versuch einer neuen Darstellung der Wissenschaftslehre, 1797, in : *GA* I 4, 269-281［千田義光 訳「知識学の新叙述の試み」上掲フィヒテ全集 第七巻、四七三―四八九ページ所収］.

GNR : *Grundlage des Naturrechts nach Principien der Wissenschaftslehre*, 1. Teil, 1796, in : *GA* I 3, 311-460 ; 2. Teil, 1797, in : *GA* I 4, 1-156［藤澤賢一郎 他 訳『自然法論』上掲フィヒテ全集 第六巻（一九九五年）］.

SSW : *Das System der Sittenlehre nach den Principien der Wissenschaftslehre*, 1798, in : *GA* I 5, 19-317.

SS : *Das System der Sittenlehre*, 1812, in : *NW* III, 1-144.

SL : *Die Staatslehre, oder über das Verhältniss des Urstaates zum Vernunftreiche, in Vorlesungen*, 1813, in : *SW* IV, 367-600.

また、以下の註でしばしば言及する『フィヒテ研究』については、次のような省略記号で表し、アラビア数字で巻数（出版年）を示すことにする。

FS : *Fichte-Studien. Beiträge zur Geschichte und Systematik der Transzendental philosophie*, hrgs. von K. Hammacher, R. Schottky und W. H. Schrader.

この論文集の第10巻では書名『全知識学の基礎』の「全 gesamt」を原典通り《gesammt》と綴る論文が複数あるが、

各論文の綴りどおりに記しておくことにする。

第一章

（1） Johann Gottlieb Fichte, GWL. この『全知識学の基礎』からの引用は、本文中の（ ）内に上掲①アカデミー版 GA I 2 の該当するページ数を記す。本文中の（ ）内に数字のみが記されている場合は、したがって、この該当ページ数であることを表している。また、引用中の〔……〕は中略、〔 〕内に記した語句は引用者による補足をそれぞれ表し、原文でイタリック等による強調があって、しかもそのことを示す必要のある箇所は、傍点によってこれを示す。中略、補足、傍点については、他の著作から引用する場合も同様とする。引用に際しては、前掲の翻訳書を参照したが、文体をそろえるために、すべて新たに訳出してある。したがって訳文の責任は引用者にある。なお、上掲フィヒテ全集第四巻所収の翻訳には、アカデミー版のページ数も記されているので、該当する同翻訳書のページ数を併記することは省略した。
　ところで『全知識学の基礎』は、もともと一七九四年の五月からその翌年にかけて、フィヒテがイェーナ大学での講義にさいして毎回全紙一枚ずつテキストとして学生に配布したものがもとになっている。フィヒテの生前に著作として出版されたのは、その第一部と第二部が一七九四年のミヒャエル祭のとき、第三部が翌年の七月末から八月初め頃で、一八〇二年には初版と同内容で「理論的能力にかんする知識学特性綱要」と合本となった第二版と改定第二版が、異なった出版社から公刊されている（vgl. GA I 2, 175f.）。都合三種類の版が存在することになるが、慣例にしたがってそれぞれをA版、B版、C版と呼んで区別する。アカデミー版はこのうちのA版を底本としている。

　なお、フィヒテその人についても註で言及する必要な場合は他の版についても註で言及する。参考になる。
F. Medicus, *Fichtes Leben*, 2. Aufl., Leibzig, Felix Meiner 1922.

（2） Vgl. AG I 2, 206ff., (Vorwort von R. Lauth). また、知識学に対するヤコービおよびラインホルトの立場と反応については、隈元忠敬『フィヒテ『全知識学の基礎』の研究』（渓水社、一九八六年）

一五―二七ページ、および大峯顯『フィヒテ研究』（創文社、一九七六年）七―一〇ページ参照。

（3） Vgl. J. Stolzenberg, "Fichtes Satz》Ich bin《, Argumentanalytische Überlegungen zu Paragraph 1 der Grundlage der gesamten Wissenschaftslehre von 1794/95", in : FS, 6 (1994), S. 1-34, hier S. 1.

（4） I. Kant, *Kritik der reinen Vernunft*, 1781, 2. Aufl., 1787. 慣例にしたがって、たとえば第二版10ページを（B10）のように本文中に記す。他の著作については、アカデミー版カント全集の巻数をローマ数字で、ページ数をアラビア数字でそれぞれ示し、以下の註においても同様とする。

（5） かれはこの試みを説明しながら、有名なコペルニクスの例をあげている。「コペルニクスは、すべての天体が観測者の周囲を運行するというように想定すると、天体の運動の説明が首尾よくはこばなかったので、今度は天体を静止させて、その周囲を観測者にめぐらせるとより首尾よくいきはしないかと思い、それを試みた」（BXVI）。カントはこのように、形而上学が学問として確実な道につくための方策として、コペルニクスに認められるような思考法の変革を試みるよう要請している。ここで重要なのは、天体の見かけの動きが観測者の立つ大地の運動を反映したものであるように、経験的に認識される対象の諸性質（規定）が理性の働き方を反映しているということにほかならない。コペルニクスの思考法に倣うとは、したがって、われわれが天体の動きのうちに大地の運動を認識するのと同様、経験的な対象のうちに理性の働き方、すなわちわれわれの経験的な認識がしたがっている理性の諸原理――客観的な経験認識を可能とするア・プリオリな認識様式――を、改めて認識するということである。「理性は自分自身の計画にしたがい、自ら産出するところのもののしか認識しない」（BXIII）。カントがこう述べるように、自然科学は理性の法則――大地の運動様式――にしたがいつつ、あらかじめ自然のなかに置き入れた理性自身の法則――天体の動きとして観測される大地の運動様式――を求めているのである。こうした「思考法の転回」を敢行して、自然科学は学問としての身分を確かなものとしたのである。このように、学問の確実な成果はそれが扱う対象からではなく、実は学問的な営みの背景ないし源泉、すなわち理性自身を探究することでもたらされている。実際、数学や自然科学の確実な成果においては、理性にもともと備わる諸法則が、対象の構成を介して改めて認識されていたのである。

以上のような、いわゆる「コペルニクス的転回」についての様々な解釈については、拙稿「コペルニクス的転回と理性の法廷」『成蹊法学』第三八号（一九九四年一月）五五―一八八ページ所収、特に六二―七四ページおよび九九―一〇三ページの註（5）、一〇三―一〇五ページの註（15）を参照されたい。

（6） 石川文康「良心の法廷モデル」浜田義文・牧野英二編『近世ドイツ哲学論考』（法政大学出版局、一九九三年）所収を参照。その他、特に次の研究が参考になった。

① F. Kaulbach, *Philosophie als Wissenschaft. —Ein Anleitung zum Studium von Kants Kritik der reinen Vernunft in Vorlesungen*, Hildesheim 1981［井上昌計訳『純粋理性批判案内―学としての哲学』（成文堂、一九八四年）］.

② 浜田義文「法廷としての『純粋理性批判』」『法政大学文学部紀要』第三一号（一九八五年）所収。

③ 石川文康「理性批判の法廷モデル」『理想』第六三五号（理想社、一九八七年）所収。

④ 平田俊博「純粋理性の批判と現代――理性の法廷をめぐる司法モデルと立法モデル」前掲『近世ドイツ哲学論考』所収。

なお、法廷モデルとの関係でコペルニクス的転回を理解する研究としては次のものを参照。

⑤ 石川文康「カントのコペルニクス的転回」浜田義文編『カント読本』（法政大学出版局、一九八九年）所収、特に三二―三三ページ。

（7） カントの設定を見ると「反対対立（反対命題）の諸主張の間には考え方の完全な一様性があり、それは世界の諸現象の説明においてだけではなく宇宙自身に関する先験的理念の解決についても、純粋な経験論の原理がおかれていることであり、これに反して定立〔正命題〕の諸主張は、現象の系列の内部における経験的な説明法のほかになお知的な発端を基礎として」いる（高峰一愚『カント純粋理性批判入門』（論創社、一九七九年）三〇八ページ）。したがって、反対命題は「経験論」の立場を代弁するかたちになっていると思われ、正命題は「独断論」の立場を代弁していると考えられる。模擬裁判の以下での設定では、この関係が或る意味で逆になってしまうわけだが、現代的な文脈ではむしろそのほうが自然な印象を与えるのではないかと推察される。このため、あえて「弁証論」におけるカントの設定に、そのましたがうことを避けた。本来であれば、歴史上の問題や経験論に対するカント独自の立場設定があると考えられるため、こうした恣意的な置き換えは許されないだろう。しかし、カントが「演繹論」において「経験論の原理をほしいままにする」ロックと「懐疑論に身を委ねる」ヒュームを対立させて、自分は「人間理性を伴ってこの両者の暗礁の間を無事に通過して、理性にその限界を指示しはするが、しかしその合目的活動の全領野を理性のために開放しておく」(B128) ことを目差す、と述べている点を生かすために、あえてこのような設定にしたいと思う (vgl. Reflexion, Nr. 5645, XVIII, 293-295)。

(8) 同様の確認は『判断力批判』(一七九〇年)でもなされている (V, 340)。

(9) Vgl. H. M. Baumgartner, "Zur methodischen Struktur der Transzendentalphilosophie Immanuel Kants —— Bemerkungen zu Rüdiger Bubners Beitrag", E. Schaper und W. Vossenkuhl (Hg.), Bedingungen der Möglichkeit, S. 80-87〔藤澤賢一郎訳「カントの超越論哲学の方法的構造について」竹市明弘編『超越論哲学と分析哲学』(産業図書、一九九二年) 所収、特に一一二ページ参照〕.

(10) マイモン (Salomon Maimon c. 1753-1800) は、ポーランドのリタウエンに生まれたユダヤ人で、カント哲学の批判的継承者である。かれの『超越論哲学超克試論』(*Versuch über die Transscendentalphilosophie, mit einem Anhang über die Symbolische Erkenntnis*, 1790, *Aetas Kantiana*, Bruxelles, Cultur et Civilisation, 1969) によると、カントが感覚所与と呼ぶものは数学の「微分 *dx*」に類似し、直観の内容としては限りなくゼロに近いが他の感覚所与に対する未展開の関係性を内に秘めている (*ibid*., S. 31f.)。構想力はこれらの感覚所与をまとめあげて現象としての客観をつくりだし、悟性は感覚所与相互の関係性を概念化して捉える。このように、マイモンは事実の世界を微分方程式の体系のように想定する。ところで、カントが述べるように理性は自らがつくりだして対象の内に置いておいたものだけをア・プリオリに認識するのであるから、認識は究極まで進展すると、理性の働きすべてを映し出した理性の産物、すなわち理性の自己像（超越論的理想）を対象の内に見ることになる。人間精神（魂）は経験の中で感性に拘束されつつも、個々の微分方程式を発見して解いていくように、事実を知性化しながら「神・人間の魂（精神）・世界」の「三位一体」を顕すこの理想へ向かう。マイモンによるとこの理想は一切の哲学説を「連合」させる「虚焦点」なのである（*ibid.*, S. 207f.）。

フィヒテ知識学との関連を研究した近年の論文としては、特に次のものが参考になった。

F. Krämer, "Parallelen zwischen Maimon und den frühen Fichte", in: FS, 9 (1997), S. 275-290.

なお、マイモンの全集版には次のものがある。

S. Maimons Gesammelte Werke, hrsg. von Valerio Verra, Hildesheim 1965-1974.

（11） F. H. Jacobi, *David Hume über den Glauben, oder Idealismus und Realismus, Ein Gespräch*, 1787, *F. H. Jacobis Werke*, Bd. II, hrsg. von F. Roth und F. Koppen, Darmstadt 1980.

ヤコービ（Friedrich Heinrich Jacobi, 1743-1819）はフィヒテに絶大な影響を与えつつも、後に無神論論争を介してフィヒテとの対決姿勢を明確にするが、この一七八七年の段階ではヒュームよりもT・リードの見解に依拠しており、事実概念をめぐる微妙——かつ重大——な理解の齟齬から、フィヒテの提唱する「信仰」と自説の根幹となる「信仰」との相違を明確化していったということについては、cf. G. di Giovanni, "The Early Fichte as Disciple of Jacobi", in: FS, 9 (1997), pp. 257-273, esp. on pp. 266-268, 270, 272.

ここでヤコービの考え方を確認しておくことにしよう。かれは『スピノザ学説についての書簡』(*Über die Lehre des Spinozas in Briefen an Herrn Moses Mendelssohn*, 1785) において、埋もれていたスピノザ哲学を発掘し、その哲学体系としての一貫性を評価するとともに、自由な神を端初としながら導出された体系が決定論である点に矛盾をみいだしている。ヤコービはその一方で、カント前批判期の『神の現存在を論証する唯一可能な証明根拠』(1796) における「無制約的な現存在 unbedingtes Dasein」という概念に触発され、独自の問題意識をかためる。条件付の真理しか与えない啓蒙主義の学問は、条件から条件へと我々を引きずり回すだけで、端的に「真なるもの」を与えない（vgl. *F. H. Jacobis Werke*, Bd. IV, hrsg. von F. Roth und F. Köppen, S. 223)。学問は抽象的で難解な概念をもとにして具体的で分かり易い事実を理解するよう要求するが、この要求こそ誤りではないのか。このように考えたヤコービは、ここで一挙に発想を転換し、眼前に具体物を捉えているという、まさにこのことが理屈以前の真実であると認定する。われわれはそうした現場で疑いようもなく対象と直に接し、対象が「現に在ることDasein」を確信しているのである。かれはこの確信の働きを「感情」あるいは「信仰」などと呼び、人知一切の支えは結局のところ、この確信にほかならないと主張する。以上がヤコービの信仰哲学と呼ばれるものである。知の現場では信仰が働き、具体物の存在が「啓示Offenbarung」されるということである。

他方、ヤコービは学問の抽象的な知識は軽視し、成り立ちの点では神秘化する。われわれは概念を「思考の中」に創りうるのみで、感性を介しても物自体には到達できない。そのため概念が真である基準を外界に求めるのは不可能であり、結局ア・プリオリに成り立つのは思考の中で首尾一貫する数学と論理学だけである。それ以外の学問は扱う対象を数学的、論理的なものへと変換できる程度に応じて確かであるにすぎない。この変換は聖体拝領の典礼でパンがキリストの肉体になるとされている「実体変化Transsubstantiation」と同様に、論理を超えて起こる（F. H. Jacobi, *Von den Göttlichen Dingen und ihrer Offenbarung*, 1811, *Werke*, Bd. III, S. 351）。かれの信仰哲学は直接、知が自由や不死性など、感覚を超えたものに及ぶとする点で素朴実在論とは異なり、信仰が具体物を認識するときに働くとする点で神学とも異なる。カントだけではなくヤコービからも絶大な影響を受けていたフィヒテが（この影響が大きかったことの指摘としては、隈元忠敬、前掲書（2）、二一ページ参照）、こうしたヤコービの思考様式と無縁であったとは考えにくい。実在性と観念性との相互的な転換という問題も、こうした思想的影響史のなかで捉える必要があるだろう。

ヤコービはまた、すでに述べたようにスピノザ哲学に注目する。無神論を導くその決定論的な実在論の体系が、徹底的に首尾一貫させた哲学的思考の必然的な帰結であることを指摘して、この帰結を余儀なくさせる原因を追究する。スピノザの体系をその究極形態として創り出す哲学の思考様式では、思考そのものが批判的に吟味されないため、思考が作り出した仮構物を現実の存在であるかのように錯誤する傾向が自覚されない。理性を決定論の災いに晒すのは原罪ともいえる哲学のこうした錯誤であり、カントの物自体も原罪の残滓にほかならない。そして、フィヒテの知識学こそが宿命的な災いから理性を救う「救い主」であり、カントはその前身となる洗礼者にすぎないのである（vgl. F. H. Jacobi, *Jacobi an Fichte*, 1799, *Werke*, Bd. III, S. 9-57)。こう語るヤコービは、後に知識学をニヒリズムとして糾弾するが、以上の救済観は「信仰」哲学に結実するかれの問題関心をよく特徴づけている。本稿ではフィヒテの宗教観と救済観、およびそれらとかれの哲学との関係を最終節で扱うが、ヤコービのこうした立場を生み出す当時の情況をともに念頭に置くことでしか、問題は明らかにならないであろう。このことを現段階で確認しておきたい。

　なお、ヤコービの思想展開については、つぎの研究書が特に参考になる。

L. Lévy-Bruhl, *La philosophie de F. H. Jacobi*, Paris 1894.

F. U. Schmidt, *F. H. Jacobi*, Heidelberg 1908.

K. Homann, *F. H. Jacobis Philosophie der Freiheit*, Freiburg/München 1973.

また、ヤコービとフィヒテの関係については『フィヒテ研究』第14巻（FS, 14, 1988）所収の各論文、さらに『全知識学の基礎』（GWL）第三部との関連では次の研究論文が参考になる。

R. Loock, "Gefühl und Realitat. Fichtes Auseinandersetzung mit Jacobi in der Grundlage der Wissenschaft des Praktischen", in: FS, 10 (1997), S. 219-237.

(12) F. H. Jacobi, *op. cit.* (11), S. 236.

(13) 詳しくは拙稿「カントとフィヒテとの間」『講座ドイツ観念論』第三巻（弘文堂、一九九〇年）所収の第一節を参照されたい。なお、フィヒテが知識学の構想を具体化する直接的な機縁となったのは、G・E・シュルツェの『エーネジデムス』(*Aenesidemus oder über die Fundamente der von dem Herrn Professor Reinhold in Jena gelieferten Elementar-Philosophie. Nebst einer Vertheidigung des Skepticismus gegen die Anmassungen der Vernunftkritik*, 1792) によるカントおよびラインホルトに向けた入念な懐疑論的批判の登場であったが (cf. D. Breazeale, "Fichte's Aenesidemus Review and the Transformation of German Idealism", *Review of Metaphysics* 34, March

1981, pp. 545-568)、この著作に対する論評の執筆に先立って、すでにヤコービ的な懐疑はフィヒテの問題関心に深く根を張っていたことが、当時の書簡に記された表現にも窺える (cf. *ibid.*, p. 548)。

ところで、本書で扱っている『全知識学の基礎』において結実した「自我」の原理を、フィヒテ最初期のフランス革命論に認められるかれの立場と関連づける、あるいはそこから導こうとする解釈が今日に至るまで散見される。この種の解釈は、ここで問題にしているような当時の論争情況を見過ごしているだけでなく、フィヒテが「知識学」という構想をもつまでの段階で基本的な発想を転換していたこと、そして実際にかれの打ち出している自我原理が最初期のそれとは似ても似つかないことに、不思議とまったく無神経である。この種の先行研究に対する文献学的、および理論内在的な批判については、拙稿「知識学と自我原理(二)」『成蹊法学』第四三号(成蹊大学法学部、一九九六年、三月)一〇一—一三六ページ所収、二〇七—二一〇ページを参照されたい。

また、近年の研究は、イェーナ期のフィヒテが旧来の——不可疑の原理から確実な学を構築するといった——デカルト的な構想から脱却し、あくまでも有限な人間の認識主観からすべての認識を理解していると強調するようになってきた (vgl. T. Rockmore, "Fichte, die subjektive Wende und der kartesianische Traum", in: FS, 9 (1997), S. 115-125, bes. S. 121f., 123)。本書では、こうした「デカルト的な夢」からの脱却がフィヒテによってどのようになされているのかを、かれの議論そのものを解読することによって示す予定である。

(14) 第一原則をフィヒテの議論に沿って、もっとも厳密かつ的確に分析した研究としては、筆者の知るかぎりJ・シュトルツェンベルクのそれがあげられる (J. Stolzenberg, *op. cit.* (3), bes. S. 14ff.)。しかし、この入念な研究によってもなお、疑問点がまったく残らないわけではない。たとえばシュトルツェンベルクは、命題「我あり」がX——A=Aに認められる必然的なwenn-so関係——によって示される、端的な確実性をもつ形式の表現であること、そしてこうした局面が命題「我は我なり」の内容に結び付けられ、この内容はそれ自身から現実存在する或るものへと結び付けられること、それゆえ「我は我なり」は形式上のみならず内容上も無制約かつ端的に妥当するということを指摘する(*ibid.*, S. 27)。かれは以上のような、立ち入った解明を欠くフィヒテの関連づけは、同命題の身分がデカルト的な明証性の一変種になっているということで、容易に理解できると述べている(*ibid.*)。しかし、フィヒテは第一原則に解説を施す箇所でデカルトの命題を批判しており、「思う」ことは「存在する」ことの、ある特殊な限定の一つにすぎないと指摘してもいるのであるから(GWL, in: *GA* I 2, 262)。この点を軽視してはならないだろう。シュトルツェンベルク自身が指摘しているように、命題「我あり」はA＝Aに認められる必然的な結合関係ないし結合作用にすぎず、これをその内容とする命題「我は我なり」はそれ自身から現実存在する或るものへと必然的に結び付けられるとはいえ、その或るものは思惟ないし意識の働きそれ自身からすると確たる存在ではなく、限りなく無限定な、それゆえ知の働きにとってはただ「無」としか言いようのない何かにすぎないという特異な面を併せもっている。こうした、述語の位置が開放された《Ich bin》＝《Ich bin X》という第一原則の側面(後註(20)の無限判断をめぐるW・ヤンケの所論を参照)が、特に第二原則との関連でも、フィヒテの独自性をなしているのではなかろうか。この点は、フィヒテの議論に即しつつ、本書の第三章第二節で知識学の超越論的な反省が呈する最大の謎として解明する予定である。

(15) フィヒテの三原則については、K・グロイが従来のフィヒテ研究を通覧して総括的な検討を行っている(隈元忠敬訳「フィヒテ『全知識学の基礎』(一七九四年)の三原則」『シンポジオン』第二九号(広島大学文学部哲学研究室、一九八四年)所収の講義草稿)。「解釈には二つの根本型が区別される。第一の型は三原則を、神、世界、霊魂という伝統的なキリスト教の三位図式にしたがって解釈し、かくて方法的には下り道の方向における弁証法の意味をもつものである。他方、第二の型は三原則を人間的自覚に関する陳述として評価し、方法的には同一平面に立つものとするのである。いずれの根本提起もその変種を許容する。すなわち第一の根本提起は、それが神を現実性として捉えるか理念ないし理想として捉えるかにしたがって、第二の根本提起は、それが自覚の解明として登場するか自覚の構成として登場するか、いいかえれば分析的方法によって扱うか総合的方法によって扱うか、あるいは二つの方法を結合してヘーゲルの意味における弁証法として扱うかにしたがって、それぞれの変種を許容するのである。この弁証法が本来のフィヒテの型によって補完されうるかどうかはまだ明らかにされていない」（同紀要、五〇ページ）。ちなみに本書では三原則を第二の人間的自覚として捉え、第一原則を全と無との――全実在性を獲得した自我と内容空虚な自我の形式との――間の反転構造として、また第二原則を反省の起点として、さらに第三原則を感性界（経験世界）における相互主観性の起点としてそれぞれ位置づけることになる。したがって、第二の型とはいっても三原則が同一平面にあるものとは考えない。また、グロイのいう第一の根本提起との関係では、第一原則を神でも経験世界のもとにある人間精神でもなく、肉体から分離した人間の霊魂として位置づける。したがってそれは神の似像ではありえても、絶対者たる神からは断絶している。また、第二原則はそうした絶対者を背景に視点が移行して、自我が自らのうちに無の深淵を覗き込むことに対応し、第三原則は経験世界のもとで諸事物や他者たちと関わり合う、肉体を伴った人間精神（霊魂）の基本構造を表現しているものと解釈する。詳細は本書の第三章第二節を参照されたい。

（16）　フィヒテは次のように注意を促している。「明確にしておこう！　わたしが自覚（Selbstbewußtseyn）に至るまえに、わたしはいったい何であったのか、という問いが投げ掛けられるのをよく聞く。これに対する当然の答えは、わたしはまったく存在していなかった、というものである。というのも、わたしはわたしではなかったからである。――このような問いが生じてしまうのは、主観としての自我と、絶対的主観が反省する客観としての自我とのあいだに混乱があるからであって、こうした問い自体が〔本来は〕まったく許されないのである。自我は自らを表象し、そのかぎりで自己自身を表象の形式にとりあげ〔表象にもたらし〕、それで初めて或るもの、すなわち一つの客観であるからだ。実際に意識されていなくとも存在し、しかも身体をもつものと考えられる一つの基体といったものが意識に生ずるのは、このようなかたちにおいてなのである」（GWL, GA I 2, 260）。発達心理学を初め、個体の存在を前提してその内部に自己ないし自我の意識作用を探るような理解の仕方は、ここで述べられているように、フィヒテの問題設定を完全に逸することになる。

なお、K・グロイは自覚（自己意識）を「物理的な光の反射との類比」で解釈しようとする反省のモデルには不備があることを指摘している。「自我が主観と客観との二重の機能において登場し、この二重性と差異にもかかわらず統一的で同一的な自我であるというテーゼは、差しあたり単なる主張であり、任意の想定であって、これこそまず証明されなければならない」（K・グロイ講義草稿、隈元忠敬訳「近世における自覚の基礎構造」『シンポジオン』第三四号（広島大学文学部哲学研究室、一九八九年）一七ページ）。しかし、本書で採用されている鏡のモデルは、物理的な反射との類比にとどまるものではない。それはむしろ、グロイが述べるような自我の統一性と同一性が崩れる場面を具体的にイメージ化するモデルである。

従来のフィヒテ研究には、グロイのような見解ではないながらも、鏡のモデルを知識学の解釈から斥けようとする姿勢を誘発する指摘が散見される（cf. e.g. G. Zöller, *Fichte's Transcendental Philosophy: The Original Duplicity of Intelligence and Will*, Cambridge UP, 1998, p. 36）。しかし、この種の姿勢は、知識学における自我が単に対象を映し出すような鏡ではなく、むしろ眼であるといった、フィヒテ自身の発言に着目しながらも（Wnm, *GA* IV 2, S. 49:《Das Ich in der Wiss = Lehre〔……〕ist kein Spiegel, sondern *ein Auge*》）、否定的な前半部分だけに過剰反応したものではなかろうか。現にフィヒテ当人は知識学における自我を「眼」の比喩で、またこの直後にそれを「自らを映し出す鏡 ein sich abspiegelnder Spiegel」として積極的・肯定的に性格づけている（ibid.）。まさしくここで、どれほど決定的な指摘がなされているのかを看過してはならない。もともと反省構造を備える人間精神、すなわち自らを映し出す鏡でもあるところの自我は、反省によって自らの備える反省構造そのものを像として映し出す、まさにこれが知識学の示そうとしていることにほかならない。したがって、鏡の比喩でこれを表現すると、フィヒテは「自我が自らを映し出す鏡であること」を、知識学がいわば「自らを映し出す鏡の鏡」となって、自我自身に自覚させようとしていたといえる。かれはこのことを通じて、知識学の端緒となる反省が自我に備わる法則にしたがってなされていることを示すとともに、哲学的な知識を含む全知識の究極的な支えとなる自我が、向かい合った二つの鏡に映し出される底無しの深淵に譬えうるような、いわばそれ自体は無でありながら、果てしなく自らの実在性を求めていく有限者であることを自覚するに至って、その議論を完結させている。こうした『全知識学の基礎』の構成を理解するためには、フィヒテが述べているとおり「自らを映し出す鏡」の比喩に即して自我を理解し、またそのような自我を映し出す知識学の立場を「鏡の鏡」として性格づけ、最終的には「鏡の鏡」が映し出す自我の真相を示さなければならない。さらに付言すると、自我を眼に譬えるフィヒテの発言（vgl. ibid.: 《*durch sein eigenes sehen wird das Auge* (die intelligenz) *sich selbst zum Bilde*》）についても、鏡のイメージを抜きにすると、ほとんど理解不可能であろう。われわれが自分自身の眼の働きを、眼の働きそのものの像として捉えるのは、鏡の中に自分の眼差しを見る場合であり、少なくともその場合を典型としているのである。

　なお、フィヒテが鏡の体験をモデルとする根本的な洞察に至ったのは、かれに影響を与えたS・マイモンがすでに呈示していた鏡の比喩（vgl. S. Maimon, *op. cit.*（4）, S. 202）を大きな機縁ないし着想としていたのではないかと推察される。このことに関しては、前掲（13）拙稿（一九九〇年）、四七ページを参照されたい。

（17）識者はここに論理破綻を見て取るかもしれない。というのも第二原則に関係すると思われるこの文脈が純粋自我の議論であるにもかかわらず、経験的な他者に対する意識を前提しているからである。しかしながら、まさしくこの点がフィヒテの呈示する反省理論の核心ともいえる特徴にほかならない。幸いなことに、この問題に接近するための礎ともなるようなフィヒテ研究が本邦に存在している。木村素衞『フィヒテ』（弘文堂、一九三七年）がそれである。その内容をここで一瞥しておくとよいかもしれない。

　知識学の体系は「この学から独立に人間精神内に存在する」（BWL, *GA* I 2, 141）ところの「知性の必然的な活動の仕方」（*ibid.*, S. 142Anm.）に対して、これに「対応する korrespondieren」（*ibid.*, S. 148）ような「模写 Abbildung」（*ibid.*, 127Anm.）であって、この模写は「表象の形式において」（*ibid.*, S. 149）成立する。『フィヒテ』では、知識学の成り立ちがこのように定式化された後に、フィヒテが改定増補した第二版と比較することで、訂正された箇所の検討が徹底して行われている（同研究書、七ページ以下）。そして、ここで述べられている「人間精神 menschlicher Geist」とは、われわれの「現実の意識」（同書、八ページ）、すなわち「合理的必然的なる知性の活動の仕方の体系を内に蔵し」ているところの「偶然的非合理的なる存在」（同書、一〇ページ）にほかならない。さらに、この意味での「人間精神」はまた「直接の生そのもの」（同書、一一ページ）とも「合理的構造を含む非合理的全体」（同書、一八ページ）とも表現される。このように「知識学とは直接に生きられるこの生から偶然的非合理的なものを篩い分けて必然的合理的なる生の本質構造を明らかにするところにその課題を担う」（同書、一一ページ）学なのである。

　ところで「知性の活動の仕方」を意識化するといった、この課題を遂行するにあたっては、知性の必然的な活動には含まれていない、別の新たな活動が要求されるはずである。フィヒテはそれを「自由の活動」（BWL, *GA* I 2, 141）と呼ぶ。この新たな活動は、日常的な生においては現実意識が埋没し、無自覚的に従っているところの活動様式を、明確な「意識の形式」へともたらす働きであるから、字義どおり「反省の活動」である（*ibid*., S. 142）。しかもそれは必然的な活動のみを「一切の混在から純粋に」抽出する点で、まさしく「抽象の活動」にほかならない（ibid.）。したがって、知識学は自由にもとづく反省と抽象により、対象となる知性の必然的活動を表象する「哲学者」によって遂行されるのである（木村、上掲研究書、一一―一二ページ）。

　この問題については、たとえば次の論文でも扱われている。

K. Nagasawa, "Eine neue Moglichkeit der Philosophie nach der *Grundlage der gesammten Wissenschaftslehre*", in: FS, 10（1997）, S. 115-123, vgl. bes. S. 115f.

　さて、以上のように反省と抽象が知識学の端緒として解明されたわけだが、実はここで判明したような自由による反省と抽象を、生のなかでイメージ化しようとしているのが鏡の例である。鏡を覗く同じ一人のわたしの見る働きが、見る働きそのものを反省する場面、これを暫定的に他者の視点として実感につなげることが、鏡の例の意図するところなのである。ここで他者の視点に仮託して対応づけた「わたしの見る働き」が、上記の研究における「哲学者の視点から遂行される反省」であり「抽象」である。生の中にある、わたし自身の同じ一つの働きが二重化していることに注目しなければならない。そして、なぜこのような反省が自由にもとづいてなされるのか、この問題はフィヒテも述べるように（BWL, *GA* I 2, 144）、知識学の反省的な攻究が最後まで徹底されたときに初めて判明する。本書ではその真相を第三章の第二節で扱うことになる。

　さらに、近年の研究のなかでも、本書の扱っている『全知識学の基礎』を初め、イェーナ期の知識学が実存的な生の問題と思弁的な哲学問題に対してどのように位置づけられ、またそれぞれの問題解決に向けていかに対応したのかを入念に検討した、D・ブリーズィールの研究はとりわけ注目に価する（D. Breazeale, “Philosophy and the Divided Self: On the 》Existential《 and 》Scientific《 Tasks of the Jena *Wissenschaftslehre*”, in: FS, 6 (1994), pp. 117-147）。この研究によると、フィヒテは哲学の端緒を――自由にもとづく反省（ないし思弁）による――日常的な経験からの離陸（超出）として位置づけ、この離陸によって初めて経験を説明する哲学的な立場が成立する（cf. *ibid.*, p. 121）。したがって経験的な対象に直接関与する「日常的な生と学問の立場」と、この立場を対象化して検討する「超越論的（哲学的）立場」との違いを明確に意識できなければ、そもそも後者のような哲学的立場は成立しえない。そして、哲学というものは通常の学問とは異なった意味で、つまりその対象ないし主題――日常的な生と学問――に直接関係するのとは異なった仕方で、あくまでも生と学問に資するのでなければならない。もしも哲学が、いかなる意味においても何ら生に奉仕しないのであれば、それは無用のものとなるほかないだろう。フィヒテはこのように哲学を性格づけ、その課題を特に、人間の実存的な問題に向けた応答のうちに見ている。ブリーズィールは、まず以上のようにイェーナ期のフィヒテに認められる問題関心を解釈する(vgl. Idem, “Der fragwürdige 》Primat der praktischen Vernunft《 in Fichtes *Grundlage der gesamten Wissenschaftslehre*”, in: FS, 10 (1997), S. 253-263, bes. S. 262f.)。

　われわれ人間は、自らの自由という実践的な確信をもつ一方で、同時にまた自らが自然の秩序のうちに拘束されているという不可抗的な意識をもつ。しかも、前者の確信は後者の意識を廃棄しなければ維持されず、逆に後者の意識は前者の確信を覆す（cf. Idem, *op. cit.* 1994, p. 124）。にもかかわらず、われわれは自らの本性そのものに潜むこうした背反と分裂を克服し、自らが統一された自己であるよう駆り立てられている。すなわち人間は、およそ空虚な理想として以外には不可能な課題を、現実において絶え間なく遂行しなければならず、常にこうした実存の苦痛を自ら引き受けなければならないのである（cf. *ibid.*, p. 127）。知識学はそれゆえ、分裂した自己という生の根本問題に、何らかの光明をもたらさなければならなかった（cf. *ibid.*, p. 129）。ブリーズィールはこのように指摘している。

しかしその一方で、知識学は自己完結的な体系化を遂げなければ完成されない。それは超越論哲学として、日常的な生の立場がいかに成り立っているのかを、すなわち自我を超えることなく日常的な意識の成り立ちを説明し尽くし、さらには自我がそれでもなお自らを超えて非我を定立する仕方を隈無く解明する、そうした一つの体系的な学へと構築され、生の立場から自立化しなければならない（cf. *ibid.*, p. 131）。というのも、日常的な経験——生と学問の立場——からの「暫定的な離陸」という超越論哲学・知識学の端緒は、このことによって初めて日常的な生と学問の立場を通覧する視座、すなわち本格的な哲学の視座への「完全な離陸」となるからである。知識学はこのように、「自我は自己自身を端的に定立する das Ich setzt sich selbst schlechthin」という端緒における洞察を体系化の後に論証することによって、日常的な経験——生と学問が第一次的に関わっている表象世界——を体系的に説明（演繹）する際の基礎としていた端緒の洞察へと立ち返り、この洞察が結果として妥当であったことを改めて論証していた（cf. *ibid.*, p. 133f.）。

そしてブリーズィールは次のように述べている。「統一を求める実存的な要求に関して知識学が証明するのは、この統一が一つの理想にほかならないということ、すなわち理想とはわれわれがそれに向けてただ努力しうる何かであるということ、そして自己が分裂しているという意識は、われわれが人間として真の使命を全うするうえで不可欠となる、実践的な努力を可能にしているということである」（*ibid.*, p. 142）。すでに自我が自らを超えて非我を定立する仕方は解明されている。自我の統一とは、けっしてどこか手の届かないところに在って、獲ようとして獲られない何かではない。この点は本書の本節でも詳しく扱った。そしてブリーズィールによると、知識学は自我の統一という理想が実際には獲られず、また獲られる必要もないという真相を示すことで、有限なわれわれの自我が自由と必然に分裂していることにむしろ実存的な意義を与えている（*cf. ibid.*）。拘束がなければ自由はわれわれにとって理解不能であり、またわれわれが自由な自己限定と無縁であるならば、客観的な必然性を理解することは、われわれには不可能である。知識学はこうした真相を示しつつ、われわれが生において必然を自由に従属させるために、絶え間なく努力しなければならないことを教えるのである。

以上のようなブリーズィールの解釈は説得力に富んだものである。しかしながら、実際に知識学が実存的な生の立場と思弁的な哲学の立場とを峻別し、後者として成立する知識学の超越論的な反省が、前者の抱える問題に応えようとしているとして、その課題が「自我は自己自身を端的に定立する」という端緒における洞察の最終的な論証によって達成されているのであれば、この論証はW・ヤンケが指摘する「自らを定立する〔働き〕として、自己自身を端的に定立する自我」という自我の本質―後註（46）参照―に集約されていることになるだろう。これは端緒における洞察に潜在していた事柄だとはいえ、端緒におけるそれよりも著しく深化を遂げた自我の洞察にほかならず、本書の第三章第二節で論及される「生と意識の原理」に相当するものである。これは自我の理論的な側面（必然性）と自我の実践的な側面（自由な自己限定）の両者を共に支え、常に両者を貫通している点で、まさに第一原則の深い真相であったことが改めて確認される。体系化の後に深化を遂げたこの第一原則は、遠心的に働く生の原理と求心的に働く意識の原理へと分岐する一方で、いずれも全実在性の要求に促されて混然一体に成立している。絶対我の呈するこうした本性は、しかも、およそ一切の経験に先行して自我自身の内に無の深淵を覗かせるのである。

後の検討で判明するように、自我は衝撃を克服するために主観としての自らの働きと客観の在りようを交互的に再限定し直すことで、ほかならぬ「わたし」――自我の統一――を常にかろうじて維持する。同時にまた、客観世界（表象世界＝経験世界＝現世）の側は、その体系的な秩序を保っている。わたしがわたしであろうとする実践が一方に、そして現世の秩序が維持されているという現実が他方に、これら両者が相表裏して、しかも前者の実践（自由な自己限定）によって達成される。さらには、こうした実践から身を引いた自我（わたし）が自らの内に見るのは、全実在性の要求に駆り立てられた「単なる無」にすぎない。第三章第二節で論及するように、自我（わたし）は自らを不断に再限定しつつ、常にわたしであろうとする実践を通じて世界の道徳的な秩序に帰一する。このように整理すると、以上はルタートゥムを基調とする、フィヒテ固有のキリスト教的な宗教観に裏打ちされた姿勢であったといってよいだろう。

　来世において、わたしは救済されるのか、いかにして救済されるのか、これらを知る術は現世に生かされた有限な理性存在たる人間には一切与えられていない。ただ信仰だけがそれを確信させるだけである。というのも、救済は徹頭徹尾、神の選びに委ねられているからである。しかしながら、自由と秩序を両面的に可能とする実践は、自我（わたし）が他ならぬ自我（わたし）であることを不断に確立する仕方で達成されるのである。もともと無でしかない人間は、まさにその本性を克服して本当の自我（わたし）となるために、一面からすると苦痛に満ちたこの現世に創造され、そのもとに生かされている。それゆえ、もしも神によって真に選ばれているのであれば、わたしは他ならぬ「わたし」として救済されることを確信しつつ、道徳的な世界秩序の維持という神の計画に服しうるであろう。推察するに、こうした信仰をフィヒテの抽象的な理論構成の背景に窺い知るのでなければ、かれの語ることは具体像を結ばないのではなかろうか。

　ちなみにブリーズィールは、一七九五年七月二日付でラインホルトに宛てられた長文のフィヒテ書簡（*GA* III 2, 342-352）に見られる一節、すなわち「わたしの心をわたしの頭と合致させる、哲学というものを我がものとしましたことは、もちろん、わたしにとって少なからぬ財産であります」（*ibid.*, S. 343）を引用し（D. Breazeale, *op. cit.* 1994, p. 141）、また他の箇所では「心 Herz」と自由とを、そして「頭 Kopf」と必然とを、それぞれ対応させて解釈しているが（cf. *ibid.*, p. 124）、実存的な生と思弁的（反省的）な哲学との関係で、フィヒテが「心」と言うとき、それは槍に突かれたイエスの心臓を連想させる苦痛と愛の信仰・精神文化的潮流——キリスト教信仰の伝統——に、おそらくは無意識のうちにも棹さしていたのではなかろうか。かつて救い主が人間の罪を贖ったその原像——自由と必然との相克および相克からの救済という原像——に帰依して、フィヒテは実存的な生の真相を洞察しただけではなく、ささやかな人間理性に分相応な、生からの離脱、すなわち超越論的な反省——原像に対する模像——を、ほかならぬ知識学によって貫徹しようとしていたのである。

また、ブリーズィールは、イェーナ期の知識学にフィヒテが認めようとした確実性、普遍妥当性、そしてフィヒテが知識学を唯一の哲学とする確信について研究している（D. Breazeale, "Certainty, Universal Validity, and Conviction: The Methodological Primacy of Practical Reason Within the Jena Wissenschaftslehre", in: D. Breazeale and T. Rockmore (eds.), *New Perspectives on Fichte*, Humanities Press, New Jerset 1966, pp. 35-59）。この研究でブリーズィールは、フィヒテが知識学を確実で普遍妥当的な唯一の哲学とする根拠として、「当人がもつ人間として不可避な実践的確信と、かれの哲学の理論的な信条との間に闘争が不在」であり、無自覚な信念も含めたすべての信念と現実の行為とが矛盾していないこと——すなわちたった一つの誤りも確信できないこと——をあげている（*ibid.*, p. 50f.）。このように、知識学はわれわれを信念と行為との「遂行的 performative」な矛盾一切から脱却させ、人間の生を自己との調和という、達成されることがないながらも絶えずこれに向けて努力する無限の過程として理解させる（*ibid.*, p. 51）。しかしブリーズィールは、フィヒテによって知識学の確実性、普遍妥当性、そして哲学としての唯一性を裏打ちするとされるこの確信によっても、なお知識学とは別の哲学に、誰かが「確信の充全 Fulle der Ueberzeugung」を獲得することはないのかどうか、この点には疑問が残ると述べている（*ibid.*, p. 52）。以上はきわめて重要な論点であり、大小のフィヒテ資料に綿密に配視した手堅い解釈である。とはいえ、ブリーズィールも強調しているように、生において「すべての確信の審判者」たる最高の審判者は「良心そのもの」にほかならない（*ibid.*, p. 48)。このことからすると、唯一の〈夢＝現実〉のもとに生かされた「わたし」の儚い生存の間に、いずれ別の哲学が異なった仕方で確信の充全をもたらすのではないかといった、いわば仮象の希望に信仰を委ねるような余裕を、フィヒテはそもそも持ち合わせていなかったとも推察される。つまり、ここにおいてもまた、知識学の背景にフィヒテ固有のルター派的な「良心の自由」と、道徳実践的な信仰の自己確信を見届けなければならないのである。

(18) ここで見たような反省の自己回復的なメカニズムは、フィヒテが『知識学の概念』（BWL）第七節で扱っている「循環」の問題と結び付いている。本書ではそれを「自我の反転」といった性格として解明する予定である。この循環という問題については、木村、前掲書（17）、一八―二四ページ参照。および、近年の研究論文では例えば、vgl. G. Rametta, "Satz und Grund : Der Anfang der Philosophie bei Fichte mit Bezugnahme auf die Werke BWL und GWL", in : FS, 9 (1997), S. 128-139, hier S. 134f.; K. Nagasawa, *op. cit.* (17), S. 117-119.

(19) W・ヤンケは次のように明言している。「働きとは表象作用が働いているということ（An-Werke-Sein）を意味する。この語〔定立〕も同じ意味をもっている。定立とは或るものを、存在するとして表象する(etwas als seiend vorstellen）ということである」（W. Janke, *Fichte, Sein und Reflexion ― Grundlage der kritischen Vernunft*, Berlin, Walter de Gruyter 1970, S. 71［隈元忠敬 他 訳『フィヒテ 存在と反省――批判的理性の基礎』上巻、哲書房、一九九二年、一〇八ページ］）。なお、Setzen の訳語については、これを「措定」とするのが適切であるとの的を射た指摘もある（藤澤賢一郎、前掲翻訳書『自然法論』フィヒテ全集 第六巻 解説、同書、五八九―五九〇ページ）。しかしながら本書では、あくまでも文脈の都合で「定立」という旧来の訳語をそのまま採用した。

(20) W・ヤンケは、フィヒテの「われ在り Ich bin」が判断として理解される場合には単なる肯定判断としてではなく、カントの「無限判断」との関連で考えなければならない点を指摘している。すなわち、Ich bin X（～である）という側面が看過されてはならないということである（W. Janke, „Ich bin-ich“: thetisches Urteil oder spekula-

tiver Satz, Fichte oder Hegel?", in: *Fichte-Studien, Bd.* 1, Japanische Fichte-Gesellschaft 1993)。本書では特に第三章の第一節で「限定可能性」という問題場面から、このことにも関係する検討がなされる。フィヒテ本人もまた次のように述べている。「正立的判断（thetisches Urtheil）は、しかし、あるものが何か他のものに等しいと定立されるのではなく、また他のものに反立されるのでもなく、むしろただ自己自身に等しく定立されるような判断であろう。それゆえ、それ〔正立的判断〕は、いかなる結合根拠も区別根拠も前提することはできないだろう。むしろそれが論理形式にしたがって、ともかくも前提せざるをえない第三者は、根拠に対するただの課題だけであろう。〔そして〕この種の根源的な最高の判断は、自我は在る、である。この判断においては、自我に関してまったく何事も述べられないで、むしろ述語の場所は自我の可能的な規定に対して無限に空虚にされている」（GWL, *GA* I 2, 276f.）。「カントとかれの後継者たちがこうした〔正立的〕判断を無限判断と命名したのは正しかった」（*ibid.*, S. 278）。

（21）原文はイタリックとゲシュペルトの併用になっている。このため、以下にその原文をあげて、引用中の傍点は省略する。*Ich bin schlechthin*, d. i. *ich bin schlechthin, w e i l ich bin; und bin schlechthin, w a s ich bin; beides f ü r d a s I c h.*

（22）フィヒテは第一原則をはじめ、知識学の基本的な意想が聴講者や読者に伝わらない実情を受け止め、書簡の中で知識学の独特な特性について語っている。「わたしが伝えようとしておりますのは、語られもせず概念把握されもしない、ただ直観さるだけの或るものです。〔そもそも〕わたしが語りますのは、読者を導いて、望まれている直観がかれのうちで形成されること以上ではないつもりです。わたしの著作を研究なさる方に忠告いたしたいのは、言葉は言葉としておいて、ただ一連のわたしの直観のうちにどこかで入り込むよう試みて戴きたいということです。そして、たとえ先行する箇所がすべて理解できない場合でさえも、最後に閃光が迸り出るところまで読み通す、ということです」（1795, Juli 2, Fichte an K. L. Reinhold, Blief, *GA* III 2, 344）。このように、概念的にではなく、構想力にもとづいて知識学の観点に立つことが、それを受け取るただ一つの途だと述べられている。そして、その途上で起こることが内的な直観の「形成」であるという点に着目しなければならない。およそ以上のように、自我の自己定立という働きについて、その直観としての側面が強調されるようになる。

一七九七年の「知識学への第二序論」（ZEW）では、次のように論じられている。「自我がただ自己自身に対してのみ存在するや否や、同時に自我に対して自我の外側の存在が必然的に成立し、しかも後者の根拠は前者のうちにあって、後者は前者により条件づけられている」（GA I 4, 212）。哲学者はこのことを説明しなければならない。超越論的な立場から自然的な意識の在り方を、このように説明しなければならないのである。このために哲学者は、いったん外的存在を捨象し、自分自身を思惟することによって、「自己内に還帰する働き Zurückkehren in sich」を得る（*ibid.*, S. 213)。しかしこの働きは、非我の反立をまって初めて概念作用となるもので、まだ「意識」でも「自己意識」でもない、単なる「直観」である(*ibid.*, S. 214)。しかし、哲学者はこの「自己内還帰」の働きを自ら遂行することで、それを直観していることは確かである。この「意識の直接的な事実」に身をおきながら、存在と対立させることで「働き一般」の概念を獲得し、右のような単なる「作用の直観」を「自らのうちに還行するこの特定の働き」として概念把握することが、哲学者にとっては肝要なのである（*ibid.*, S. 215)。フィヒテは哲学者に要求される、こうした原初的な直観を「知的直観 intellektuelle Anschauung」と名付けている（*ibid.*, S. 216f.)。

さらに、一七九八年の講義では、こうした「自己内還帰」の働きがさまざまに語られ、そうした働きの直観が聴講者によって内的に形成されることが促される。「この活動（Thätigkeit）は定義(DEFINIEREN) されず、直接的な直観にもとづく。それはわたしがわたし自らの活動を直接的に意識することにおいて成立するのである」(Wnm, GA IV 2, 29)。「わたしは自らを定立するものとして定立した――これは直観である――わたしは自己自身を表象するものとして表象した――わたしは働き、そして自らの働きを意識した――それは一にして同一のことであったのだ」(*ibid.*, S. 30)。このように、自我は区別と同一がともに成立する根源的な定立の働きである。それは定立する側からすれば直観であり、定立される側からすると、区別によって初めて成り立つところの概念となる。「自我は直観する者〔直観作用〕として自らを定立することなしには——自己自身を定立することなしには——自らを概念把握できない」(*ibid.*, S. 38)。フィヒテはこうして、直観と概念の同一性の根源として知的直観を性格づける方向へ、知識学の叙述形態を発展させていった。

　なお、この時期の知識学については、つぎの研究書が詳しい。

J. Brachtendorf, *Fichtes Lehre vom Sein*, Paderborn・München・Wien・Zürich, Ferdinand Schöningh 1992.

　また、知的直観についての包括的な研究書としては、

J. Storzenberg, *Fichtes Bgriff der intellektuellen Anschauung*, Stuttgart, Ernst Klett 1986.

があげられる。さらに「知識学の新叙述の試み」(VDW)と「新しい方法による知識学」(Wnm)を中心に、イェーナ期知識学を自我そのものの根源的な活動と、それを再構成する哲学的反省の二系列という枠組みで特徴づけた最近の解釈には次のものがある。

G. Zöller, "Thinking and Willing in Fichte's Theory of Subjectivity", in: D.Breazeale and T. Rockmore (eds.), *op. cit.* (17), pp. 1-17, esp. on p. 7.

　なお『知識学の概念』(BWL)と「知識学への第二序論」(ZEW)——上掲「知識学の新叙述の試み」に付された二つの序論の一方——の比較による、自我の自然的意識とその超越論的思惟との関係、およびカント哲学の既習者を読者として想定した「知識学への第二序論」において、自我の自然的意識の根源的な自己構成を序論の叙述に、またこれを超越論的な反省によって再構成的に観察する視座を叙述の読者の視点に、それぞれ配分しているフィヒテの手法については、拙稿「知識学を『読む』」『科学史・科学哲学』第六号(東京大学 科学史・科学基礎論研究室、一九八七年)所収を参照されたい。本書では以上のような二系列を鏡の比喩で考察している。

　ところで、フィヒテの知識学を発展史として扱うときには、いわゆる「変説問題」に配慮する必要が生ずる。この問題についての包括的な研究書としては、つぎのものがある。

M. Wundt, *Fichte-Forschungen*, 1928, bes. S. 3-9.

隈元忠敬『フィヒテ知識学の研究』(協同出版、一九七〇年)一七—三八ページ。

重厚なこれらの研究が結論づけているように、知識学の発展史を見る場合には変化の側面だけでなく、一貫した側面をも視野に収める必要があるだろう。しかし、基本的に『全知識学の基礎』を主題とする本書においては、こうした問題に深く立ち入ることは必ずしも必要ではない。とはいえ、そのおおよその見通しだけでも述べておくことは、やはり必要だろう。そのかぎりで確認すると、いずれにせよ反省理論の深化という一つの座標軸は立てられるのではないだろうか。この点は次のヘンリッヒによる研究も示しているところである。D. Henrich, "La découverte de Fichte", dans: *Revue de métaphisique et de morale*, 1967, S. 154-169; *Fichtes ursprüngliche Einsicht*, Frankfurt am Main, 1967［座小田豊 小松恵一 訳『フィヒテの根源的洞察』法政大学出版局、一九八六年］。

多少ここで具体的に性格づけるならば、知識学はフィヒテ固有の知識観と自由概念を顕揚するための、反省の深化なのではないか。大胆に述べてしまうと、知識学には「交互限定 Wechselbestimmung」という理論装置が思考法の一つの核として擁されており、またそれが十全に成立する背景として「関係の完全性 Vollständigkeit eines Verhältnißes」が想定されている。この点は常に一貫しており、知識学の発展史は、こうした基本設定で「知識」の普遍必然性と、それ自体が知にほかならない人間存在の自由を探究する、反省の深化であったと思われる。もちろん、この初期の道具立てがそのまま同じ形態で中・後期まで使われていたわけではまったくない。しかしながらそれは、フィヒテが創出した画期的な思考法の型として、持続的かつ中心的な役割を演じていたのではないかと推察される。知識学は終始一貫して、その名のとおり「知識」をめぐる反省的な探究であった、と解釈することができるであろう。

たとえば、無神論論争期の『回想・回答・問い』(*Rückerinnerungen, Antworten, Fragen*, 1799) において、知識学は客観的な知識そのものとは異なった「知の教説」であり、「あらゆる知の理説ないし学」である (*GA* V 5, 339) と語られ、また『知識学の叙述』(*Darstellung der Wissenschaftslehre*, 1801/02) では「知識学とは、この語の成り立ちが示すように、知の教説、知の理説、あるいは一言でいうと——知の知 (ein Wissen vom Wissen) のことである」(*SW* II, 8) と述べられている。また、一八一二年の『知識学』でも「知識学は知の――教説、理説、ないしは学一般そのものである。けっして流動性と多様性における知ではなく、むしろ確固としてまったく限定された、唯一かつ自己同一の不変な知としてのそれである」(*NW* II, 317) とされる。そして一八一三年の『知識学』においても「知識学の課題はあらゆる知を究尽し、その発生において叙述することである」(*NW* II, 4) と主張され、また同年の「知識学への入門講義」(Einleitungsvorlesungen in die Wissenschaftslehre, 1813) では「自然的な人間はつねに知である。その中に没入しているのである。しかも自らによって〔自覚的に〕ではなしに、かれの本性によって没入している」(*NW* I, 24) と述べられている。こうした知識観のもとで、いわば反省形式に埋没する人間が自らの反省の働きそのものによって、自然的には隠されたままの知に内在的な固有の法則を自覚にもたらすこと、これが知識学の歩んだ途であるように思える。

以上のように解釈すると、本論で扱っている『全知識学の基礎』は、自らが知であるところの人間存在が反省を開始する、その端緒として位置づけられるのではなかろうか。

(23) 今後「発見」という表現をしばしば用いるが、その含みとして次のようなフィヒテの考え方を十分念頭におかなければならない。「分析一般が可能であるためには、ともかく反立の働きが前提される。しかし、いかなる働きも総合の働きがなくては可能でない。しかも特定の反立の働きは、それの〔その働きに関わる〕特定の総合の働きがなければ可能ではないのである〔……〕。これら両者は内的に合一された、一にして同一の働きであり、両者はただ反省において区別されるだけである。反立から総合へと推理することができるのはこのためである。それ〔総合〕は反省の産物としてではなく、むしろその発見として〔もたらされるもの〕である。しかしながらそれは〔総合がもたらされるのは〕、先程のような自我の、かの根源的かつ総合的な働きの産物としてなのである。したがってそれ〔総合〕は働きとして必ずしも経験的な意識にのぼる必要はない。その点はこれまでに示した働きと同じである。このようにして今後われわれは純粋な働きに遭遇するが、それらは前者〔発見された働き〕のように、またしても端的に無制約的な働きではない。しかし、われわれの演繹によって、やはりそれらは働きであり、しかも自我の働きであるということが証明される。

〔……〕呈示される働きは総合的である。がしかし、それを呈示する反省は分析的なのである」(WGL, GW I 2, 284)。

(24) 識者はここでゲーデルの不完全性定理のことを想起されるだろう。フィヒテのこの原則が示す特性と不完全性定理との関係にまで、われわれの問題関心を喚起してくれる研究としては次のものがあげられる(この研究では図式性の検討において不完全性定理との関係が扱われている)。藤澤賢一郎「存在・像・自我——フィヒテ・一八一二年の知識学への序論の分析」『大阪大学人間科学部紀要』第九巻、一九八三年、三一八—三四九ページ所収、三四〇ページ参照。

第二章

(25)「実在的否定性 *reale* Negation」は、A版で volle Negation、C版では reelle Negation となっている。アカデミー版では誤植の可能性を指摘しつつこのように訂正されている。なお、カントの実在的否定性との関係については、隈元忠敬、前掲翻訳書『フィヒテ全知識学の基礎・知識学梗概』訳注、三〇五—三〇六ページ参照。

(26) Vgl. W. Janke, *op. cit.* (19), S. 148f.〔訳書、二一四—二一五ページ参照〕.

(27) メタ批判(Metakritik)とは、一般にある主題を吟味検討するのが批判であるのに対し、批判そのものが採用している立場や方法、手続きなどをさらに主題化して吟味検討する「高次の批判」のことである。そして、哲学史上は特にカントの批判哲学に対するそれを指す。一八世紀末、ドイツでイギリス経験論の継承者たちがカント哲学を攻撃するが、その有力な一派の採った方法がF・ベイコン以来の言語批判であった。J・G・ハーマンは『理性の純粋主義に関するメタ批判』(*Metakritik uber den Prismus der Vernunft*, 1784)において言語の役割に無配慮な理性批判を、言語に対する純粋主義として断罪する。そしてかれは、理性といえども現実の言語を介してのみ働く点を強調し、言語の吟味検討をもって理性批判そのものの批判とする議論を展開した(vgl., *J. G. Hamanns Samtliche Werke*, Bd. 3, hrsg. von Nadler, S. 285, 239)。J・G・ヘルダーもまた、かれやF・H・ヤコービに同調し、その著『悟性と経験』(*Verstand und Erfahrung: Eine Metakritik zur Kritik der reinen Vernunft*, 1. Teil, 1799, *Aetas Kantiana*, 91, Bd. 1, Cultur et Civili-

sation, Bruxelles, 1969）および『理性と言語』（*Vernunft und Sprache : Eine Kritik der reinen Vernunft*, 2. Teil, 1799, *Aetas Kantiana*, 91, Bd. 2）において、言語の誤用を批判除去することによる、哲学論争の終結を構想している（*ibid.* S. 210f.）。かれは「経験的なものなしに抽象概念は思考不能Kein prius ist ohne posterius, kein πρότερον ohne ὕστερον denkbar.」として（J. G. Herder, *AetasKantiana*, 91, Bd. 2, S. 317）、経験的な言語に「歴史的ア・プリオリ」の身分を与えている（vgl. *Aetas Kantiana*, 91, Bd. 1, S. 69f.）。これに対抗して、カントの継承者たちは批判哲学に経験的な基礎を与える方向で理論を展開する。たとえば、K・L・ラインホルトの根元哲学は、意識が常に「表象される客観―表象そのもの―表象する主観」の三要素構造をもつ「事実 Tatsache」から、これを根本命題「意識律 Satz des Bewßtseyn」として『純粋理性批判』を再構築する。この試みは三要素という普遍的な形式を理性批判そのものに「置き入れる hineinlegen」手法を採っており、この点でカントの呈示した実験的方法の貫徹ともいえるメタ批判であったといえる。J・G・フィヒテの『全知識学の基礎』はこの系譜の一形態でもあり、人間精神の根源的な「事行」から批判哲学の立脚点を導出しているのである。特にラインホルトについては前註（13）にあげた拙稿（一九九〇年）を参照されたい。

ところで、G・ツェラーの最近の研究によると、フィヒテは知識学が最初に著されたときに遭遇した誤解に対処して、超越論的観念論についての自らの解釈を前進させており、その過程で「フィヒテは客観的認識の可能性に関するカントの批判的探究を拡張し、哲学的認識そのものの批判的探究を通じて、カントの探究を知識学における体系的な完成へと向かわせ、これによって哲学的な批判の企てを、哲学が行う対象認識の批判から哲学的認識のメタ哲学へと根本化している」（G. Zöller, *op. cit.* (16), p. 12）。しかしながら本論ですでに確認したように、最初期の段階からフィヒテにとって哲学とは対象についての知識（認識）ではなく、あくまでも知識（認識）を批判的に吟味するメタ知識（認識）――知識についての知識――であり、現時点で検討している『全知識学の基礎』の第二部では、まさしくこの意味における哲学のさまざまな立場設定の体系的な批判に労力が傾注されている。ここで行われている批判が、仮にツェラーの表現する「哲学的認識のメタ哲学」のそれではないとすると、フィヒテはそこで何をしていたのだろうか。『全知識学の基礎』はその題名が端的に示しているように、もともと「知識の学」たる哲学が行っている、さまざまな立場設定の基礎にむけた体系的な批判、すなわち「哲学的認識のメタ哲学」にほかならなかった。題名どおりに内容を理解してはいけない理由がこの場合、はたしてあるだろうか。『全知識学の基礎』はまさに、対象認識と哲学的認識の双方に向けた体系的批判を貫徹することで、全知識の究極的な担保者たる自我の構造・機能的な究明を行っている。これはほとんど解釈以前の問題であり、フィヒテ当人が『全知識学の基礎』の第二部で実在論と観念論の諸形態を批判的に吟味している文面を一瞥すれば、誰の目からしても明々白々のことである。それゆえ、フィヒテによる哲学的な批判の企てが『全知識学の基礎』の後の発展段階で、にわかに「哲学的認識のメタ哲学」へと根本化していったと主張するツェラーの解釈は、とうてい受け容れがたい。イェーナ期における知識学の発展は、フィヒテが「新しい方法による知識学」あるいはまた「知識学の新叙述の試み」と命名している点にも現れているように、方法や叙述の仕方を基調とする変化であったといえるだろう。

(28)『全知識学の基礎』では、交互限定と独立的能動性との関係で、両者の限定関係が一般的に分析された後に、交互限定の特殊な場合である作用性と実体性がそれぞれ検討されている。しかし、抽象度の高いこの議論に論及することは、かえって理解を困難にする恐れがあるため、あえてここでは交互限定の特殊な側面となる作用性と実体性について展開された、フィヒテの議論にまずは解釈の主題を絞り込むことにしたい。

(29) フィヒテの次のような言明においては、演繹のなかでメタ批判へとプロセスが移行している点が見逃せない。「第一の反省の仕方による結果は、独断的観念論を基礎づける。すなわち、非我の全実在性は、まったく自我から委譲されたものであるということである。第二の反省の仕方からの結果は、独断的実在論を基礎づける。すなわち、もしもすでに非我の独立的能動性、物自体が前提されないのであれば、委譲はなされえないということである」(GWL, GA I 2, 324: 傍点引用者)。

(30) 木村素衞『獨逸観念論の研究』(弘文堂、一九四〇年)三六二ページ参照。

（31）この表現はGWLのC版にだけある。

（32）隈元忠敬、前掲訳書の訳注では、これらの立場に「名称」が付されていないことが指摘されている（同訳書、三〇八ページ）。フィヒテの議論からすると、作用性は経験の中に認められる交互能受であると考えられるので、ここで述べたように、それぞれの立場をその特徴から帰納と演繹としてまとめることができそうである。あるいは立場として考えれば、帰納的な方法論と演繹的な方法論としてもよかろう。

（33）木村素衞、前掲書（30）では、この量的実在論をカントの立場として批判的観念論と同一視するフィヒテの断定が厳しく批判され、次のように結論づけられている。「この立場そのものはその全体的意味に於ては却て批判的観念論の観念論的性格を見失って実在論的性格の壓倒的優位の下に成立して来たのである。〔……〕我々の問題は體系的発展の過程に於て段階の明白に異なるものが同視されたことに對する吟味的省察に在ったのである」（同書、三七二ページ）。以上は、きわめて慎重な批判的吟味であるが、フィヒテは経験の中に自我が置き入れておいたものだけをア・プリオリに受け取るといった、経験的事実に対するカントの立場を意識して、この量的実在論を考えたのではないかと推察される。

（34）ここでは、前註（11）の「実体変化」に譬えられたヤコービの見解を確認しておくことが重要である。

第三章

（35）*SW*でも*GA*でも、この箇所は「量的観念論 quantitativer Idealismus」となっている。事柄の本質からしてこれが「質的観念論」でなければならないことについては、すでに次のような原典批判がある。
木村素衞、前掲書（30）、三八四ページ。
隈元忠敬、前掲訳書（一九八六年）、二九七ページ。

（36）実体性の検討において主観と客観が明確に概念規定されるのは、分析・総合がこれよりも進んだ後の段階においてである（vgl. GWL, in: *GA* I 2, 350f.）。たとえば作用性をめぐって、間接的定立の特性を説明する際に、フィヒテはたしかに「主観」と「客観」という言葉を用いているが、これらは「後に示されるように wie sich inskünftige zeigen wird」という但し書き付きで用いられている（*ibid.*, S. 332）。また、批判的量的観念論の立場を特性づけて、再びこれらの言葉が用いられるときも、こうした命名の適否を示すことはまだできないと明言されている（*ibid.*, S. 337 :《ob wir gleich das passende dieser Benennungen hier noch nicht zeigen können》）。しかし、批判的観念論がここで定式化したような設定になっているということと、その設定が自我によって明確に自覚されることとは異なり、フィヒテの議論はその相違を跡づける仕方で展開されている。したがってこの点を踏まえておけば、かれの難解な議論をできるだけ理解しやすくする目的から、本論のように批判的観念論の設定する「主観」と「客観」をあらかじめ確認しておくことは、必ずしも不適当ではないであろう。

（37）「限定可能性」ないし「可限定性」という概念は、フィヒテと同時代のS・マイモンにその由来をたどることができる。たとえば、平面を三辺で囲むことで三角形が限定されるが、平面は三角形なしに意識できる一方、平面をぬきにして三角形を意識することはできない。こうした一方向的な依存関係――実体と属性ないし偶性とのあいだに認められる関係――の要請が、マイモンの言う「可限定律 Satz der Bestimmbarkeit」である。かれによると、ある対象を「思考」するとは限定可能性の段階にある「関係」を差し当たりは「所与」として仮定することであり、対象を「認識」するとは当の「関係」を具体的な一つの関係として現実に洞察することである。たとえば、物体の落下現象のうちに独特の位置変化という対象を仮定してみるのが「思考」である。――位置変化はここではまだ具体的に限定されておらず、たかだか限定可能性の段階にある。他方、それが等加速度運動であること――特定の時間・空間「関係」としての具体的な限定の段階――を洞察するのが「認識」である。以上の設定から数学や数学的自然科学に認められるようなア・プリオリな総合判断は、可限定なものから限定されたものへと、どこまでも続く無限の系列を成し、その終局には世界の「関係」総体が想定されることになる。そして、この関係総体を次第に認識にもたらすア・プリオリな総合判断を通じて、有限な人間理性は徐々に全世界を現実に思考（洞察）する「無限な思惟」へと深化するのである。以上のような考え方にもとづいて、マイモンは関係を分析・総合する認識の道具だてとして微積分学を採用するが、フィヒテの実体概念はこうしたマイモンの発想様式から絶大な影響を受けて成立したものである。また、K・L・ラインホルトも、カントの物自体を自らの根元哲学において処理する手続きのうちに、これと類似した手法を用いている。ラインホルトの以上のような手法について、詳しくは前掲（13）拙稿（一九九〇年）、特に第二節を参照されたい。

(38) パラダイム論をめぐる基本的な文献については、前掲（13）拙稿（一九九六年）、二〇一ページ参照。より最近の研究書では、特に以下のものが参考になった。
S. Fuller, *Thomas Kuhn. A Philosophical History for Our Times*, The Univ. of Chicago Press, Chicago・London 2000.
R. Nola and H. Sankey (eds.), *After Popper, Kuhn and Feyerbend. Recent Issues in Theories of Scientific Method*, Kluwer, Dordrecht・Boston・London 2000.

(39) 隈元忠敬、上掲訳書『全知識学の基礎・知識学梗概』の訳註では、実体性の基礎づけ関係においてそれぞれの立場に名称が与えられていないことが指摘されている（同訳書、三〇九ページ）。しかしながら、相対主義とパラダイム論の特徴が二つの立場に見て取れる、と考えてもよいのではないか。とはいえ、相対主義にしてもパラダイム論にしても現在ではさまざまな亜流が存在しており、ここでの仮の呼び方をもって、それらすべてを総括したわけでは毛頭ない。ここではフィヒテの抽象的な議論を、できるだけ今日的な設定で理解するために、便宜上このような呼び方をしているに止まる。そのかぎりでいえば、実体性の形式と質料の間に立つ第三のものは仮説演繹法ないし——反証主義に限定されない広い意味での——批判的合理主義の一形態として特徴づけられるかもしれない。

(40) K・クロッツは、フィヒテがこの「限定された限定可能態」を主観の特徴としているかのように解釈している (C. Klotz, “Der Ichbegriff in Fichtes Erörterung der Substatialität”, in: **FS**, 10 (1997), S. 157-173, hier S. 170)。しかし、クロッツが引証している箇所（**GWL**, in: *GA* I 2, 347）は、記号βで区画された一連の議論（*ibid.*, S. 342-350）の一部であり、この一連の議論は実体性が呈する交互性という「事柄」の形式と質料とが相互に限定し合う可能性を示す目的でなされている (vgl. *ibid.*, S. 342)。つまり、主観や自我に限定された実体性が問題にされているのではなく、当然それらにもまた適用可能な「事柄」一般の形式と質料がここで問題にされているのである。実際、クロッツが引証している直前の段落で、フィヒテは「この〔交互性の形式と質料とが相互に限定し合うという〕成果を目下の場合に適用しよう」(*ibid.*, S. 346:《Wir werden dieses Resultat an auf den vorliegenden Fall, ……》と明確に述べており、自我と客観、および自我と主観の関係が「目下の場合」に相当する――自我と主観とはここで明確に区別されている!(vgl. *ibid.*, S. 347)。そして、クロッツが引証している直後の段落では、再び〈A+B〉とAの関係という「事柄」一般の議論にもどるのであり、あくまでも「事柄」を明確にする目的で(vgl. *ibid.*, S. 346:《es wird sogleich alles klar seyn》; S. 348:《Dieser Saz wird sogleich klar werden,wenn wir ihn auf den vorliegenden Fall anwenden》)、自我と客観、および自我と主観に成果を適用しているのである。しかもクロッツは重要な論点で、フィヒテが自我について述べていることを、単なる主観の問題に置き換えてしまっている(C. Klotz, *op. cit.*, S. 160, L. 22-24, u. a.)。ところが、前註(36)ですでに指摘したように、自我と主観とは明確に区別されなければならない。実際、第一原則の自我について論ずる重要な箇所においても「この場合に自我は絶対的主観〔主語〕として振る舞う」(GWL, in: GA I 2, 259 Anm.)、「主観としての自我と絶対的主観の反省の客観としての自我との間の混乱」がまったく無用の問題を引き起こす(*ibid.*, S. 260)、あらゆるカテゴリーが由来する「絶対的主観としての自我」から、実在性のカテゴリーを適用する権能も導かれる(*ibid.*, S. 262)、等々と述べられており、自我と主観との区別が求められているのは明らかである。またクロッツは、フィヒテが実在論と観念論の立場をめぐる議論に至って、実体概念を内容的に改めているとしているが(C. Klotz, *op. cit.*, S. 161)、これは本書で論じているような独立的能動性と実体性との間の双方向的な基礎づけを、フィヒテの議論のうちで見失ったための指摘というほかない。さらに、フィヒテが低次の観念論として批判する立場を特徴づける設定――自我をも捨象した「定立一般 Setzen überhaupt」――を、あたかも知識学そのものの立脚点であるかのように断定することは(*ibid.*, S. 169)、端的な誤りである(vgl. GWL, in:

GA I 2, 341)。もとより、フィヒテがこの種の超越的な根拠を突き崩す議論に徹していることからすれば、クロッツのような解釈がなされるのは異様な事態だともいえよう。

(41) 比較的新しい研究のなかには、フィヒテが「非我そのもの das Nicht-Ich an und für sich」と「自我のうちに表象として定立された非我 das im Ich gesetzten Nicht-Ich als Vorstellung」とを区別しており、前者はカント的な意味での「物自体 Ding an sich」に対応するといった解釈がある（A. K. Soller, "Fichtes Lehre vom Anstoß, Nicht-Ich und Ding an sich in der GWL," in: **FS**, 10 (1997), S. 176-189, hier S. 182)。同研究によると、前者の非我に帰属するものとして「衝撃 Anstoß」の概念が導入されている（*ibid.*, S. 183)。しかし、これは事柄の一面に過剰反応した対応づけではないかと考えられる。

確かに、ここで以上のような対応の論拠としてあげられているのは、フィヒテが非我そのものを「証明可能な表象形式をすべて捨象するとき、非我のうちに〔それでもまだ〕残存するもの」と言い換え、さらに「無限に進む自我の能動性に対する衝撃が帰属するもの」と言い換えている箇所である（*ibid.*, S. 182; **GWL**, in: *GA* I 2, 389)。とはいえ、この箇所の文脈で、フィヒテは①「絶対我は非我そのものの原因であるべきである」が、②「絶対的定立によって、自我は非我の原因ではありえない」ため、③「自我は自己自身を制限することなしには、非我を定立しえない」といった議論を展開しており、①と②の反立を総合する③において、自我の自己制限と非我の定立を一にして同一の働きとしている（**GWL**, in: *GA* I 2, 389)。そして、フィヒテが上記のように「衝撃」を非我そのものに帰属させているのは、単に①の——付随的な説明となった——箇所においてである。しかも、見てのとおり①は「衝撃」が帰属する「非我そのもの」の原因であるべき働きとして「絶対我」を立てている。

以上の点を確認して再び③を読み直すと分かるように、自我の自己制限——自らの一部分を定立しないような自我の自己定立（vgl. ibid.）——と、一切を定立しようとする同じ自我の自己定立との抗争が「衝撃」の一面をなしているのである。①②③は本節で論及する構想力の働き方が呈する特性であり、関係の完全性において、互いに反立するものの遭遇と相互干渉が両者の背後に〝いずれでもなく、かついずれでもある何か？〃を暫定的に想定させた、自我の「働き方」にほかならない。このように、上掲の研究に見られる対応づけは、事柄のごく一部を過度に強調したものである。

　また、同研究論文は、フィヒテ当人が「衝撃は能動的〔働き〕として自我を限局するのではなく、自我に対して自己自身を限局するべしという課題だけを与える」(A. K. Soller, *op. cit.*, S. 185, Anm. 16) と述べていることが、同研究による上記の対応づけにそぐわないと、一旦は認めている。そして同研究はさらに、フィヒテがこのように述べる文脈はきわめて抽象的な実在論を批判的に扱うものになっており、この点で真意にそぐわない言明があっても不思議ではないとしている (vgl. *ibid.*, S. 185f., Anm. 16)。しかし、ここでの引用は不正確であり、フィヒテは「衝撃は……」と述べているのではなく、主観的なものと客観的なものとの間に見られる——反転図形の特性に類比的な——「交互性 (Wechsel)〔ないし干渉 (Eingreifen)〕は……」と述べている (GWL, in: *GA* I 2, 355)。さらに、ここで抽象的な実在論が批判されるのは、本節で論及するように「自我が自らによって、しかも自我に対して限定可能であるのはいかにしてか」をこの実在論が説明できない点であり、衝撃の位置づけをめぐる批判は、少なくとも前後の文脈には認められない (vgl. *ibid.*, S. 356)。

　同論文では「衝撃」という語が比喩的に用いられている点を強調しているが (A. K. Soller, *op. cit.*, S. 178)、これは例えば聖書に記された「躓きの石 Stein des Anstoß」を比喩的に理解するのが通常であるように、物体に衝突して跳ね返されるような事態だけを考えてはならないという、いわば当然の了解ではなかろうか。

　なお、抽象的な議論ではあるが、問題の「衝撃」について優れた分析を与えている研究としては次のものが参考になる。

H. Eidam, "Fichtes Anstoß. Anmerkungen zu einem Begriff der *Wissenschaftslehre* von 1794", in: FS, 10 (1997), S. 191-208, bes. S. 197.

この論文で扱われている構想力と時間の問題 (vgl. *ibid.*, S. 200, 204-208) は、すでにない過去とまだない未来が意識に現前する (vorstellen) といった、無の反立的な保持ということで考えれば、本節で扱っているような実体性の議論から見通しがつけられるのではないかと推察される。関係の完全性においては、反立するものの背後に意識から独立な何か――実体化された〝時間〟――が仮構されるといったメカニズムが成り立ちそうだからである。

（42） Vgl. G. Duso, "Absolutheit und Widerspruch in der *Grundlage der gesamten Wissenschafts-lehre*", in: FS, 10 (1997), S. 285-298, hier S. 289f.

（43） フィヒテは『全知識学の基礎』に先立つ『知識学の概念』（BWL）において、知識学の概念を規定しながら次のように述べている。「哲学は一つの学知（*eine Wissenschaft*）である。この学知が記述する対象（Objekt）に関しては互いに離反しても、それが一つの学知であるということに関してはすべての記述が一致している」（BWL, *GA* I 2, 112）。ところで「学知一般の内容と形式が可能であるのはいかにしてか、すなわち、いかにして学知そのものが可能であるのか」と述べられ、哲学以外に学と呼ばれるものが可能であるための条件が、ここで問われている（*ibid*., S. 117）。「この問いに答えることが可能であるのか否か、われわれのすべての知識が、認識することのできる確かな基礎をもっているのか、それとも個々の知識が互いにどれほど密接に連結されえても、結局はもとづくものが何もないのか、このことは、探究に先立っては規定されえない。しかし、われわれの知識が基礎をもつべきであるのなら、この問いには答えられなければならず、この問いに答えられるような学知が存在しなければならない。〔……〕こうした学知は、今までのところその可能性がまだ蓋然的であり、いかに命名するかは任意である。とはいえ、これまでのあらゆる経験からして、諸学の耕作（Anbau *von* Wissenschaf-ten）のために使用可能な土地はそれに帰属する諸学によってすでに占有されていて、唯一の開墾されていない一地域、すなわち学知一般の学知（die Wissenschaft der Wissenschaft über-haupt）のための地域というものが判明したならば、――さらに周知の名称（哲学という名称）のもとに、学知であること、または学知になることを求めていながら、入植する場所について決心がつかない学知の構想が明らかになるのであれば、発見された空地をその学知に示すことは不適切ではないであろう」（ibid.: 一七九四年の初版では、Anbau *der* Wissenschaften となっており、一七九八年の改定増補第二版では Anbau *von* Wissenschaften となっている）。こうした問題設定は「現実＝夢」という懐疑を背景に予想したほうが、かえって実感がもてるのではなかろうか。ことによると夢幻かもしれない「対象 Objekt」と、対象についての知識全般から、たとえ現実だと思われているものが夢幻であろうとも、それを確信しようとする「主体 Subjekt」の側に——そして知識一般の基礎を担保させられる自我の新たな学知の構想へ——、われわれの眼差しを振り向ける戦術と見ることもできる。

なお、この『知識学の概念』（BWL）については、学問制度史におけるその思想的意義を示す次の研究論文が参考になる。

J. Stahl, "System und Methode——*Zur methodologischen Begründung transzendentalen Philosophierens in Fichtes*》Begriffsschrift《", in: FS, 10 (1997), S. 99-113, vgl. hier bes. S. 108.

（44）「反省」という知識学の方法については、前註（17）および（18）を参照。

（45）この問題についての研究はほとんど無数に存在する。最近のカント書で簡にして要をえたものを一つだけあげるとすれば次のものである。石川文康『カント入門』（筑摩書房、一九九五年）一三六—一三八ページ。

（46）Wnm では次のように述べられている。「わたし〔自我〕は自らを定立する〔働き〕として定立した——これは直観である——わたしは自己自身を表象的〔表象する働き〕として表象した〔前に立てた〕——すなわちわたしは働きを遂行し、そして自らの働きを意識したのである——それは一にして同一のことだったのである」（*GA* IV 2, 30）。また、W・ヤンケは「自我の全本質は、自らを定立する〔働き〕として、自己自身を端的に定立する自我であろう」と述べて、これを三原則すべてを包括する「絶対的反省」の命題として特徴づけている（W. Janke, *op. cit.* (19), S. 204〔訳書、二九四ページ〕）。本書では「絶対的反省」というヤンケの特徴づけをふまえつつも、特に「生と意識の原理」を第二原則との関わりで理解している。

（47）Vgl. E. Lask, *Fichtes Idealismus und die Geschichte*, 1902, in: *E. Lasks Gesammelte Schriften*, Bd. 1, hrsg. von E. Herrigel, Tübingen, J. C. B. Mohr 1923, S. 140-150. ラスクはフィヒテ知識学の立場を「超越論的経験論かつ実証主義」（*ibid.*, S. 140）と性格づけている。

（48）ハイデガーは構想力をほとんど極限まで重視するカント書のなかで次のように述べている。「存在論的認識は存在者を創造しないのみならず、一般に主題的かつ直接的には存在者と関係しない。しかしそれならば何に関係するのか。この認識が認識するのは何であるのか。無である」(M. Heidegger, *Kant und das Problem der Metaphysik*, 4. Aufl., Frankfurt am Main, Vittorio Klostermann 1973, S. 118 [木場深定訳『カントと形而上学の問題』理想社、一九八一年、一三六ページ])。本書で扱ったフィヒテの議論から分かるように、ハイデガーが述べているような意味での構想力は、カントよりもフィヒテのそれに酷似している。この問題に関連する比較的最近の研究としては、vgl. D. Köhler, "Die Einbildungskraft und das Schematismusproblem. Kant—Fichte—Heidegger", in: FS, 13 (1997), S. 19-34. 特にフィヒテ的な構想力の特徴づけに関しては、vgl. *ibid.*, S. 22f.

なお、近年では、ハイデガーの思想的な原点となる近代批判がキリスト教的な視座を不可欠の背景としたものであり、かれの哲学そのものが——従来の定説のように——存在の意味への問いとアリストテレスの形而上学に端を発しているのではなく、キリスト教徒的な実存への問いとフィヒテの知識学に端を発しているということも指摘されている (vgl. A. Denker, "Fichtes Wissenschaftslehre und die philosophischen Anfänge Heideggers", in: FS, 13 (1997), S. 35-49)。また、ハイデガーのフィヒテ解釈を扱った次の論文も示唆に富んでいる。

C. Strube, "Heideggers Wende zum Deutschen Idealismus: Die Interpretation der 》Wissenschaftslehre《 von 1794", in: FS, 13 (1997), S. 51-64.

この論文は、ハイデガーがカントとドイツ観念論との間の不連続な空隙に、いわば存在をめぐる「新たな巨人族の戦い neue Gigantomachia」を見るのに対して、その開戦位置に立つ『全知識学の基礎』の研究がきわめて重要であることを強調している (*ibid.*, S. 64)。同論文で主題的に論及されているフィヒテの第三原則と理性の至上命令との関係 (vgl. *ibid.*, S. 52f. u. a.)、またそのうちに認められる——すべての定立に先行して有限な自我の存在が了解されていなければならないという——先行了解、さらには知の基礎づけが進行するにつれてすでに用いられていた概念が空洞化され、これによって理性の至上命令が人知の営みを哲学的思索そのものの事実的な有限性へと突き返していく議論の構成（vgl. *ibid.*, S. 64）等々については、しかし、本書の第一章で扱った第三原則の相互主観性、およびここで扱っている構想力の働き方と相表裏した事柄だといってもよいだろう。

（49）　フィヒテはこのように、理念としての自我から、そのものとしては内容空虚な――形式的で純粋な――自我を明確に区別し、また両者の関わり合いを明言している。古典的なフィヒテ研究が自我のこの両面性をどのように扱ってきたのかを見ておくことは、本書で試みた解釈の特徴を示す上でかなり重要だと思われる。

　ヴィンデルバントは次のような解釈を提示している。「素朴な意識は或る機能を、ただ或る機能する存在者（funktionierendes Wesen）の状態ないし活動としてのみ考える。この関係をどのように表象しようとも、通常の諸カテゴリーにもとづいて遂行される思惟は、まず最初に物を考えた後に初めてこれらの物が成す機能を考える。〔ところが〕フィヒテの学説はこの関係を転倒させる。〔すなわち〕われわれが物と呼ぶものを活動の産物とみなすのである。活動は或る存在を前提とする何かであるとみなされるが、フィヒテにとっては、〔逆に〕すべての存在が根源的な行い（*Tun*）の或る産物である。かれにとっては機能する存在なき機能が形而上学の根本原理なのである」（W. Windelband, *Die Geschichte der neueren Philosophie*, Bd. II, 7. u. 8. Aufl., Leibzig, Breitkopf & Härtel 1922, S. 221）。これは純粋自我（内容空虚な形式的・作用的な自我）を特性づけたものであるといえる。そしてヴィンデルバントは、「カントが超越論的統覚として示したのとまさに同様の超個人的な理性統一の機能」をフィヒテが呈示していると述べる（*ibid.*, S. 224）。しかし「カントが超越論的統覚に感覚質料の形式的、総合的な結合のみを帰したのに対して、〔……〕フィヒテは生産的構想力に感覚の源泉を求める。〔……〕かくしてそれ〔経験的な意識〕を絶対的な原始措定（Urposition）とみなし、超個人的な自我にその源泉が求められるところの、完全に自由で根拠なき働きの産物として〔経験的な意識を〕認めることだけが残されているのである」（ibid.）。ヴィンデルバントはこのように、経験的な意識の根底に「自由かつ無根拠」の自我を一つの理念的な機能として想定する。おそらくこの解釈が、後のフィヒテ研究に大きく影響した解釈の標準型だといえる。ヴィンデルバントと比較して、よりフィヒテのテキストに忠実なK・フィッシャーの研究も、ほぼこれと同じ方向性の解釈を与えている(vgl. K. Fischer, *Fichtes Leben, Werke und Lehre*, 4. Aufl., Heiderberg 1914, S. 315, 372-4)。

同様の古典的な研究書は次のとおりである。

① R. Kroner, *Von Kant bis Hegel*, Bd. 1, 1921, 2. Aufl., J. C. B. Mohr Tübingen 1961, S. 405-7. ただし、この書物が粗描していているのは、知識学に対するヘーゲル流の旧い一面的な批判的解釈のひな型であって、それ以上のものではない。

② N. Hartmann, *Die Philosophie des deutschen Idealismus*, 1923, Walter de Gruyter, Berlin・New York 1974, S. 47f., 68.

比較的最近のものでは、

③ K. Schumann, *Die Grundlage der Wissenschaftslehre in ihrem Umrisse*, Martinus Nijhoff, Haag 1968, S. 29, 40f., u. a.

④ W. Janke, *op. cit.* (19), S. 91, 202f. [訳書、一三五、二九二ページ]。

⑤ 隈元忠敬、前掲書 (22) 一五九―一七六ページ。この問題に対する先行諸研究の紹介とその批判がなされている。ここでは、当該の紹介および批判とできるだけ重複しないように、この問題に対する関連研究をあげておく。

⑥ P. Baumanns, *Fichtes Wissenschaftslehre*, Bouvier, Bonn 1974, Zweiter Teil, §. 4, bes. S. 178f. 知識学の三原則の起源を厳密に研究した書でもある。

⑦ J. Widmann, *Johann Gottlieb Fichte*, Walter de Gruyter, Berlin・New York 1982, S. 47, 51. 同書は幾何学的な考え方との関係で知識学の議論を解説したユニークな研究を提示している。

⑧ J. Stolzenberg, *op. cit.* (22), S. 60-64. 同書はラインホルトの根元哲学から知識学への発展をフィヒテの初期草稿のうちに克明にたどった研究成果を与えている。

⑨ 隈元忠敬、前掲書 (2) 五六―五九ページ。

⑩ W. Lutterfelds, *Fichte und Wittgenstein, Der thetische Satz*, Klett-Cotta, Stuttgart 1989, S. 389, 401.

⑪ J. Brachtendorf, *op. cit.* (22), S. 129f., 173f.

ところで先行研究のうち、本書の試みにとってとりわけ興味深い、絶対我の二面性をめぐる一つの解釈論争がかつて存在した。E・ラスクのフィヒテ研究とE・

カッシーラーのそれとの間にあった解釈の対立である。このことにもここで言及しておかなければならない。

ラスクによると、フィヒテは一七九七年の『知識学への第二序論』（ZEW）に至って、初期の立場においては混乱したまま曖昧に結び付けられていた自我概念の或る側面を取り出すことになる。フィヒテは「純粋な形式としての自我と理念としての自我との意識的な分離」を敢行した（E. Lask, *op. cit.* (47), S. 99）。前者の知的直観としての自我のうちには、ただ自我性の形式だけが存し、後者の理念においては自我性の完全な質料が考えられている。「両者いずれも〔……〕超個人的な理性を指すとはいえ、まったく異なった意味においてである。すなわち、知的直観は形式的でまだ個別化していない自我を、そして理念は個別化からすでに解放された自我を意味している」(*ibid.*, S. 101)。このように「一方は没内容的な普遍であり、他方は絶対的な内容総体とみなされる。まさしくそのために形式的な自我はもっぱら哲学者にのみ属し、これに対して理念〔としての自我〕は《自然的な》立場にとって〔究極において〕到達可能であるものと、かれは判定したのである」(*ibid.*, S. 102)。かくして、この時期以降、フィヒテは「絶対的非合理主義」からも、また「絶対的合理主義」からも一線を画した「批判的反合理主義」の立場を採るに至ったとされている (*ibid.*, S. 103)。

他方、カッシーラーはラスクの主張する「自我における純粋形式と理念との区別」が『全知識学の基礎』の第三部ですでになされていることを指摘して、ラスクのフィヒテ解釈全体に異議を唱える。経験と単なる思考とを区別し、知識の領域をア・ポステリオリな要素とア・プリオリな要素に分けて考えるとすれば、前者は非合理性（質料が呈する非合理性）を示し、後者は合理性（形式としての合理性）を示すことになる。しかしながらフィヒテが両者の体系的な対立を基本においているとは考えにくい。かれの体系において、それらは互いに分離した「存在領域」を形作っているのではなく、ただ単に「われわれの観察形態における対立」に由来する区別になっている（E. Cassirer, *Das Erkenntnisproblem in der Philosophie und Wissenschaft der neueren Zeit*, Bd. 3, 1920, 2. Aufl., 1923, Darmstadt, Wissenschaftliche Buchgesellschaft 1974, S. 167)。

カッシーラーはこのようにラスクの解釈をテキスト原典に則して反証し、フィヒテは「発生的構成」を一貫した方法とする「倫理的一元論」の立場を採っていると特性づけている (*ibid.*, S. 197)。

以上から分かるように、ラスクもカッシーラーも自我の二面性をフィヒテが峻別した時期とその内容を問題にしている。本書の筆者はこの区別が『全知識学の基礎』の段階で明確に主張されている点ではカッシーラーの解釈にしたがう。しかし、問題の核心は時期のことでも、また二面性それぞれの意味でもない。自我の単なる純粋形式と、内容の充実した自我の理念とが相互に「反転」するということ、これこそが問題の核心である。テキスト原典そのものを書かれているまま素直に読めば、フィヒテ本人がそのように述べていることはすぐに分かる。ところが、今日に至るまで不思議とこの点には着目されておらず、まさに『全知識学の基礎』の方法的特性を厳密に通覧した、ごく最近の研究論文においてさえ、自我の根源的な事行がどのようにして実践的な努力の目標となる最高の統一理念と関係するのかということについて、フィヒテは明確にしていないと断定されている（vgl. G. Meckenstock, "Beobachtungen zur Methodik in Fichtes *Grundlage der gesammten Wissenschaftslehre*", in: FS, 10 (1997), S. 67-80, hier S. 73f.）。本書が指摘するような自我の「反転」にもとづかなければ、同研究論文に見られる、自我の純粋な「自己定立 Sich-selbst-Setzen」が損なわれずに「異質な定立 fremdes Setzen」に開かれていることの形式的な——ほとんど論理破綻にも見える——説明（*ibid.*, S. 76）は、どこまでも不明確なままであろう。

なお、自我が以上で認められるような全実在性の要求に促されて、絶え間ない努力を貫くといった学説を立てることにより、フィヒテがカント的な「実践の優位」とは異なる独自の見解に至っていたことを示す、次のような研究が存在する。W. M. Martin, "'Without a Striving, No Object is Possible': Fichte's Striving Doctrine and the Primacy of Practice", in: D. Breazeale and T. Rockmore (eds.), *op. cit.* (17), pp. 19-33. たしかに、フィヒテが『エーネジデムス評論』において、批判主義の立場に固有な「実践の優位」を防衛するために、そのカント的な見解に変更を加えるに至っていたという指摘（cf. *ibid.*, esp. p. 25）は、とりわけフィヒテが純然たるカント主義からも離脱する理論転回において、この上なく重要な意味をもつ——この点については前註（13）にあげた拙稿（一九九六年）の前掲箇所を参照されたい。しかし、かれの体系的な著作『全知識学の基礎』に見られる「努力」の特性は、本論で解釈したように、自我が全実在性の要求に駆り立てられながらも、そのものとしては無でしかない自らの実情を、あくまでも経験世界に身を置くことで絶え間なく克服しつつ自我（わたし）であろうとする、きわめて宗教的かつ実践的な色彩——神によって与えられた人間の使命——に染まっている点を看過してはならないだろう。

（50） GNR, *GA* I 3, 347.

（51） GNR, *GA* I 3, 342.

（52） *Ibid.*, S. 340 ; vgl. I. Schüssler, "Die Deduktion des Begriffs des Rechts aus Prinzipien der Wissenschaftslehre (J. G. Fichte : *Grundlage des Naturrechts* §§1-4)", in : FS, 11 (1997), S. 23-40, hier S. 31f.

（53） GNR, *GA* I, 343.

（54） *Ibid.*, S. 349.

（55） *Ibid.*, S. 390.

（56） *Ibid.*, S. 396.

（57） *Ibid.*, S. 397f.

（58） *Ibid.*, S. 432.

（59） *Ibid.*, S. 425.

（60） *Ibid.*, S. 424f.

（61） *Ibid.*, S. 427.

（62） GNR, *GA* I 4, 14.

（63） SSW, *GA* I 5, 212.

（64） *Ibid.*, S. 215.

（65） *Ibid.*, S. 212. 人間の自立衝動が目指す究極目的は純粋自我の実現であり、個人（わたし自身というもの）は、この究極目的にとっては「道徳法則の道具かつ乗り物 Werkzeug und Vehicul des Sittengesetzes」（*ibid.*, S. 210）にすぎないとされており、これが知識学の諸原理に従ったフィヒテ意志論の特徴とされる（vgl. G. Zöller, "Bestimmung zur Selbstbestimmung : Fichtes Theorie des Willens", in : FS, 7 (1995), S. 102-118, hier S. 112）. この特徴はしかし、関係の完全性を背景とする交互限定といった、知識学特有の道具立てと表裏一体の特徴であり、晩年にまで維持されたフィヒテ道徳論の基調であった。一八一二年の『道徳論の体系』では、「道徳的たらんとする者であれば、現世において決して客観的存在〔単なる客体でしかないもの〕を望んではならず、ただ他者の意志だけを望まなければならない。〔……〕現世における道徳的意志の絶対的に究極的な目的は自分以外の〔すなわち他者の意志の〕道徳性なのである。人間の対象は常に自分以外の人間である」（SS, *NW* III, 83）と語られている。

(66) GNR, *GA* I 3, 347.
また、晩年には「何ぴとも自らを〔文字どおり〕道徳的にすることなどできないのであって、ただ道徳的たらんとしなければならないということ、まったくもってこれは〔……〕自明である」(SS, *NW* III, 41)という前提が確認され、「大いなる普遍的自我、すなわち全人類が思慮深い術によって自らをその全体の道徳性に向けて高めるということ、したがってそうした術が要求されるであろうこと、すなわち人類の教育論と名付けてよいような、換言すれば子供に対する教育論、立法論、教会による道徳的な陶冶についての理説、等々の狭義の教育学をそのもとにおく、最高かつもっとも普遍的な意味での教育学が要求されるであろうことが、その〔上引の自明な〕前提のほかに更にありうるだろう」(SS, *NW* III, 41f.)と述べられている。

(67) Vgl. SSW, *GA* I 5, 205f.
また次のような言い方も見られる。「それ〔現世〕において、本来的な世界創造の概念は与えられておらず、ただ単にその像(*Bild*)だけが与えられている。客体ではなく、ただ主体を道具へと陶冶する課題が与えられているのである。各人は自らと他者のために尽くすべきである。すなわち各人は他者のために尽くすかぎりでのみ、自らに尽くすのであり、その逆でもある。それは一つの交互作用である。ともかく、何事につけ普遍妥当的なこと(das Gemeingültige)だけが〔目下のところ〕問題だからである」(SS, *NW* III, 74)。

(68) SL, *SW* IV, 431.
次のようにも述べられている。「たしかに単なる道徳論はこの内容〔道徳論の空虚な概念に与えられるべき内容〕に関して、そうした概念が〔……〕空虚で単に形式的な定言命法ではないということ以上は語り得ない。内容が何であるかに関して、道徳論は各人が自己自身の道徳的な意識に伺うよう指示するほかない。いっそう高次の神論が初めて、あるいはまた知識学が初めて、その内容が神の像(das Bild Gottes)であることを示すのである」(SS, *NW* III, 25)。関係の完全性を背景としつつ、交互限定によって、内容上も現世を知性化すること、すなわち現世において、人間の知性が実践的に自由を対自化することのうちに、フィヒテは人間の道徳的実践を位置づけていると考えてよいだろう。

(69) SL, *SW* IV, 419.

（70）*Ibid.*, S. 589.
また、一八一二年の道徳論では、「かれ〔道徳的であろうとする者〕は、したがって、常に新たな諸個人がかれらの陶冶（Bildung）へ向けて列するこの現世が、すなわち生と死のこの現世がいつしか終わりを告げるということ、そしてついに統一を達成した種族が、いまや現出するに至った真の像（das nun zur Erscheinung gekommene wahre Bild）を実現する、かれら本来の仕事に従事する世界が到来するに違いないということを知っている。〔つまり〕現在の世界がそれのために、その可能性の条件としてのみ現に在るような、〔真の像を実現する高次の〕世界へと至るに相違ないであろうということを、かれは知っているのである」（SS, *NW* III, 81）とも述べられている。
（71）無神論論争期の弁明書に、次のような言明が見られる。「現世はわたしの故郷ではない。そして、現世が与えることのできるものは、けっしてわたしを満足させえないのである。わたしの存在は諸現象のもとでわたしが演じている役柄に依存するのではなく、その役柄を自分がいかに演ずるかという仕方に依存している。わたしは〔現世の〕この持場にあるがゆえに、自分がこの持場に立ち、そしてこの持場にふさわしいことを、喜んで、しかも勇敢に遂行するが、これは神の意志なのである」（*Appellation an das Publikum*…, 1799, *GA* I 5, 443）。そして、晩年には明確に「現世は準備である、云々 Das gegenwärtige Leben ist Vorbereitung〔……〕」と語られる（SS, *NW* III, 73）。
（72）無神論論争の火種となった論文では、以下のように信仰と道徳実践との関わりが性格づけられている。「わたしの全現実存在（ganze Existenz）、あらゆる道徳的な存在者の現実存在、すなわち感性界は、われわれ共同体の舞台として今や道徳性への一つの関係をもつようになる。そして一つのまったく新たな秩序が生ずる。それは感性界というものが、感性界に内在する全法則とともに単にその静的な基礎でしかないような新たな秩序である」（*Ueber den Grund unsers Glaubens an eine göttliche Weltregierung*, 1799, *GA* I 5, 353）。「いま導出された信仰は、しかしまたすべてであり、しかも完全である。かの生きて働いている道徳的な秩序は神そのものである。われわれはそれ以外の神を必要とせず、またそれ以外の神を把捉することなどできはしない」（*ibid.*, S. 354）。また、晩年にも「本来的な意味では諸個人の義務というものは存在せず、ただ全体の、すなわち共同体の義務だけが存在する。この全体の義務とは、しかし、ア・プリオリには把握されない或る世界秩序の創出のことである」(SS, *NW*, 73)、と述べられている。

(73) ヨーロッパにおける知性認識の伝統を概観するためには、中世哲学史を丹念に検討しなければならない。しかし、校訂版作成をはじめとする歴史的、文献学的な整備作業が資料の体系化を進めている一方で、新しい素材を見渡した包括的な中世哲学史の全体像を浮き彫りにする研究は、今のところあまり多いとはいえない。が、まず古典的なものとしては、

① É. Gilson, *La philosophie au moyen âge*, 2. ed., Paris 1944.

② F. C. Copleston, *A History of Philosophy*, vol. 2, London/New Jersey, Search Press/Paulist Press 1950, vol. 3, 1953 [箕輪秀二・柏木英彦 訳『中世哲学史』(創文社、一九七六年)、本書は第二巻及び第三巻六二章までの翻訳].

③ C. Bérubé, *La connaissance de l'individuel au moyen âge*, PU de Montreal/PU de France, Montréal・Paris 1964.

などがあり、特に③が参考になった。また、比較的最近のものとしては、

④ A. H. Armstrong (ed.), *The Cambridge History of Later Greek and Early Medieval Philosophy*, Cambridge 1967, rep. with correction, Cambridge UP 1970.

⑤ F. C. Copleston, *A History of Medieval Philosophy*, Methuen & Co. Ltd, London 1972.

⑥ N. Kretzmann, A. Kenny, J. Pingorg (eds.), *The Cambridge History of Later Medieval Philosophy*, Cambridge UP 1982.

⑦ J. Marenbon, *Early Medieval Philosophy* (*480-1150*), 1983, 2. ed., London・New York 1988 [中村治 訳『初期中世の哲学』(勁草書房、一九九二年)].

⑧ Idem., *Later Medieval Philosophy* (*1150-1350*), London 1987 [加藤雅人 訳『後期中世の哲学』(勁草書房、一九八九年)].

⑨ K・リーゼンフーバー『西洋古代中世哲学史』(放送大学教育振興会、一九九一年)。

⑩ R. Heinzmann, Philosophie des Mittelalters, W. Kohlhammer Vlg, Stuttgart・Köln 1992.

⑪ A. de Libera, *La philosophie médiévale*, PU de

France, Paris 1993.
これらのうち、知性認識の系譜を特に重視している研究は⑧である。

（74） Vgl. E. Cassirer, *Kants Leben und Lehre*, Berlin 1918, S. 97-148, bes. 122f. u. 135-137［門脇卓爾 他監修、高橋和夫・牧野英二他訳『カントの生涯と哲学』（みすず書房、一九八六年）九八―一四五ページ、特に一二一および一三三―一三五ページ］. この他に次の文献を参照。
浜田義文『若きカントの思想形成』（勁草書房、一九六七年）。『カント哲学の諸相』（法政大学出版局、一九九四年）二一―四一ページ。

澁谷久「『純粋理性批判』の成立過程をめぐって」『哲学思索と現実の世界』（創文社、一九九四年）二二一―二四四ページ。

（75） 本書第一章第一節参照。

（76） 宗教と教会に対するフィヒテの姿勢については、たとえば古典的な次の研究を参照。
A. Lasson, *J. G. Fichte im Verhaltnis zu Kirche und Staat*, 1863, Cotta, Darmstadt 1968.
また、プロテスタンティズムの歴史については、E.-G. Léonard, *Histoire générale du protestantisme*, 3 tomes, PU de France, Paris 1961-'64. 簡潔な概説書としては、エミール＝G・レオナール著、渡辺信夫訳『プロテスタントの歴史』（白水社、一九六八年）が、それぞれ参考になる。

（77） Cf. Thomas Aquinas, *Summa Theologiae*, I, q. 14, a. 1; q. 75, a. 4-5; q. 76, a. 2; Aristoteles, *De anima*, 431 b 21.
近年の研究では、自然学、哲学、および神学が非ギリシア化される時代としての一四世紀が注目されている。この点については次の文献を参照。
O. Pluta (Hg.), *Die Philosophie im 14. und 15. Jahrhundert*, Amsterdam 1988. H. Boockmann et al. (Hg.), *Lebenslehren und Weitentwürfe im Übergang vom Mittelalter zur Neuzeit*, Göttingen 1989.
稲垣良典『抽象と直観』（創文社、一九九〇年）。

この世紀は一三世紀を席巻したアリストテレス主義によって、いったん影を潜めた一二世紀までの記号認識的な象徴的世界観（cf. É. Gilson, *op. cit.* (73), ①, p. 343）が、大変貌を遂げて巻き返す時代としても性格づけられるように思われる。フランシスカン・オーダーによる対抗を代表に、アリストテレス的カソリシズムに対する要撃が開始されたこの時代は、知性的形象のような認識の仲介者を廃し、個と普遍の純然たる二世界説に移行した点で、純化されたプラトニズムへの復帰であったともいえる。ところで、近代への突破口となった近世の思想的遺産の多くには、イデア説のプラトニズムではなく——たとえば『ノモイ』(現代のゲーム理論に準ずるともいえる数学的な理論装置にもとづく国家的な人民支配・統制の祖型)に代表される——政治的プラトニズムの復活とその特異な改鋳作業が見て取れる。一四世紀はそうした時代へと接続する準備醸成の期間として捉えることもできそうである。この醸成と改鋳過程において働いた強力な触媒として、フィヒテにも認められるようなヘブライズムの「選び」の思想があったのではなかろうか。一四世紀以降の非ギリシア化は、このヘブライズム的な「選び」との関係で捉えられるかもしれない。ともあれ、こうして生まれた「選びの自由」が、一六世紀半ば以降に相対性原理というかたちで結晶化へ向かい、それを基盤として成長発展した近代科学は逸速く近代資本主義と連携し、その拡大・侵食活動と歩調を合わせながら現在に至るような世界制覇を達成することになる。

あとがき

著者は学生時代から、カントおよびフィヒテを中心に、初期ドイツ観念論について学んできたが、本書はかつて公表した拙論の一部に加筆し、結果的には新たな構成で書き上げたものである。

九〇年代以降、国内におけるフィヒテ研究も大幅に進展している。最近では、フィヒテ関係の論文を目にする機会も、それほどめずらしくはなくなってきた。正直なところ、著者の学生時代には、ほとんど予想できなかったことである。特に近年のフィヒテ研究は、急速に専門細分化を遂げている観がある。これは学問の進歩ということで、大いに歓迎されてよいだろう。しかし、知識やものごとが細分化され、精緻な扱いが求められるようになると、全体像を描く試みはどうしても一種の冒険とならざるをえない。正確さや実証性を高めようとするほど、全体像の描写は断念せざるをえなくなるからである。そしてこの点に関しては、フィヒテの研究も一つの節目を迎えているように思える。

もちろん、入念な実証研究は基本中の基本であり、この基本をおろそかにすることは、すべてを放棄するに等しい。しかしながらその一方で、新たに獲得された知見に目を配りつつも、われわれがフィヒテから何を学ぼうとしているのか、この問題意識に絶えず立ち返り、それを深化させることもまた重要である。こうした問題意識の喚起と深化の努力が忘却され、難解な哲学用語の整理整頓だけが一人歩きするようになれば、研究はいずれその原動力を失っていくのではなかろうか。

もとより、歴史的な現在において過去の哲学説から学ぼうとする以上、たとえ不完全であろうとも、やはりその全貌を特徴づける思考様式を再構成し、これによって過去の哲学説と対話する、そうした努力を避けることはできない。そして、原典資料が整備され、豊富な先行研究にも恵まれるようになったフィヒテ研究の現状においても、以上のような努力と冒険的な対話の試みは、少なくとも今後に向けた問題提起になるのではないか。仮に本書が、そのささやかな一例となりうれば、誠に幸いである。

本書の出版に際し、勁草書房の橋本晶子さんから、多大なご尽力を賜った。このご尽力がなければ、本書が世に出ることは、おそらくなかったであろう。末筆ながら、この場を借りて心から感謝の意を表したい。

二〇〇一年二月

著　者

索　引

＊**太字の項目**は，頻出するため，特に重要な箇所だけを示している。註は二段組になっているので，たとえば 272 上，273 下のように，上段と下段の違いを示す。

【さ】

【た】

著者略歴

1959年生まれ

1990年　東京大学大学院理学系研究科科学史・科学基礎論博士課程
　　　　単位取得退学

現　在　成蹊大学法学部教授

著書・論文

『講座ドイツ観念論』第三巻（弘文堂，1990年）共著

『真理への反逆』（富士書店，1994年）共著

『時間の政治史』（岩波書店，2001年）

「コペルニクス的転回と理性の法廷」『成蹊法学』第38号（1994年）所収

「科学的説明モデル」『成蹊法学』第44号（1997年）所収

その他

無根拠への挑戦　フィヒテの自我哲学

2001年4月20日　第1版第1刷発行

著者　瀬《せ》戸《と》一《かず》夫《お》

発行者　井村寿人

発行所　株式会社　勁《けい》草《そう》書房

112-0005 東京都文京区水道2-1-1　振替 00150-2-175253
（編集）電話 03-3815-5277／FAX 03-3814-6968
（営業）電話 03-3814-6861／FAX 03-3814-6854
大日本法令印刷・鈴木製本

ISBN　4-326-15354-7

http://www.keisoshobo.co.jp

斎藤慶典　思考の臨界　超越論的現象学の徹底　A5判　五五〇〇円

斎藤慶典　力と他者　レヴィナスに　四六判　三七〇〇円

佐藤義之　レヴィナスの倫理　「顔」と形而上学のはざまで　四六判　三二〇〇円

清水哲郎　医療現場に臨む哲学Ⅱ　ことばに与る私たち　四六判　二二〇〇円

香川知晶　生命倫理の成立　人体実験・臓器移植・治療停止　四六判　二八〇〇円

奥野満里子　シジウィックと現代功利主義　A5判　五五〇〇円

信原幸弘　心の現代哲学　四六判　二七〇〇円

D・パーフィット　理由と人格　非人格性の倫理へ　森村進訳　九五〇〇円

M・ダメット　分析哲学の起源　言語への転回　野本和幸他訳　四五〇〇円

S・プリースト　心と身体の哲学　河野哲也他訳　三七〇〇円

永井均　〈私〉の存在の比類なさ　四六判　二五〇〇円

＊表示価格は二〇〇一年四月現在。消費税は含まれておりません。